_. 액트 머티리얼 UI 쿡북

리액트 머티리얼 UI 쿡북

머티리얼 UI를 사용한 룩앤필 개선

아담 보두치 지음 류영선 옮김

에이콘

 에이콘출판의 기틀을 마련하신 故 정완재 선생님 (1935-2004)

자폐증과 싸우는 모든 이들에게 이 책을 바친다. 절대 포기하지 말라.

| 지은이 소개 |

아담 보두치 Adam Boduch

거의 10년 동안 대규모 자바스크립트 개발 작업에 참여해왔다. 프론트엔드로 옮기기 전에는 파이썬과 리눅스를 사용하는 여러 가지 대규모 클라우드 컴퓨팅 제품을 연구했다. 복잡성에 익숙하면서 실제 소프트웨어 시스템과 이들이 발생시키는 확장 문제에 대한 실질적인 경험을 갖고 있다. 『리액트 & 리액트 네이티브 통합 교과서』(에이콘, 2019)를 비롯한 여러 자바스크립트 서적을 저술했으며, 혁신적인 사용자 경험과 고성능을 추구하는 데 열정적이다.

| 기술 감수자 소개 |

마이클 잉글렌^{Michel Engelen}

원래 웹 디자이너였지만 곧 프론트엔드 개발이 자신의 천직임을 깨닫고 필요한 기술을 스스로 공부하기 시작했다. 그 후로 8년이 지난 현재는 1년 동안의 데브옵스^{DevOps}의 경험을 더해 본격적인 자바스크립트 리액트^{React}/리덕스^{Redux} 개발자이자 소프트웨어 아키텍트로 활동 중이다.

조나탄 에제키엘 살라스^{Jonatan Ezequiel Salas}

숙련된 고급 개발자이자 열정적인 사업가다. 주로 고품질 제품과 사용자 경험에 중점을 두는 소프트웨어 에이전시인 블랙박스 비전^{BlackBox Vision}의 창립자이자 최고 기술 책임자(CTO)이며, 인제니아^{Ingenia}에서 소프트웨어 아키텍트로 일하고 있다. 자신의 회사를 성장시키는 데 주력하고 있으며 아르헨티나의 주요 대기업과 협력하고 있다. 여가 시간에는 데브옵스, 쿠버네티스^{Kubernetes}, 자바스크립트, 노드JS^{Node.js}, 리액트와 관련된 오픈소스 소프트웨어에 기여하는 것을 즐기며, 깃허브와 트위터를 통해 지식과 생각을 나누고 있다.

끊임없이 지지해주는 가족, 여자 친구, 친구들에게 감사한다. 그들이 없었다면 지금의 나는 없었을 것이다. 팩트출판사와 그들의 놀라운 책들에도 감사한다. 특히 이 책을 검토할 기회를 준 프라가티 슈크라^{Pragati Shukla}와 이 책의 저자에게도 감사의 마음을 전한다.

올리비에 타시나리^{Olivier Tassinari}

호기심이 많고 끈기가 있으며 문제를 해결하는 것을 좋아한다. 아주 어린 시절부터 무언가를 만드는 데 열정적이었으며, 10년 전에 수학, 물리학, 컴퓨터 과학을 공부하면서 웹 사이트 운영을 시작했다. 열렬한 오픈소스 팬이며, 머티리얼 UI^{Material-UI}를 그 초기 시절부터 연구하고 있다.

머티리얼 프로젝트에 헌신한 모든 기여자에게 감사한다.

| 옮긴이 소개 |

류영선(youngsun.ryu@gmail.com)

소프트웨어 엔지니어로서 오랫동안 웹 브라우저와 웹 서버를 개발했다. 그 경험을 바탕으로 현재는 W3C를 비롯한 여러 국제 표준화 단체에서 웹과 관련된 표준화 업무를 담당하고 있다. 최근에는 PC에서 벗어나 모바일 환경이나 DTV, 디지털 사이니지Digital Signage, 웨어러블Wearable, 오토모티브Automotive 등의 다양한 IoT 장치에 웹 기술을 접목하는 오픈 웹 플랫폼Open Web Platform에 관심을 갖고 관련 기술을 연구 중이다. 아울러 워크숍, 세미나 강연, 학술 기고를 통해 오픈 웹 플랫폼과 웹 기술을 전파하는 데 힘쓰고 있다. 옮긴 책으로는 에이콘출판사에서 펴낸 『반응형 웹 디자인』(2012), 『HTML5 웹소켓 프로그래밍』(2014), 『WebRTC 프로그래밍』(2015), 『자바스크립트 디자인 패턴』(2016), 『자바스크립트 언락』(2017), 『객체지향 자바스크립트 3/e』(2017), 『사물인터넷 자바스크립트 프로그래밍』(2018), 『모던 C++ 프로그래밍 쿡북』(2019), 『산업인터넷 애플리케이션 개발』(2020) 등 다수가 있다.

| 옮긴이의 말 |

머티리얼 UI는 리액트 컴포넌트들을 모아 놓은 UI 프레임워크다. 세계에서 가장 인기 있는 두 가지 프론트엔드 기술인 페이스북의 리액트와 구글의 머티리얼 디자인을 한 데 모은 덕분에 애플리케이션 개발을 쉽고 간단하게 해준다. 책 제목에서 알 수 있듯이, 이 책의 목적은 개발자들이 다양한 머티리얼 UI 구성 요소를 사용해 다양한 규모의 여러 가지 애플리케이션을 구축하는 데 도움을 주는 것이다.

이미 무수히 많은 오픈소스 프로젝트와 상업용 프로젝트에서 이 프레임워크를 사용하고 있음에도, 국내에서는 머티리얼 UI가 상대적으로 많이 알려져 있지 않다. 이 책이 부디 국내 개발자들이 머티리얼 UI로 애플리케이션에서 더 나은 사용자 경험을 제공하는 데 작게나마 도움이 될 수 있길 기대해본다.

다소 상투적으로 들릴 수도 있겠지만, 작업을 마치고 나면 미흡한 부분에 대해 아쉬움이 남기 마련이다. 꽤 많은 시간과 노력을 기울여 작업했지만, 저자의 의도를 충분히 전달하지 못했거나 잘못 번역된 부분이 있을 수 있다. 잘못된 점을 비롯해 책 내용과 관련된 어떤 의견이라도 보내주시면 소중히 다룰 것을 약속한다.

끝으로, 내게 지원을 아끼지 않으면서 늘 힘이 돼주는 사랑하는 가족, 아내 지은과 딸 예서에게 감사의 말을 전한다. 책이 출간될 때까지 같이 작업해주시는 출판사와 편집자 분께도 항상 감사한다. 좋은 인연으로 에이콘출판사와 작업을 해온 지도 어느덧 10년이 다 돼간다. 작업 때문에 주말에도 놀아주지 않는다고 투정 부리던 작은 꼬마 아가씨는 어느새 엄마 키만큼 훌쩍 커서 제법 숙녀 티가 날 뿐 아니라, 이제는 새 책이 나올 때마다 가장 먼저 들고 가서 (비록 내용을 이해하지 못하면서도) 페이지를 하나하나 넘겨가며 꼼꼼히 확인해주는 '공역자'이자 '열혈 독자'가 됐다. 언젠가 둘의 이름으로 정말 책을 한 권 출간해보는 것이 내 작은 소망이다.

| 차례 |

13장 선택 – 선택 사항의 결정   401

14장 선택 도구 – 날짜와 시간 선택   443

15장 대화상자 – 사용자 상호작용을 위한 모달 화면   467

머티리얼 UI는 세계에서 가장 인기 있는 리액트 UI 프레임워크이며, 머티리얼 기술은 배울 만한 가치가 있는 자산이다. 무수히 많은 오픈소스 프로젝트와 상업용 프로젝트가 이 프레임워크를 사용하고 있다. 머티리얼 UI가 이렇게 대중적이게 된 이유는 무엇일까?

무엇보다 머티리얼 UI가 최고의 프론트엔드 기술 두 가지를 한데 모으는 훌륭한 작업을 수행한다는 점을 꼽을 수 있다. 간단히 말해 머티리얼 UI는 페이스북의 리액트에서 구글의 머티리얼 디자인을 구성 요소로 사용한다. 많은 개발자가 잘 동작하는 프로젝트를 만들기에 충분할 정도로 리액트에 능숙하며, 또한 많은 디자이너는 대단한 경험을 디자인하기에 충분할 정도로 머티리얼 디자인을 잘 알고 있다. 머티리얼 UI는 이 두 세계를 연결하는 다리이며, 고객을 만족시키는 애플리케이션을 쉽고 간단하게 개발할 수 있도록 해준다.

이런 전략은 여러 전문 분야에 속한 다양한 수준의 개발자들에게서 흥미를 불러일으키기에 충분하다. 다양한 시나리오를 해결하는 데 도움이 되는 다양한 기능과 자원의 지원 수준이 많은 개발자로 하여금 머티리얼 UI에 참여하게 만들었다. 이 책이 유용한 자원 중 하나로서 이바지할 수 있길 바란다.

이 책의 대상 독자

머티리얼 UI로 애플리케이션에서 더 나은 사용자 경험을 제공하려는 모든 개발자를 대상으로 한다. 전 세계의 노련한 전문가부터 초보 개발자까지 모두에게 적합한 책이며, 머티리얼 UI에 대해 상세한 설명을 가득 담고 있다.

여러분이 머티리얼 디자인에 익숙하지 않다고 가정하고 설명하지만, 이 책을 최대한 활용하려면 리액트와 현대 자바스크립트에 대한 최소한의 실무 지식은 갖춰야 한다. 리액트를 가르치는 것이 이 책의 목적은 아니지만, 예제를 따라 하는 데 도움이 된다면 리액트 특화 메커니즘도 설명한다.

이 책에서 다루는 내용

1장. 그리드 – 페이지에 구성 요소 배치하기 그리드 시스템을 사용해 페이지에 구성 요소를 배치한다.

2장. 앱바 – 모든 페이지의 최상위 수준 앱바를 UI의 상단에 추가한다.

3장. 드로어 – 내비게이션 제어를 위한 장소 드로어를 사용해 메인 내비게이션을 표시한다.

4장. 탭 – 콘텐츠를 탭 섹션으로 그룹화하기 콘텐츠를 탭으로 구성한다.

5장. 확장 패널 – 콘텐츠를 패널 섹션으로 그룹화하기 콘텐츠를 패널로 구성한다.

6장. 리스트 – 간단한 수집 데이터 표시 사용자가 읽고 상호작용할 수 있는 항목의 리스트를 렌더링한다.

7장. 테이블 – 복잡한 수집 데이터 표시 데이터 수집에 대한 자세한 정보를 보여준다.

8장. 카드 – 상세 정보 표시 카드를 사용해 특정 엔티티/사물/객체에 대한 세부 정보를 표시한다.

9장. 스낵바 – 임시 메시지 사용자에게 애플리케이션의 현재 상황을 알린다.

10장. 버튼 – 동작 시작하기 사용자가 작업을 수행하는 가장 일반적인 방법인 버튼을 설명한다.

11장. 텍스트 – 텍스트 입력 수집 사용자가 정보를 입력할 수 있게 한다.

12장. 자동 완성과 칩 – 여러 항목에 대한 텍스트 입력 제안 사용자가 입력할 때 선택 사항을 제공한다.

13장. 선택 – 선택 사항의 결정 사용자가 미리 정의된 옵션 집합에서 선택할 수 있다.

14장. 선택 도구 – 날짜와 시간 선택 읽기 쉬운 형식을 사용해 날짜와 시간 값을 선택한다.

15장. 대화상자 – 사용자 상호작용을 위한 모달 화면 입력을 수집하거나 정보를 나타내는 모달^{modal} 화면을 표시한다.

16장. 메뉴 – 팝 아웃되는 동작 표시하기 메뉴에 동작을 추가해 화면 공간을 절약한다.

17장. 타이포그래피 – 폰트의 룩앤필 제어하기 체계적인 방식으로 UI의 폰트를 제어한다.

18장. 아이콘 – 룩앤필에 맞게 아이콘 향상시키기 머티리얼 UI 아이콘을 사용자 정의하고 새 아이콘을 추가한다.

19장. 테마 – 앱의 룩앤필을 중앙집중화하기 테마를 사용해 구성 요소의 룩앤필^{look and feel}을 변경한다.

20장. 스타일 – 구성 요소에 스타일 적용하기 많은 스타일 솔루션 중 하나를 사용해 UI를 디자인한다.

준비 사항

1. 리액트의 기본 사항을 이해하고 있어야 한다. 리액트 튜토리얼(https://reactjs.org/tutorial/tutorial.html)이 좋은 출발점이다.

2. 이 책의 저장소(https://github.com/PacktPublishing/Material-UI-Cookbook)를 복제한다.

3. Material-UI-Cookbook 디렉터리로 변경하고 npm install을 실행해 패키지를 설치한다.

4. npm run storybook을 실행해 스토리북^{storybook}을 시작한다. 이제 이 책을 읽으면서 각 예제를 탐색할 수 있다. 일부 예제는 스토리북 UI에 속성 편집기 컨트롤을 갖고 있지만, 얼마든지 배우면서 코드를 조정할 수 있다.

예제 코드 파일 다운로드

이 책에서 사용된 예제 코드는 http://www.packtpub.com/support를 방문해 이메일을 등록하면 파일을 직접 받을 수 있으며, https://github.com/PacktPublishing/React-Material-UI-Cookbook에서도 예제 코드를 다운로드할 수 있다.

또한 에이콘출판사의 도서정보 페이지인 http://www.acornpub.co.kr/book/material-ui에서도 동일한 파일을 다운로드할 수 있다.

컬러 이미지 다운로드

이 책에 사용된 스크린샷과 다이어그램의 컬러 이미지를 담은 PDF 파일이 별도로 제공된다. https://www.packtpub.com/sites/default/files/downloads/9781789615227_ColorImages.pdf와 에이콘출판사의 도서정보 페이지인 http://www.acornpub.co.kr/book/material-ui에서 컬러 이미지를 다운로드할 수 있다.

편집 규약

이 책에서는 독자의 이해를 돕고자 다루는 정보에 따라 글꼴 스타일을 다르게 적용했다. 이러한 스타일의 예와 의미는 다음과 같다.

텍스트에서 코드 단어는 다음과 같이 표기한다. "onMenuClick() 함수는 메인 앱 구성 요소의 상태를 변경해 드로어를 표시한다."

코드 블록은 다음과 같이 표기한다.

```
const styles = theme => ({
  root: {
    flexGrow: 1
  },
```

화면상에 표시되는 메뉴나 버튼은 다음과 같이 표기한다.

"Administration 패널에서 System info를 선택한다."

경고나 중요한 노트는 이와 같이 나타낸다.

팁과 요령은 이와 같이 나타낸다.

절

이 책에서는 몇 가지 절[section] 제목을 반복적으로 사용한다(준비, 예제 구현, 예제 분석, 부연 설명, 참고 사항).

각 레시피는 명확한 설명을 제공하고자 다음과 같은 절 제목을 사용했다.

준비

이 절에서는 레시피의 주제를 알려주고 레시피에 필요한 소프트웨어를 설정하는 방법이나 사전 설정을 수행하는 방법을 설명한다.

예제 구현

이 절은 레시피를 수행하는 데 필요한 단계를 포함한다.

예제 분석

이 절은 일반적으로 이전 절에서 발생한 것을 자세히 설명한다.

부연 설명

이 절은 레시피에 대한 지식을 넓힐 수 있는 레시피 관련 추가 정보를 담고 있다.

참고 사항

이 절에서는 레시피를 이해하는 데 유용한 정보 링크를 제공한다.

고객 지원

일반적인 피드백: 메일 제목에 책 제목을 적어서 feedback@packtpub.com으로 이메일을 보내면 된다. 이 책과 관련해 문의 사항이 있다면 questions@packtpub.com으로 이메일을 보내주길 바란다. 한국어판에 관한 질문은 이 책의 옮긴이나 에이콘출판사 편집 팀(editor@acornpub.co.kr)으로 문의할 수 있다.

정오표: 내용을 정확하게 전달하기 위해 최선을 다했지만, 실수가 있을 수 있다. 이 책에서 문제점을 발견했다면 출판사로 알려주길 바란다. www.packtpub.com/submit-errata에서 책 제목을 선택하고 Errata Submission Form 링크를 클릭한 후 세부 사항을 입력하면 된다.

한국어판의 정오표는 에이콘출판사의 도서정보 페이지 http://www.acornpub.co.kr/book/material-ui에서 찾아볼 수 있다.

저작권 침해: 인터넷에서 어떤 형태로든 팩트출판사 서적의 불법 복제물을 발견하면 해당 주소나 웹 사이트의 이름을 알려주길 바란다. 의심되는 불법 복제물의 링크를 copyright@packtpub.com으로 보내주면 된다.

01

그리드 – 페이지에 구성 요소 배치하기

1장에서 다루는 주제는 다음과 같다.

- 브레이크포인트^{breakpoint}의 이해
- 공간 채우기
- 컨테이너와 항목 추상화
- 고정열 레이아웃
- 열 방향

소개

머티리얼 UI 그리드^{Material-UI grid}는 앱의 화면 레이아웃을 제어하는 데 사용된다. 머티리얼 UI 구성 요소의 레이아웃 관리를 위해 직접 스타일을 구현하는 대신 Grid 구성 요

소를 활용할 수 있다. Grid 구성 요소를 사용하면 구성 요소의 후면에서는 CSS flexbox 속성을 사용해 플렉서블 레이아웃flexible layout을 처리한다.

브레이크포인트 적용

머티리얼 UI는 브레이크포인트를 사용해 어떤 지점에서 화면의 콘텐츠 흐름을 중단하고 다음 줄에서 계속할지 결정한다. Grid 구성 요소에서 브레이크포인트를 적용하는 방법을 이해하는 것은 머티리얼 UI 애플리케이션을 구현하는 데 필수적이다.

예제 구현

화면의 전체 수평 공간을 차지하는 네 개의 요소를 화면에 배치한다고 가정해보자. 코드는 다음과 같다.

```
import React from 'react';
import { withStyles } from '@material-ui/core/styles';
import Paper from '@material-ui/core/Paper';
import Grid from '@material-ui/core/Grid';

const styles = theme => ({
  root: {
    flexGrow: 1
  },
  paper: {
    padding: theme.spacing(2),
    textAlign: 'center',
    color: theme.palette.text.secondary
  }
});

const UnderstandingBreakpoints = withStyles(styles)(({ classes }) => (
  <div className={classes.root}>
    <Grid container spacing={4}>
```

```
        <Grid item xs={12} sm={6} md={3}>
          <Paper className={classes.paper}>xs=12 sm=6 md=3</Paper>
        </Grid>
        <Grid item xs={12} sm={6} md={3}>
          <Paper className={classes.paper}>xs=12 sm=6 md=3</Paper>
        </Grid>
        <Grid item xs={12} sm={6} md={3}>
          <Paper className={classes.paper}>xs=12 sm=6 md=3</Paper>
        </Grid>
        <Grid item xs={12} sm={6} md={3}>
          <Paper className={classes.paper}>xs=12 sm=6 md=3</Paper>
        </Grid>
      </Grid>
    </div>
));

export default UnderstandingBreakpoints
```

이 코드는 네 개의 Paper 구성 요소를 렌더링한다. 레이블은 xs, sm, md 속성에 사용되는 값을 나타낸다. 결과는 다음과 같다.

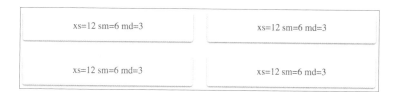

예제 분석

Grid 구성 요소에 전달할 수 있는 각각의 브레이크포인트 속성은 다음과 같은 화면 폭에 해당된다.

- xs >= 0px

- sm >= 600px

- md >= 960px
- lg >= 1280px
- xl >= 1920px

앞에서 보여준 화면은 픽셀 폭이 725로, Grid 구성 요소가 sm 브레이크포인트를 사용했다는 것을 의미한다. 이 속성에 전달된 값은 6이다. 1에서 12 사이의 숫자를 값으로 사용할 수 있으며, 이는 그리드에 몇 개의 항목이 들어갈 것인지를 정의한다. 하지만 이것은 다소 혼란스러울 수 있기 때문에 이 숫자들을 퍼센트로 생각하는 것이 도움이 된다. 예를 들어 6은 50%이고, 앞의 스크린샷이 보여주듯이 Grid 항목이 폭의 50%를 차지한다.

예를 들어 small 브레이크포인트가 활성화된 상태에서 각 Grid 항목의 폭이 화면 폭의 75%를 차지하길 원한다고 가정해보자. 이 경우 sm 값을 다음과 같이 9(9/12 = 0.75)로 설정하면 된다.

```
<div className={classes.root}>
  <Grid container spacing={4}>
    <Grid item xs={12} sm={9} md={3}>
      <Paper className={classes.paper}>xs=12 sm=9 md=3</Paper>
    </Grid>
    <Grid item xs={12} sm={9} md={3}>
      <Paper className={classes.paper}>xs=12 sm=9 md=3</Paper>
    </Grid>
    <Grid item xs={12} sm={9} md={3}>
      <Paper className={classes.paper}>xs=12 sm=9 md=3</Paper>
    </Grid>
    <Grid item xs={12} sm={9} md={3}>
      <Paper className={classes.paper}>xs=12 sm=9 md=3</Paper>
    </Grid>
  </Grid>
</div>
```

화면 폭이 여전히 725픽셀인 경우 결과는 다음과 같다.

xs=12 sm=9 md=3

xs=12 sm=9 md=3

xs=12 sm=9 md=3

xs=12 sm=9 md=3

화면 폭과 브레이크포인트 값의 조합이 최적은 아니며, 오른쪽에 낭비되는 공간이 많다. 실험을 통해 sm 값을 더 크게 만들어서 낭비되는 공간이 줄어들게 하거나, 또는 값을 작게 해서 행에 더 많은 항목이 들어가도록 만들 수 있다. 예를 들어, 정확히 두 개의 항목이 화면에 딱 맞기 때문에 6이 더 낫다.

화면 폭을 575픽셀로 줄여보자. 이는 xs 브레이크포인트를 값 12(100%)로 활성화한다.

xs=12 sm=6 md=3

xs=12 sm=6 md=3

xs=12 sm=6 md=3

xs=12 sm=6 md=3

이 레이아웃은 한 행에 너무 많은 그리드 항목을 배치하지 않으므로 작은 화면에서 잘 동작한다.

어떤 값을 사용해야 할지 확실하지 않다면 모든 브레이크포인트에 auto 값을 사용할
수 있다.

```
<div className={classes.root}>
  Grid container spacing={4}>
    <Grid item xs="auto" sm="auto" md="auto">
      <Paper className={classes.paper}>
        xs=auto sm=auto md=auto
      </Paper>
    </Grid>
    <Grid item xs="auto" sm="auto" md="auto">
      <Paper className={classes.paper}>
        xs=auto sm=auto md=auto
      </Paper>
    </Grid>
    <Grid item xs="auto" sm="auto" md="auto">
      <Paper className={classes.paper}>
        xs=auto sm=auto md=auto
      </Paper>
    </Grid>
    <Grid item xs="auto" sm="auto" md="auto">
      <Paper className={classes.paper}>
        xs=auto sm=auto md=auto
      </Paper>
    </Grid>
  </Grid>
</div>
```

이렇게 하면 각각의 행에 가능한 한 많은 항목을 배치하도록 시도한다. 화면의 크기가
바뀌면, 화면 크기에 맞게 항목이 재배열된다. 화면 폭이 725픽셀이라면 다음과 같이
표시된다.

어느 시점에서는 auto를 1에서 12 사이의 값으로 변경하는 것이 좋다. auto 값은 개발 초기에는 레이아웃에 대한 걱정 없이 작업을 시작하기에 충분하지만, 실제 제품을 출시할 때는 적합하지 않다. 적어도 이런 방식으로 auto를 설정하면 Grid 구성 요소와 브레이크포인트 속성이 화면에 잘 맞게 배치된다. 완벽한 결과가 나올 때까지 숫자를 바꿔가면서 테스트하면 된다.

참고 사항

- **Grid API 문서**: https://material-ui.com/api/grid/
- **Grid 데모**: https://material-ui.com/layout/grid/
- **브레이크포인트 문서**: https://material-ui.com/layout/breakpoints/

공간 채우기

어떤 레이아웃에서는 그리드 항목이 전체 화면 폭을 차지하는 것이 불가능하다. justify 속성을 사용하면, 그리드 항목이 행에서 사용 가능한 공간을 채우는 방법을 제어할 수 있다.

예제 구현

그리드에 네 개의 Paper 구성 요소를 렌더링한다고 가정해보자. 각각의 Paper 구성 요소 안에는 중첩된 그리드 항목인 세 개의 Chip 구성 요소가 있다.

코드는 다음과 같다.

```
import React from 'react';

import { withStyles } from '@material-ui/core/styles';
import Paper from '@material-ui/core/Paper';
import Grid from '@material-ui/core/Grid';
import Chip from '@material-ui/core/Chip';

const styles = theme => ({
  root: {
    flexGrow: 1
  },
  paper: {
    padding: theme.spacing(2),
    textAlign: 'center',
    color: theme.palette.text.secondary
  }
});

const FillingSpace = withStyles(styles)(({ classes, justify }) => (
  <div className={classes.root}>
    <Grid container spacing={4}>
      <Grid item xs={12} sm={6} md={3}>
        <Paper className={classes.paper}>
          <Grid container justify={justify}>
            <Grid item>
              <Chip label="xs=12" />
            </Grid>
            <Grid item>
              <Chip label="sm=6" />
            </Grid>
            <Grid item>
              <Chip label="md=3" />
            </Grid>
          </Grid>
        </Paper>
      </Grid>
      <Grid item xs={12} sm={6} md={3}>
```

```jsx
      <Paper className={classes.paper}>
        <Grid container justify={justify}>
          <Grid item>
            <Chip label="xs=12" />
          </Grid>
          <Grid item>
            <Chip label="sm=6" />
          </Grid>
        <Grid item>
          <Chip label="md=3" />
        </Grid>
      </Grid>
    </Paper>
  </Grid>
  <Grid item xs={12} sm={6} md={3}>
    <Paper className={classes.paper}>
      <Grid container justify={justify}>
        <Grid item>
          <Chip label="xs=12" />
        </Grid>
        <Grid item>
          <Chip label="sm=6" />
        </Grid>
        <Grid item>
          <Chip label="md=3" />
        </Grid>
      </Grid>
    </Paper>
  </Grid>
  <Grid item xs={12} sm={6} md={3}>
    <Paper className={classes.paper}>
      <Grid container justify={justify}>
        <Grid item>
          <Chip label="xs=12" />
        </Grid>
        <Grid item>
          <Chip label="sm=6" />
        </Grid>
        <Grid item>
          <Chip label="md=3" />
```

```
          </Grid>
          </Grid>
        </Paper>
      </Grid>
    </Grid>
  </div>
));

export default FillingSpace;
```

justify 속성은 container Grid 구성 요소에 지정된다. 이 예제에서 Grid 구성 요소는 Chip 구성 요소를 항목으로 포함하고 있는 container다. 각 container는 flex-start 값을 사용한다. 이 값은 Grid 항목을 container의 시작 부분에 정렬한다. 결과는 다음과 같다.

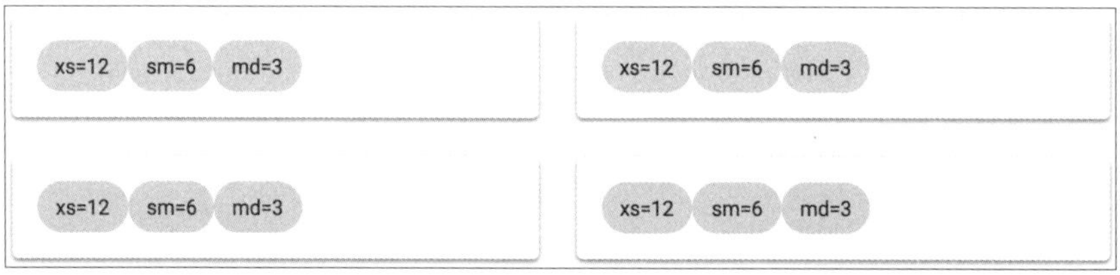

예제 분석

justify 속성의 flex-start 값은 요소 Grid 항목을 container의 시작에 맞춘다. 예제의 경우 각각의 컨테이너에서 세 Chip 구성 요소는 모두 줄의 왼쪽으로 꽉 채워진다. 항목 왼쪽에 있는 공간은 채워지지 않는다. 이들 항목의 브레이크포인트 속성 값을 변경하면 폭이 변경된다. 따라서 대신 justify 속성 값을 변경해 Grid 컨테이너의 빈 공간을 채울 수 있다.

예를 들어, 다음과 같이 center 값을 사용해 container의 center에 있는 Grid 항목을 정렬할 수 있다.

```
<div className={classes.root}>
  <Grid container spacing={4}>
    <Grid item xs={12} sm={6} md={3}>
      <Paper className={classes.paper}>
        <Grid container justify="center">
          <Grid item>
            <Chip label="xs=12" />
          </Grid>
          <Grid item>
            <Chip label="sm=6" />
          </Grid>
          <Grid item>
            <Chip label="md=3" />
          </Grid>
        </Grid>
      </Paper>
    </Grid>
    <Grid item xs={12} sm={6} md={3}>
      <Paper className={classes.paper}>
        <Grid container justify="center">
          <Grid item>
            <Chip label="xs=12" />
          </Grid>
          <Grid item>
            <Chip label="sm=6" />
          </Grid>
          <Grid item>
            <Chip label="md=3" />
          </Grid>
        </Grid>
      </Paper>
    </Grid>
    <Grid item xs={12} sm={6} md={3}>
      <Paper className={classes.paper}>
        <Grid container justify="center">
          <Grid item>
            <Chip label="xs=12" />
          </Grid>
          <Grid item>
            <Chip label="sm=6" />
```

```
        </Grid>
        <Grid item>
          <Chip label="md=3" />
        </Grid>
      </Grid>
    </Paper>
  </Grid>
  <Grid item xs={12} sm={6} md={3}>
    <Paper className={classes.paper}>
      <Grid container justify="center">
        <Grid item>
          <Chip label="xs=12" />
        </Grid>
        <Grid item>
          <Chip label="sm=6" />
        </Grid>
        <Grid item>
          <Chip label="md=3" />
        </Grid>
      </Grid>
    </Paper>
  </Grid>
  </Grid>
</div>
```

다음 스크린샷은 justify 속성 값의 변경이 가져오는 결과를 보여준다.

이 작업은 Grid 항목의 왼쪽과 오른쪽에 빈 공간을 균일하게 배분하는 데 적합하다. 하지만 항목들 사이에 공간이 없기 때문에 여전히 복잡한 느낌이 든다. justify 속성의 space-around 값을 사용하면 다음과 같이 표시된다.

이 값은 Grid 항목의 폭을 변경하지 않고도 Grid container의 사용 가능한 모든 공간을 채울 수 있는 가장 좋은 방법이다.

부연 설명

space-around 값의 변형으로 space-between 값도 있다. 이 둘은 행의 모든 공간을 효과적으로 채울 수 있다는 점에서 유사하다. 이전 절의 예제에 space-between을 사용한 결과는 다음과 같다.

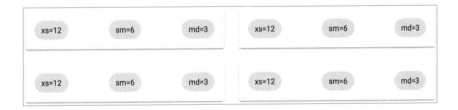

행에 있는 모든 초과 공간은 Grid 항목 사이에 들어간다. 즉, 각 행의 좌우에 빈 공간이 없도록 하려면 이 값을 사용하는 것이 좋다.

참고 사항

- Grid 데모: https://material-ui.com/layout/grid/
- Grid API 문서: https://material-ui.com/api/grid/

컨테이너와 항목의 추상화

여러 개의 화면을 가지는 앱이 있다고 가정해보자. 각각의 화면은 복잡한 레이아웃을 작성하는 데 사용되는 Grid 구성 요소로 구성된다. 여러 <Grid> 요소로 가득 찬 소스 코드를 읽는 것은 어려운 일이다. 특히 Grid 구성 요소가 컨테이너와 항목 모두에 사용되는 경우에는 더욱 그렇다.

예제 구현

container 또는 Grid 구성 요소의 item 속성은 요소의 역할을 결정한다. 이들 속성을 사용하는 두 개의 구성 요소를 만들고, 여러 레이아웃 구성 요소가 있을 때 읽기 쉽도록 요소 이름을 작성한다.

```
import React from 'react';

import { withStyles } from '@material-ui/core/styles';
import Paper from '@material-ui/core/Paper';
import Grid from '@material-ui/core/Grid';

const styles = theme => ({
  root: {
    flexGrow: 1
  },
  paper: {
    padding: theme.spacing(2),
    textAlign: 'center',
    color: theme.palette.text.secondary
  }
});

const Container = props => <Grid container {...props} />;
const Item = props => <Grid item {...props} />;

const AbstractingContainersAndItems = withStyles(styles)(
```

```
  ({ classes }) => (
    <div className={classes.root}>
      <Container spacing={4}>
        <Item xs={12} sm={6} md={3}>
          <Paper className={classes.paper}>xs=12 sm=6 md=3</Paper>
        </Item>
        <Item xs={12} sm={6} md={3}>
          <Paper className={classes.paper}>xs=12 sm=6 md=3</Paper>
        </Item>
        <Item xs={12} sm={6} md={3}>
          <Paper className={classes.paper}>xs=12 sm=6 md=3</Paper>
        </Item>
        <Item xs={12} sm={6} md={3}>
          <Paper className={classes.paper}>xs=12 sm=6 md=3</Paper>
        </Item>
      </Container>
    </div>
  )
);

export default AbstractingContainersAndItems;
```

결과 레이아웃은 다음과 같다.

| xs=12 sm=6 md=3 | xs=12 sm=6 md=3 |
| xs=12 sm=6 md=3 | xs=12 sm=6 md=3 |

예제 분석

Container와 Item 구성 요소를 자세히 살펴보자.

```
const Container = props => <Grid container {...props} />;
const Item = props => <Grid item {...props} />;
```

Container 구성 요소는 container 속성이 true로 설정된 Grid 구성 요소를 렌더링하며, Item 구성 요소는 item 속성이 true로 설정된 경우를 제외하고 동일한 작업을 수행한다. 각 구성 요소는 xs와 sm 브레이크포인트 같은 추가 속성을 Grid 구성 요소에 전달한다.

레이아웃을 구성하는 Grid 컨테이너와 항목이 많을수록 <Container>와 <Item> 요소의 차이를 쉽게 확인할 수 있다. 모든 곳에 <Grid> 요소를 사용한 코드와 대조해보자.

부연 설명

레이아웃에서 동일한 브레이크포인트를 반복해서 사용하고 있다면, 이를 상위 Item 구성 요소에 포함시킬 수 있다. Item 속성 외에 xs, sm, md 속성도 포함하도록 예제를 다시 작성해보자.

```
const Container = props => <Grid container {...props} />;
const Item = props => <Grid item xs={12} sm={6} md={3} {...props} />;

const AbstractingContainersAndItems = withStyles(styles)(
  ({ classes }) => (
    <div className={classes.root}>
      <Container spacing={4}>
        <Item>
          <Paper className={classes.paper}>xs=12 sm=6 md=3</Paper>
        </Item>
        <Item>
          <Paper className={classes.paper}>xs=12 sm=6 md=3</Paper>
        </Item>
        <Item>
          <Paper className={classes.paper}>xs=12 sm=6 md=3</Paper>
        </Item>
        <Item>
          <Paper className={classes.paper}>xs=12 sm=6 md=3</Paper>
        </Item>
      </Container>
```

```
    </div>
  )
);
```

이제 네 개의 `<Item xs={12} sm={6} md={3}>` 인스턴스 대신 네 개의 `<Item>` 인스턴스를 갖는다. 구성 요소 추상화는 자바스크립트 XML(JSX) 마크업에서 과도한 구문을 제거해주는 훌륭한 도구다.

 Item 구성 요소에서 설정한 브레이크포인트 속성을 재정의해야 하는 경우에는 해당 속성을 Item으로 전달하기만 하면 된다. 예를 들어 md를 6으로 설정해야 하는 특별한 경우, `<Item md={6}>`으로 작성하면 된다. 이것은 Item 구성 요소에서 {...props}가 디폴트 값 다음으로 전달되기 때문에 가능하다. 즉, 동일한 이름을 가진 모든 속성을 재정의(override)한다.

참고 사항

- Grid 데모: https://material-ui.com/layout/grid/
- Grid API 문서: https://material-ui.com/api/grid/

고정열 레이아웃

Grid 구성 요소를 사용해 레이아웃을 구축할 때는 종종 브레이크포인트 설정과 화면 폭에 따라 레이아웃이 변경된다. 예를 들어 사용자가 브라우저 창을 작게 만들면, 두 열에서 세 열로 레이아웃이 변경된다. 그러나 고정된 수의 열을 선호한다면, 화면 크기에 따라 열의 수가 아니라 각 열의 폭이 변경되게 해야 한다.

여덟 개의 Paper 구성 요소를 네 개 열 이하로 렌더링한다고 가정해보자. 이것은 다음
코드로 가능하다.

```
import React from 'react';

import { withStyles } from '@material-ui/core/styles';
import Paper from '@material-ui/core/Paper';
import Grid from '@material-ui/core/Grid';

const styles = theme => ({
  root: {
    flexGrow: 1
  },
  paper: {
    padding: theme.spacing(2),
    textAlign: 'center',
    color: theme.palette.text.secondary
  }
});

const FixedColumnLayout = withStyles(styles)(({ classes, width }) => (
  <div className={classes.root}>
    <Grid container spacing={4}>
      <Grid item xs={width}>
        <Paper className={classes.paper}>xs={width}</Paper>
      </Grid>
      <Grid item xs={width}>
        <Paper className={classes.paper}>xs={width}</Paper>
      </Grid>
      <Grid item xs={width}>
        <Paper className={classes.paper}>xs={width}</Paper>
      </Grid>
      <Grid item xs={width}>
        <Paper className={classes.paper}>xs={width}</Paper>
      </Grid>
      <Grid item xs={width}>
```

```
        <Paper className={classes.paper}>xs={width}</Paper>
      </Grid>
      <Grid item xs={width}>
        <Paper className={classes.paper}>xs={width}</Paper>
      </Grid>
      <Grid item xs={width}>
        <Paper className={classes.paper}>xs={width}</Paper>
      </Grid>
      <Grid item xs={width}>
        <Paper className={classes.paper}>xs={width}</Paper>
      </Grid>
    </Grid>
  </div>
));

export default FixedColumnLayout;
```

725픽셀 폭에서 결과는 다음과 같다.

350픽셀 폭에서 결과는 다음과 같다.

예제 분석

열의 개수를 고정시키려면, xs 브레이크포인트 속성만 지정해야 한다. 이 예제에서 3

은 화면 폭의 25% 또는 네 개의 열이다. xs가 가장 작은 브레이크포인트이므로 이는 결코 변하지 않을 것이다. 더 큰 브레이크포인트를 지정하지 않는 한, 더 큰 부분은 xs에도 적용된다.

두 개의 열로 만든다고 가정해보자. 다음과 같이 xs 값을 6으로 설정한다.

```
<div className={classes.root}>
  <Grid container spacing={4}>
    <Grid item xs={6}>
      <Paper className={classes.paper}>xs=6</Paper>
    </Grid>
    <Grid item xs={6}>
      <Paper className={classes.paper}>xs=6</Paper>
    </Grid>
    <Grid item xs={6}>
      <Paper className={classes.paper}>xs=6</Paper>
    <Grid>
    <Grid item xs={6}>
      <Paper className={classes.paper}>xs=6</Paper>
    </Grid>
    <Grid item xs={6}>
      <Paper className={classes.paper}>xs=6</Paper>
    </Grid>
    <Grid item xs={6}>
      <Paper className={classes.paper}>xs=6</Paper>
    </Grid>
    <Grid item xs={6}>
      <Paper className={classes.paper}>xs=6</Paper>
    </Grid>
    <Grid item xs={6}>
      <Paper className={classes.paper}>xs=6</Paper>
    </Grid>
  </Grid>
</div>
```

960픽셀의 화면 폭에서 결과는 다음과 같다.

xs 값을 6(50%)으로 설정했기 때문에 이 Grid 항목들은 두 개의 열만 사용한다. 해당 항목 수를 변경하는 것이 아니라 화면 폭에 맞도록 항목 자체의 폭을 변경한다.

부연 설명

다양한 폭을 고정된 방식으로 결합할 수 있다. 예를 들어 바닥글 Grid 항목은 전체 폭 레이아웃을 사용하는 반면, 이들 사이에 있는 Grid 항목은 두 개의 열을 사용한다.

```
<div className={classes.root}>
  <Grid container spacing={4}>
    <Grid item xs={12}>
      <Paper className={classes.paper}>xs=12</Paper>
    </Grid>
    <Grid item xs={6}>
      <Paper className={classes.paper}>xs=6</Paper>
    </Grid>
    <Grid item xs={6}>
      <Paper className={classes.paper}>xs=6</Paper>
    </Grid>
    <Grid item xs={6}>
      <Paper className={classes.paper}>xs=6</Paper>
    </Grid>
    <Grid item xs={6}>
      <Paper className={classes.paper}>xs=6</Paper>
    </Grid>
    <Grid item xs={6}>
```

```
      <Paper className={classes.paper}>xs=6</Paper>
    </Grid>
    <Grid item xs={6}>
      <Paper className={classes.paper}>xs=6</Paper>
    </Grid>
    <Grid item xs={12}>
      <Paper className={classes.paper}>xs=12</Paper>
    </Grid>
  </Grid>
</div>
```

처음과 마지막 Grid 구성 요소는 xs의 값이 12(100%)인 반면, 다른 Grid 항목은 두 열 레이아웃의 xs 값이 6(50%)이다. 725픽셀 폭에서 결과는 다음과 같다.

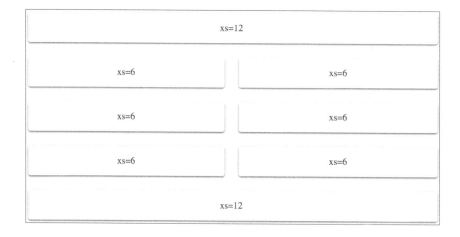

참고 사항

- **Grid 데모**: https://material-ui.com/layout/grid/
- **Grid API 문서**: https://material-ui.com/api/grid/

열 방향 변경

레이아웃에서 고정된 수의 열을 사용할 때 콘텐츠는 왼쪽에서 오른쪽으로 배치된다. 첫 번째 그리드 항목은 첫 번째 열에, 두 번째 항목은 두 번째 열에 배치된다. 또한 어떤 그리드 항목이 어떤 열에 들어가는지를 제어해야 하는 경우도 있을 수 있다.

예제 구현

레이아웃이 네 개의 열로 돼 있고, 첫 번째와 두 번째 항목은 첫 번째 열에, 세 번째와 네 번째 항목은 두 번째 열에 배치되도록 한다고 가정해보자. 다음과 같이 중첩된 Grid 컨테이너와 direction 속성을 변경하면 된다.

```
import React from 'react';

import { withStyles } from '@material-ui/core/styles';
import Paper from '@material-ui/core/Paper';
import Grid from '@material-ui/core/Grid';
import Hidden from '@material-ui/core/Hidden';
import Typography from '@material-ui/core/Typography';

const styles = theme => ({
  root: {
    flexGrow: 1
  },
  paper: {
    padding: theme.spacing(2),
    textAlign: 'center',
    color: theme.palette.text.secondary
  }
});

const ColumnDirection = withStyles(styles)(({ classes }) => (
  <div className={classes.root}>
    <Grid container justify="space-around" spacing={4}>
      <Grid item xs={3}>
```

```
  <Grid container direction="column" spacing={2}>
    <Grid item>
      <Paper className={classes.paper}>
        <Typography>One</Typography>
      </Paper>
    </Grid>
    <Grid item>
      <Paper className={classes.paper}>
        <Typography>Two</Typography>
      </Paper>
    </Grid>
  </Grid>
</Grid>
<Grid item xs={3}>
  <Grid container direction="column" spacing={2}>
    <Grid item>
      <Paper className={classes.paper}>
        <Typography>Three</Typography>
      </Paper>
    </Grid>
    <Grid item>
      <Paper className={classes.paper}>
        <Typography>Four</Typography>
      </Paper>
    </Grid>
  </Grid>
</Grid>
<Grid item xs={3}>
  <Grid container direction="column" spacing={2}>
    <Grid item>
      <Paper className={classes.paper}>
        <Typography>Five</Typography>
      </Paper>
    </Grid>
    <Grid item>
      <Paper className={classes.paper}>
        <Typography>Six</Typography>
      </Paper>
      </Grid>
    </Grid>
```

```
    </Grid>
    <Grid item xs={3}>
      <Grid container direction="column" spacing={2}>
      <Grid item>
        <Paper className={classes.paper}>
          <Typography>Seven</Typography>
        </Paper>
      </Grid>
      <Grid item>
        <Paper className={classes.paper}>
          <Typography>Eight</Typography>
        </Paper>
      </Grid>
      </Grid>
    </Grid>
    </Grid>
  </div>
));

export default ColumnDirection;
```

725픽셀 폭에서 결과는 다음과 같다.

값들이 왼쪽에서 오른쪽으로 배치되는 대신, 항목을 어떤 열에 배치할지를 제어할 수
도 있다.

여기서는 1장에 있는 다른 예제들과 폰트가 다른 것을 알 수 있다. 이는 텍스트를 스타일링
(styling)하고 머티리얼 UI 테마 스타일을 적용하는 데 사용되는 Typography 구성 요소 때
문이다. 텍스트를 표시하는 대부분의 머티리얼 UI 구성 요소에서는 Typography를 사용할
필요가 없지만 Paper에서는 필요하다.

이 예제에서는 많은 일이 일어나고 있다. 먼저 Grid 코드의 첫 번째 항목부터 살펴보자.

```
<Grid item xs={3}>
  <Grid container direction="column" spacing={2}>
    <Grid item>
      <Paper className={classes.paper}>
        <Typography>One</Typography>
      </Paper>
    </Grid>
    <Grid item>
      <Paper className={classes.paper}>
        <Typography>Two</Typography>
      </Paper>
    </Grid>
  </Grid>
</Grid>
```

Grid 항목은 4의 xs 값을 사용해 4열 레이아웃을 생성한다. 기본적으로 이들 항목은 열이다. 다음은 중첩된 Grid container다. 이 container는 값이 column인 direction 속성을 갖는다. 여기에 이 column에 포함된 Grid 항목을 배치할 수 있으며, 왼쪽에서 오른쪽으로가 아니라 위에서 아래로 항목이 배치된다. 이 그리드의 각 열은 이 패턴을 따른다.

부연 설명

화면 폭에 맞추는 것보다 맨 오른쪽 열을 숨기는 것이 더 합리적인 경우가 있다. 이런 경우에는 Hidden 구성 요소를 사용하면 된다. 예제에서는 다음과 같이 이 구성 요소를 먼저 가져왔다(import).

```
import Hidden from '@material-ui/core/Hidden';
```

이 구성 요소를 사용하려면 마지막 column을 이 구성 요소로 감싼다. 예를 들어 마지막 column은 이제 다음과 같다.

```
<Grid item xs={3}>
  <Grid container direction="column" spacing={2}>
    <Grid item>
      <Paper className={classes.paper}>
        <Typography>Seven</Typography>
      </Paper>
    </Grid>
    <Grid item>
      <Paper className={classes.paper}>
        <Typography>Eight</Typography>
      </Paper>
    </Grid>
  </Grid>
</Grid>
```

특정 브레이크포인트에서 이 column을 숨기고 싶다면, 다음과 같이 column을 Hidden으로 감싼다.

```
<Hidden smDown>
  <Grid item xs={3}>
    <Grid container direction="column" spacing={2}>
      <Grid item>
        <Paper className={classes.paper}>
          <Typography>Seven</Typography>
        </Paper>
      </Grid>
      <Grid item>
        <Paper className={classes.paper}>
          <Typography>Eight</Typography>
        </Paper>
      </Grid>
    </Grid>
  </Grid>
</Hidden>
```

smDown 속성은 sm 브레이크포인트 또는 그 아래에 도달하면 Hidden 구성 요소가 자식 child을 숨기도록 지시한다. 1,000픽셀 폭에서 결과는 다음과 같다.

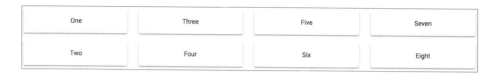

sm 브레이크포인트가 화면 크기보다 작기 때문에 마지막 열이 표시된다. 550픽셀의 화면 폭에서는 다음과 같이 마지막 열이 표시되지 않는다.

참고 사항

- Grid 데모: https://material-ui.com/layout/grid/
- Grid API 문서: https://material-ui.com/api/grid/
- Hidden API 문서: https://material-ui.com/api/hidden/

02

앱바
- 모든 페이지의 최상위 수준

2장에서는 다음 주제를 다룬다.

- 고정된 위치
- 스크롤 시 숨기기
- 툴바 추상화
- 내비게이션과 함께 사용하기

소개

앱바^{App Bar}는 모든 머티리얼 UI 애플리케이션의 기준점^{Anchor Point}이다. 앱바는 컨텍스트를 제공하며, 일반적으로 사용자가 애플리케이션을 탐색할 때 항상 보인다.

고정된 위치

여러분은 아마 AppBar 구성 요소가 항상 표시되길 바랄 것이다. fixed 위치를 사용하면 사용자가 페이지를 아래로 스크롤하더라도 AppBar 구성 요소가 항상 보인다.

예제 구현

position 속성의 fixed 값을 사용한다. 사용 방법은 다음과 같다.

```
import React from 'react';

import { withStyles } from '@material-ui/core/styles';
import AppBar from '@material-ui/core/AppBar';
import Toolbar from '@material-ui/core/Toolbar';
import Typography from '@material-ui/core/Typography';
import Button from '@material-ui/core/Button';
import IconButton from '@material-ui/core/IconButton';
import MenuIcon from '@material-ui/icons/Menu';

const styles = theme => ({
  root: {
    flexGrow: 1
  },
  flex: {
    flex: 1
  },
  menuButton: {
    marginLeft: -12,
    marginRight: 20
  }
});

const FixedPosition = withStyles(styles)(({ classes }) => (
  <div className={classes.root}>
    <AppBar position="fixed">
      <Toolbar>
```

```
      <IconButton
        className={classes.menuButton}
        color="inherit"
        aria-label="Menu"
      >
        <MenuIcon />
      </IconButton>
      <Typography
        variant="title"
        color="inherit"
        className={classes.flex}
      >
        Title
      </Typography>
      <Button color="inherit">Login</Button>
    </Toolbar>
  </AppBar>
  <ul>
    {new Array(500).fill(null).map((v, i) => (
      <li key={i}>{i}</li>
    ))}
  </ul>
  </div>
));

export default FixedPosition;
```

AppBar 구성 요소의 결과는 다음과 같다.

아래로 스크롤하면, AppBar 구성 요소는 고정된^{fixed} 상태로 유지되고 그 밑으로 콘텐츠가 스크롤되는 것을 볼 수 있다. 이 예제에서 페이지의 마지막으로 스크롤하면 다음과 같다.

position 속성의 디폴트 값은 fixed이지만, 이 속성을 명시적으로 설정하면 코드를 더 잘 이해하는 데 도움이 된다.

이 예제에서 화면이 처음 로딩되면 일부 콘텐츠가 AppBar 구성 요소 뒤에 숨겨져 있다. 이는 AppBar 구성 요소의 위치가 고정돼 있고 일반 콘텐츠보다 z 인덱스 값이 높기 때문이다. 이렇게 하면 스크롤할 때 일반 콘텐츠가 AppBar 구성 요소 뒤로 이동된다. 이에 대한 해결책으로 콘텐츠에 최상위 마진^{margin}을 추가한다. 하지만 문제는 AppBar의 높이를 알지 못한다는 것이다.

단지 좋아 보이는 값을 설정하면 된다. 더 나은 해결책은 toolbar mixin 스타일을 적용하는 것이다. 객체를 반환하는 styles 함수를 사용해 이 mixin 객체에 접근할 수 있다. 그런 다음 toolbar mixin 객체를 가진 테마 인수에 접근할 수 있다.

다음과 같은 styles로 변경돼야 한다.

```
const styles = theme => ({
  root: {
    flexGrow: 1
  },
  flex: {
    flex: 1
  },
  menuButton: {
    marginLeft: -12,
    marginRight: 20
  },
  toolbarMargin: theme.mixins.toolbar
});
```

새로 추가된 스타일은 toolbarMargin이다. 이것은 사용 중인 함수의 theme.mixins. toolbar 값을 사용한다. 따라서 theme에 접근할 수 있다. theme.mixins.toolbar 값은 다음과 같다.

```
{
  "minHeight": 56,
  "@media (min-width:0px) and (orientation: landscape)": {
    "minHeight": 48
  },
  "@media (min-width:600px)": {
    "minHeight": 64
  }
}
```

마지막 단계는 이 새로운 toolbarMargin 스타일이 적용될 AppBar 구성 요소 아래의 콘텐츠에 <div> 요소를 추가하는 것이다.

```
<div className={classes.root}>
```

```
<AppBar position="fixed">
  <Toolbar>
    <IconButton
      className={classes.menuButton}
      color="inherit"
      aria-label="Menu"
    >
      <MenuIcon />
    </IconButton>
    <Typography
      variant="title"
      color="inherit"
      className={classes.flex}
    >
      Title
    </Typography>
    <Button color="inherit">Login</Button>
  </Toolbar>
</AppBar>
<div className={classes.toolbarMargin} />
<ul>
  {new Array(500).fill(null).map((v, i) => <li key={i}>{i}</li>)}
</ul>
</div>
```

이제 화면을 처음 로드했을 때 콘텐츠의 첫 부분이 더 이상 AppBar 구성 요소에 가려지지 않는다.

스크롤 시 숨기기

화면에 사용자가 수직으로 스크롤해야 하는 콘텐츠가 많다면 앱바는 주의가 산만해질 수 있다. 이를 해결하는 한 가지 방법은 사용자가 아래로 스크롤하는 동안 AppBar 구성 요소를 숨기는 것이다.

예제 구현

사용자가 아래로 스크롤하는 동안 AppBar 구성 요소를 숨기려면 사용자가 언제 스크롤하는지 알아야 한다. 이는 window 객체의 scroll 이벤트를 청취하면 알 수 있다. 이 이벤트를 청취해 스크롤되는 동안 AppBar 구성 요소를 숨기는 구성 요소를 구현한다. 코드는 다음과 같다.

```
import React, { Component } from 'react';
import { withStyles } from '@material-ui/core/styles';
import AppBar from '@material-ui/core/AppBar';
import Toolbar from '@material-ui/core/Toolbar';
import Typography from '@material-ui/core/Typography';
import Button from '@material-ui/core/Button';
import IconButton from '@material-ui/core/IconButton';
import MenuIcon from '@material-ui/icons/Menu';
import Fade from '@material-ui/core/Fade';
```

```
const styles = theme => ({
  root: {
    flexGrow: 1
  },
  flex: {
    flex: 1
  },
  menuButton: {
    marginLeft: -12,
    marginRight: 20
  },
  toolbarMargin: theme.mixins.toolbar
});

const ScrolledAppBar = withStyles(styles)(
  class extends Component {
    state = {
      scrolling: false,
      scrollTop: 0
    };

    onScroll = e => {
      this.setState(state => ({
        scrollTop: e.target.documentElement.scrollTop,
        scrolling:
          e.target.documentElement.scrollTop > state.scrollTop
      }));
    };

    shouldComponentUpdate(props, state) {
      return this.state.scrolling !== state.scrolling;
    }

    componentDidMount() {
      window.addEventListener('scroll', this.onScroll);
    }

    componentWillUnmount() {
      window.removeEventListener('scroll', this.onScroll);
    }
```

```
      render() {
        const { classes } = this.props;

        return (
          <Fade in={!this.state.scrolling}>
            <AppBar>
              <Toolbar>
                <IconButton
                  className={classes.menuButton}
                  color="inherit"
                  aria-label="Menu"
                >
                  <MenuIcon />
                </IconButton>
                <Typography
                  variant="h6"
                  color="inherit"
                  className={classes.flex}
                >
                  My Title
                </Typography>
                <Button color="inherit">Login</Button>
              </Toolbar>
            </AppBar>
          </Fade>
        );
      }
    }
);

const AppBarWithButtons = withStyles(styles)(
  ({ classes, title, buttonText }) => (
    <div className={classes.root}>
      <ScrolledAppBar />
      <div className={classes.toolbarMargin} />
      <ul>
        {new Array(500).fill(null).map((v, i) => (
          <li key={i}>{i}</li>
        ))}
      </ul>
```

```
    </div>
  )
);

export default AppBarWithButtons;
```

화면을 처음 로드하면 툴바와 콘텐츠는 평소와 동일하게 보인다.

아래로 스크롤하면 더 많은 콘텐츠가 표시될 수 있도록 AppBar 콘텐츠가 사라진다. 화면을 맨 아래로 스크롤하면 다음과 같이 보인다.

위로 스크롤을 시작하면 AppBar 구성 요소가 다시 나타난다.

예제 분석

ScrolledAppBar 구성 요소의 state 메서드와 onScroll() 메서드를 살펴보자.

```
state = {
  scrolling: false,
  scrollTop: 0
};

onScroll = e => {
  this.setState(state => ({
      scrollTop: e.target.documentElement.scrollTop,
    scrolling:
        e.target.documentElement.scrollTop > state.scrollTop
  }));
};

componentDidMount() {
  window.addEventListener('scroll', this.onScroll);
}

componentWillUnmount() {
  window.removeEventListener('scroll', this.onScroll);
}
```

구성 요소가 마운트[mount]되면 onScroll() 메서드가 window 객체의 scroll 이벤트 청취자[listener]로 추가된다. scrolling 상태는 부울 값으로, true일 때 AppBar 구성 요소를 숨긴다. scrollTop 상태는 이전 스크롤 이벤트의 위치다. onScroll() 메서드는 새로운 스크롤 위치 값이 이전 스크롤 위치 값보다 큰지를 확인해서 사용자가 스크롤하고 있는지 여부를 판단한다.

다음으로 스크롤 시 AppBar 구성 요소를 숨기는 데 사용되는 Fade 구성 요소를 살펴보자.

```
<Fade in={!this.state.scrolling}>
  <AppBar>
    <Toolbar>
      <IconButton
        className={classes.menuButton}
        color="inherit"
        aria-label="Menu"
```

```
  >
    <MenuIcon />
  </IconButton>
  <Typography
    variant="title"
    color="inherit"
    className={classes.flex}
  >
    My Title
  </Typography>
  <Button color="inherit">Login</Button>
    </Toolbar>
  </AppBar>
</Fade>
```

in 속성은 값이 true일 때 Fade 구성 요소에게 자식을 페이드인하도록(나타나게 하도록) 지시한다. 이 예제에서는 scrolling 상태가 false일 때 조건이 만족된다.

부연 설명

사용자가 스크롤할 때 AppBar 구성 요소를 사라지게 하거나 나타나게 하는 것 대신에 다른 효과를 사용할 수도 있다. 예를 들어 다음 예제 코드에서 Grow 효과를 사용할 때 어떻게 보이는지 확인할 수 있다.

```
<Grow in={!this.state.scrolling}>
  <AppBar>
    <Toolbar>
      <IconButton
        className={classes.menuButton}
        color="inherit"
        aria-label="Menu"
      >
        <MenuIcon />
      </IconButton>
      <Typography
```

```
        variant="title"
        color="inherit"
        className={classes.flex}
      >
        My Title
      </Typography>
      <Button color="inherit">Login</Button>
    </Toolbar>
  </AppBar>
</Grow>
```

참고 사항

- Fade API 문서: https://material-ui.com/api/fade/
- Grow API 문서: https://material-ui.com/api/grow/
- Slide API 문서: https://material-ui.com/api/slide/

툴바 추상화

툴바를 여러 곳에서 렌더링해야 하는 경우 툴바 코드가 길어질 수 있다. 이 문제를 해결하기 위해 AppBar 구성 요소를 여러 곳에서 쉽게 렌더링할 수 있도록 툴바의 콘텐츠 패턴을 캡슐화하는 자신만의 Toolbar 구성 요소를 작성할 수 있다.

예제 구현

애플리케이션이 여러 화면에서 AppBar 구성 요소를 렌더링한다고 가정해보자. 각각의 AppBar 구성 요소는 오른쪽에 있는 Button뿐만 아니라 왼쪽에 있는 Menu와 title도 렌더링한다. 다음은 여러 화면에서 쉽게 사용할 수 있도록 자신만의 AppBar 구성 요소를 구현하는 방법을 보여준다.

```
import React, { Fragment, Component } from 'react';

import { withStyles } from '@material-ui/core/styles';
import AppBar from '@material-ui/core/AppBar';
import Toolbar from '@material-ui/core/Toolbar';
import Typography from '@material-ui/core/Typography';
import Button from '@material-ui/core/Button';
import IconButton from '@material-ui/core/IconButton';
import MenuIcon from '@material-ui/icons/Menu';
import Menu from '@material-ui/core/Menu';
import MenuItem from '@material-ui/core/MenuItem';

const styles = theme => ({
  root: {
    flexGrow: 1
  },
  flex: {
    flex: 1
  },
  menuButton: {
    marginLeft: -12,
    marginRight: 20
  },
  toolbarMargin: theme.mixins.toolbar
});

const MyToolbar = withStyles(styles)(
  class extends Component {
    static defaultProps = {
      MenuItems: ({ closeMenu }) => (
        <Fragment>
          <MenuItem onClick={closeMenu}>Profile</MenuItem>
          <MenuItem onClick={closeMenu}>My account</MenuItem>
          <MenuItem onClick={closeMenu}>Logout</MenuItem>
        </Fragment>
      ),
      RightButton: () => <Button color="inherit">Login</Button>
    };
```

```
state = { anchor: null };

closeMenu = () => this.setState({ anchor: null });

render() {
  const { classes, title, MenuItems, RightButton } = this.props;

  return (
    Fragment>
      <AppBar>
        <Toolbar>
          <IconButton
            className={classes.menuButton}
            color="inherit"
            aria-label="Menu"
            onClick={e =>
              this.setState({ anchor: e.currentTarget })
            }
          >
            <MenuIcon />
          </IconButton>
          <Menu
            anchorEl={this.state.anchor}
            open={Boolean(this.state.anchor)}
            onClose={this.closeMenu}
          >
            <MenuItems closeMenu={this.closeMenu} />
          </Menu>
          <Typography
            variant="title"
            color="inherit"
            className={classes.flex}
          >
            {title}
          </Typography>
          <RightButton />
        </Toolbar>
      </AppBar>
      <div className={classes.toolbarMargin} />
    </Fragment>
```

```
      );
    }
  }
);

const ToolbarAbstraction = withStyles(styles)(
  ({ classes, ...props }) => (
    <div className={classes.root}>
      <MyToolbar {...props} />
    </div>
  )
);

export default ToolbarAbstraction;
```

결과 툴바는 다음과 같다.

그리고 사용자가 제목 옆에 있는 메뉴 버튼을 클릭하면 메뉴는 다음과 같이 보인다.

예제 분석

다음과 같이 MyToolbar 구성 요소의 render() 메서드부터 살펴보자.

```
render() {
  const { classes, title, MenuItems, RightButton } = this.props;

  return (
    <Fragment>
      <AppBar>
        <Toolbar>
          <IconButton
            className={classes.menuButton}
            color="inherit"
            aria-label="Menu"
            onClick={e =>
              this.setState({ anchor: e.currentTarget })
            }
          >
            <MenuIcon />
          </IconButton>
          <Menu
            anchorEl={this.state.anchor}
            open={Boolean(this.state.anchor)}
            onClose={this.closeMenu}
          >
            <MenuItems closeMenu={this.closeMenu} />
          </Menu>
          <Typography
            variant="title"
            color="inherit"
            className={classes.flex}
          >
            {title}
          </Typography>
          <RightButton />
        </Toolbar>
      </AppBar>
      <div className={classes.toolbarMargin} />
    </Fragment>
  );
}
```

여기서 머티리얼 UI의 AppBar 구성 요소와 Toolbar 구성 요소가 렌더링되며, 페이지 콘텐츠의 위쪽 여백을 설정하는 AppBar 구성 요소와 <div> 요소 두 개가 반환되기 때문에 Fragment 구성 요소가 사용됐다. 툴바 안에는 다음과 같은 것들이 있다.

- 클릭될 때 메뉴를 표시하는 메뉴 버튼
- 메뉴 자체
- 제목
- 오른쪽 버튼

MyToolbar 속성에는 render()가 사용하는 두 개의 구성 요소인 MenuItems와 RightButton 이 있다. 이는 title 속성과 함께 사용자 정의할 구성 요소의 일부다. 여기서는 AppBar 구성 요소가 렌더링될 수 있도록 이들 속성에 대한 기본값을 정의하는 접근 방법을 사용한다.

```
static defaultProps = {
  MenuItems: ({ closeMenu }) => (
    <Fragment>
      <MenuItem onClick={closeMenu}>Profile</MenuItem>
      <MenuItem onClick={closeMenu}>My account</MenuItem>
      <MenuItem onClick={closeMenu}>Logout</MenuItem>
    Fragment>
  ),
  RightButton: () => <Button color="inherit">Login</Button>
};
```

MyToolbar를 렌더링할 때 이들 속성에 사용자 정의 값을 전달할 수 있다. 예를 들어 홈 화면에 사용되는 값이 디폴트 값으로 사용될 수 있다.

 이들 속성에 디폴트 값을 반드시 제공할 필요는 없다. 하지만 홈 화면의 경우 이를 제공하면, 다른 개발자들이 코드를 보고 어떻게 동작하는지 이해하는 데 도움이 된다.

MenuItems와 RightButton을 사용해 각각 사용자 정의 메뉴 항목과 오른쪽 버튼을 설정해보자.

```
const ToolbarAbstraction = withStyles(styles)(
  ({ classes, ...props }) => (
    <div className={classes.root}>
      <MyToolbar
        MenuItems={({ closeMenu }) => (
          <Fragment>
            <MenuItem onClick={closeMenu}>Page 1</MenuItem>
            <MenuItem onClick={closeMenu}>Page 2</MenuItem>
            <MenuItem onClick={closeMenu}>Page 3</MenuItem>
          Fragment>
        )}
        RightButton={() => (
          <Button color="secondary" variant="contained">
            Logout
          </Button>
        )}
        {...props}
      />
    </div>
  )
);
```

툴바는 다음과 같이 렌더링된다.

사용자 정의 옵션으로 메뉴는 다음과 같이 표시된다.

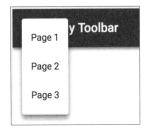

참고 사항

- AppBar 데모: https://material-ui.com/demos/app-bar/
- AppBar API 문서: https://material-ui.com/api/app-bar/
- Toolbar API 문서: https://material-ui.com/api/toolbar/

내비게이션과 함께 사용하기

머티리얼 UI 앱은 일반적으로 react-router 같은 라우터를 사용해 서로 연결된 여러
페이지로 구성된다. 각각의 페이지는 해당 페이지의 정보를 포함하는 앱바를 렌더링
한다. 이것은 '툴바 추상화' 절에서 생성한 추상화가 유용하게 사용되는 예 중 하나다.

예제 구현

세 개의 페이지를 가진 앱을 구축한다고 가정해보자. 각각의 페이지에는 페이지의
title 속성을 가진 앱바를 render하고자 한다. 또한 앱바의 메뉴는 세 개 페이지의 링

크를 포함한다. 코드는 다음과 같다.

```
import React, { Fragment, Component } from 'react';
import {
  BrowserRouter as Router,
  Route,
  Link
} from 'react-router-dom';

import { withStyles } from '@material-ui/core/styles';
import AppBar from '@material-ui/core/AppBar';
import Toolbar from '@material-ui/core/Toolbar';
import Typography from '@material-ui/core/Typography';
import Button from '@material-ui/core/Button';
import IconButton from '@material-ui/core/IconButton';
import MenuIcon from '@material-ui/icons/Menu';
import Menu from '@material-ui/core/Menu';
import MenuItem from '@material-ui/core/MenuItem';

const styles = theme => ({
  root: {
    flexGrow: 1
  },
  flex: {
    flex: 1
  },
  menuButton: {
    marginLeft: -12,
    marginRight: 20
  },
  toolbarMargin: theme.mixins.toolbar
});

const MyToolbar = withStyles(styles)(
  class extends Component {
    static defaultProps = {
      MenuItems: () => (
        <Fragment>
          <MenuItem component={Link} to="/">
```

```
        Home
      </MenuItem>
      <MenuItem component={Link} to="/page2">
        Page 2
      </MenuItem>
      <MenuItem component={Link} to="/page3">
        Page 3
      </MenuItem>
    </Fragment>
  ),
  RightButton: () => <Button color="inherit">Login</Button>
};


state = { anchor: null };

closeMenu = () => this.setState({ anchor: null });

render() {
  const { classes, title, MenuItems, RightButton } = this.props;

  return (
    <Fragment>
      <AppBar>
        <Toolbar>
          <IconButton
            className={classes.menuButton}
            color="inherit"
            aria-label="Menu"
            onClick={e =>
              this.setState({ anchor: e.currentTarget })
            }
          >
            <MenuIcon />
          </IconButton>
          <Menu
            anchorEl={this.state.anchor}
            open={Boolean(this.state.anchor)}
            onClose={this.closeMenu}
          >
            <MenuItems />
```

```
            </Menu>
            <Typography
              variant="title"
              color="inherit"
              className={classes.flex}
            >
              {title}
            </Typography>
            <RightButton />
          </Toolbar>
        </AppBar>
        <div className={classes.toolbarMargin} />
      Fragment>
    );
  }
}
);

const WithNavigation = withStyles(styles)(({ classes }) => (
  <div className={classes.root}>
    <Route
      exact
      path="/"
      render={() => (
        <Fragment>
          <MyToolbar title="Home" />
          <Typography>Home</Typography>
        </Fragment>
      )}
    />
    <Route
      exact
      path="/page2"
      render={() => (
        <Fragment>
          <MyToolbar title="Page 2" />
          <Typography>Page 2</Typography>
        </Fragment>
      )}
    />
```

```
    <Route
      exact
      path="/page3"
      render={() => (
        <Fragment>
          <MyToolbar title="Page 3" />
          <Typography>Page 3</Typography>
        </Fragment>
      )}
    />
  </div>
));

export default WithNavigation;
```

앱을 처음 로드했을 때 화면은 다음과 같다.

앱바의 메뉴가 열린 화면은 다음과 같다.

다음은 Page 2를 클릭했을 때의 화면이다.

페이지의 제목을 반영해 앱바의 제목이 변경되고 페이지의 콘텐츠 역시 이에 따라 변경된다.

예제 분석

다음과 같이 앱의 페이지를 정의하는 라우트 구성 요소부터 살펴보자.

```
const WithNavigation = withStyles(styles)(({ classes }) => (
  <div className={classes.root}>
    <Route
      exact
      path="/"
      render={() => (
        <Fragment>
          <MyToolbar title="Home" />
          <Typography>Home</Typography>
        </Fragment>
      )}
    />
    <Route
      exact
      path="/page2"
      render={() => (
        <Fragment>
          <MyToolbar title="Page 2" />
          <Typography>Page 2</Typography>
        </Fragment>
      )}
    />
    <Route
      exact
```

```
        path="/page3"
        render={() => (
          <Fragment>
            <MyToolbar title="Page 3" />
            <Typography>Page 3</Typography>
          </Fragment>
        )}
      />
    </div>
));
```

각각의 Route 구성 요소(react-router 패키지에서 가져온)는 앱의 페이지에 대응된다. 이 구성 요소는 브라우저 주소 표시줄의 경로와 일치하는 path 속성을 갖는다. 일치하면 Routes 구성 요소의 콘텐츠가 렌더링된다. 예를 들어 경로가 /page3라면 path="/page3" 인 Route 구성 요소의 콘텐츠가 렌더링된다.

각각의 Route 구성 요소는 또한 render() 함수도 정의한다. 이 함수는 path가 일치하고 반환되는 콘텐츠가 렌더링될 때 호출된다. 앱의 라우트 구성 요소는 MyToolbar를 각각 title 속성에 대한 다른 값으로 렌더링한다.

다음으로 MenuItems 디폴트 속성 값을 구성하는 메뉴 항목을 살펴본다.

```
static defaultProps = {
  MenuItems: () => (
    <Fragment>
      <MenuItem component={Link} to="/">
        Home
      </MenuItem>
      <MenuItem component={Link} to="/page2">
        Page 2
      </MenuItem>
      <MenuItem component={Link} to="/page3">
        Page 3
      </MenuItem>
    </Fragment>
  ),
```

```
  RightButton: () => <Button color="inherit">Login</Button>
};
```

이들 각각의 MenuItems 속성은 앱이 선언한 각각의 라우트 구성 요소를 가리키는 링크다. MenuItem 구성 요소는 링크를 렌더링할 때 사용되는 component 속성을 받는다. 이예제에서는 react-router-dom 패키지의 Link 구성 요소를 전달한다. MenuItem 구성 요소는 Link 구성 요소에 추가 속성을 전달한다. 즉, to 속성을 MenuItem 구성 요소에 전달하면 마치 Link 구성 요소에 전달되는 것처럼 전달할 수 있다.

부연 설명

앱을 구성하는 화면은 대부분 동일한 패턴을 따른다. 라우트의 render 속성에 반복되는 코드를 작성하는 대신 화면의 고유한 부분에 대한 인수를 허용하는 고차 함수를 만들어 render 속성에서 사용하는 새 구성 요소를 반환한다.

이 예제의 경우 각각의 스크린에서 고유한 데이터는 제목과 콘텐츠 텍스트라는 두 가지뿐이다. 앱의 모든 Route 구성 요소에서 사용할 수 있는 새로운 함수형 구성 요소를 구축하는 일반 함수는 다음과 같다.

```
const screen = (title, content) => () => (
  <Fragment>
    <MyToolbar title={title} />
    <Typography>{content}</Typography>
  </Fragment>
);
```

이 함수를 사용하려면 다음 예제 코드와 같이 render 속성에서 호출한다.

```
export default withStyles(styles)(({ classes }) => (
  <div className={classes.root}>
    <Route exact path="/" render={screen('Home', 'Home')} />
```

```
    <Route exact path="/page2" render={screen('Page 2', 'Page 2')} />
    <Route exact path="/page3" render={screen('Page 3', 'Page 3')} />
  </div>
));
```

이제 앱의 모든 화면에서 동일하게 유지되는 정적 screen 구조와 screen() 함수에 인수로 전달된 각 화면의 고유한 부분이 명확하게 분리됐다.

참고 사항

- **리액트 라우터 문서**: https://reactrouter.com/
- **AppBar 데모**: https://material-ui.com/demos/app-bar/
- **AppBar API 문서**: https://material-ui.com/api/app-bar/

03

드로어
- 내비게이션 제어를 위한 장소

3장에서는 다음 주제를 다룬다.

- 드로어 타입
- 드로어 항목 상태
- 드로어 항목 내비게이션
- 드로어 섹션
- 앱바 상호작용

소개

머티리얼 UI는 드로어^{drawer}를 사용해 사용자에게 앱의 내비게이션을 제공한다. Drawer 구성 요소는 실제 서랍과 같은 역할을 해서 사용하지 않을 때는 보이지 않게 할 수 있다.

드로어 타입

Drawer 구성 요소는 앱에서 사용할 수 있는 세 가지 타입을 제공한다.

- **임시**temporary **드로어**: 동작이 취해지면 닫히는 일시적인 드로어
- **지속**persistent **드로어**: 명시적으로 닫힐 때까지 열어둘 수 있는 드로어
- **영구**permanent **드로어**: 항상 보이는 드로어

예제 구현

앱에서 다양한 타입의 드로어를 지원하려 한다고 가정해보자. variant 속성을 사용해 Drawer 구성 요소 타입을 제어할 수 있다. 코드는 다음과 같다.

```
import React, { useState } from 'react';

import Drawer from '@material-ui/core/Drawer';
import Grid from '@material-ui/core/Grid';
import Button from '@material-ui/core/Button';
import List from '@material-ui/core/List';
import ListItem from '@material-ui/core/ListItem';
import ListItemIcon from '@material-ui/core/ListItemIcon';
import ListItemText from '@material-ui/core/ListItemText';

export default function DrawerTypes({ classes, variant }) {
  const [open, setOpen] = useState(false);

  return (
    <Grid container justify="space-between">
      <Grid item>
        <Drawer
          variant={variant}
          open={open}
          onClose={() => setOpen(false)}
        >
          <List>
```

```
                    <ListItem
                      button
                      onClick={() => setOpen(false)}
                    >
                      <ListItemText>Home</ListItemText>
                    </ListItem>
                    <ListItem
                      button
                      onClick={() => setOpen(false)}
                    >
                      <ListItemText>Page 2</ListItemText>
                    </ListItem>
                    <ListItem
                      button
                      onClick={() => setOpen(false)}
                    >
                      <ListItemText>Page 3</ListItemText>
                    </ListItem>
                  </List>
                </Drawer>
              </Grid>
              <Grid item>
                <Button onClick={() => setOpen(!open)}>
                  {open ? 'Hide' : 'Show'} Drawer
                </Button>
              </Grid>
            </Grid>
  );
}
```

variant 속성의 디폴트는 temporary다. 이 화면을 처음 로드하면 드로어 표시를 토글
toggle하는 버튼만 표시된다.

SHOW DRAWER

버튼을 클릭하면 임시 드로어를 볼 수 있다.

예제 분석

variant 속성을 변경하기 전에 이 예제의 코드를 살펴보자. 먼저 다음과 같은 Drawer
마크업을 볼 수 있다.

```
<Drawer
  variant={variant}
  open={open}
  onClose={() => setOpen(false)}
>
  <List>
    <ListItem
      button
      onClick={() => setOpen(false)}
    >
      <ListItemText>Home</ListItemText>
    </ListItem>
    <ListItem
      button
      onClick={() => setOpen(false)}
    >
      <ListItemText>Page 2</ListItemText>
    </ListItem>
    <ListItem
      button
      onClick={() => setOpen(false)}
    >
      <ListItemText>Page 3</ListItemText>
    </ListItem>
  </List>
```

```
</Drawer>
```

Drawer 구성 요소는 open 속성을 받는다. 이 속성이 true일 때 드로어를 표시한다. variant 속성은 렌더링할 드로어 타입을 결정한다. 앞의 스크린샷은 디폴트 값인 임시 드로어를 보여준다. Drawer 구성 요소는 List를 자식으로 가지며, 드로어에 표시되는 각각의 항목이 여기에 렌더링된다.

다음으로 Drawer 구성 요소의 표시를 토글하는 Button 구성 요소를 살펴본다.

```
<Button onClick={() => setOpen(!open)}>
  {open ? 'Hide' : 'Show'} Drawer
</Button>
```

이 버튼이 클릭되면 구성 요소의 open 상태가 토글된다. 마찬가지로 open 상태의 값에 따라 버튼의 텍스트가 토글된다.

이제 variant 속성의 값을 permanent로 변경해보자. 렌더링된 드로어는 다음과 같다.

```
Home                    SHOW DRAWER

Page 2

Page 3
```

영구 드로어는 이름에서 알 수 있듯이, 화면의 동일한 위치에서 항상 보인다. SHOW DRAWER 버튼을 클릭하면 구성 요소의 open 상태가 true로 토글된다. 버튼의 텍스트가 변경된 것을 볼 수 있지만, Drawer 구성 요소가 permanent 변수를 사용하고 있기 때문에 open 속성은 아무런 효과가 없다.

Home		HIDE DRAWER
Page 2		
Page 3		

다음으로 persistent 변형을 확인해보자. 지속 드로어는 사용자가 앱과 상호작용하는 동안 화면에 보인다는 점에서 영구 드로어와 유사하고, open 속성을 변경하면 드로어를 숨길 수 있다는 점에서 임시 드로어와 유사하다.

variant 속성을 persistent로 변경한다. 화면이 처음 로드되면 구성 요소의 open 상태가 false이므로 드로어가 보이지 않는다. SHOW DRAWER 버튼을 클릭해보자. 드로어가 영구 드로어처럼 표시된다. HIDE DRAWER 버튼을 클릭하면 구성 요소의 open 상태가 false로 토글되고 드로어는 숨겨진다.

지속 드로어는 사용자가 드로어의 가시성을 제어할 수 있도록 하고자 할 때 사용한다. 예를 들어, 임시 드로어로 사용자는 오버레이를 클릭하거나 Esc 키를 눌러 드로어를 닫을 수 있다. 영구 드로어는 왼쪽 내비게이션을 페이지 레이아웃의 필수적인 부분으로 사용하려는 경우에 유용하다. 지속 드로어는 항상 표시되며 다른 항목은 이 드로어의 주변에 배치된다.

부연 설명

드로어에 있는 임의의 항목을 클릭하면 이벤트 핸들러는 구성 요소의 open 상태를 false로 설정한다. 이는 사용자가 원하는 것이 아니며 잠재적으로 사용자를 혼란스럽게 할 수 있다. 예를 들어 지속 드로어를 사용하는 경우 드로어의 가시성을 제어하는 버튼은 드로어의 외부에 있을 것이며, 드로어 항목을 클릭할 때 사용자는 드로어가 닫히지 않을 것으로 기대할 것이다.

이 문제를 해결하기 위해 이벤트 핸들러에서 Drawer 구성 요소의 변형을 고려할 수 있다.

88

```
<List>
  <ListItem
    button
    onClick={() => setOpen(variant !== 'temporary')}
  >
    <ListItemText>Home</ListItemText>
  </ListItem>
  <ListItem
    button
    onClick={() => setOpen(variant !== 'temporary')}
  >
    <ListItemText>Page 2</ListItemText>
  </ListItem>
  <ListItem
    button
    onClick={() => setOpen(variant !== 'temporary')}
  >
    <ListItemText>Page 3</ListItemText>
  </ListItem>
</List>
```

이제 임의의 항목을 클릭하면 variant 속성이 temporary인 경우에만 open 상태가 false로 변경된다.

참고 사항

- Drawer 데모: https://material-ui.com/demos/drawers/
- Drawer API 문서: https://material-ui.com/api/drawer/

드로어 항목 상태

Drawer 구성 요소에서 렌더링되는 항목은 대부분 정적이지 않다. 대신 드로어 항목은 구성 요소의 상태에 따라 렌더링되므로 항목이 표시되는 방식을 좀 더 잘 제어할 수 있다.

Drawer 구성 요소를 사용해 드로어 내비게이션을 렌더링하는 구성 요소가 있다고 가정
해보자. 구성 요소의 마크업에 items 상태를 직접 작성하는 대신 items 상태를 구성 요
소의 상태로 저장하려고 한다. 예를 들어 사용자의 권한 확인에 대한 응답으로 항목이
비활성화되거나 완전히 숨겨진다.

다음은 구성 요소 상태의 item 객체 배열을 사용하는 예제다.

```
import React, { useState } from 'react';

import Drawer from '@material-ui/core/Drawer';
import Grid from '@material-ui/core/Grid';
import Button from '@material-ui/core/Button';
import List from '@material-ui/core/List';
import ListItem from '@material-ui/core/ListItem';
import ListItemIcon from '@material-ui/core/ListItemIcon';
import ListItemText from '@material-ui/core/ListItemText';
import Typography from '@material-ui/core/Typography';

import HomeIcon from '@material-ui/icons/Home';
import WebIcon from '@material-ui/icons/Web';

export default function DrawerItemState() {
  const [open, setOpen] = useState(false);
  const [content, setContent] = useState('Home');
  const [items] = useState([
    { label: 'Home', Icon: HomeIcon },
    { label: 'Page 2', Icon: WebIcon },
    { label: 'Page 3', Icon: WebIcon, disabled: true },
    { label: 'Page 4', Icon: WebIcon },
    { label: 'Page 5', Icon: WebIcon, hidden: true }
  ]);

const onClick = content => () => {
  setOpen(false);
  setContent(content);
```

```
};

return (
  <Grid container justify="space-between">
    <Grid item>
      <Typography>{content}</Typography>
    </Grid>
    <Grid item>
      <Drawer open={open} onClose={() => setOpen(false)}>
        <List>
          {items
            .filter(({ hidden }) => !hidden)
            .map(({ label, disabled, Icon }, i) => (
              <ListItem
                button
                key={i}
                disabled={disabled}
                onClick={onClick(label)}
              >
                <ListItemIcon>
                  <Icon />
                </ListItemIcon>
                <ListItemText>{label}</ListItemText>
              </ListItem>
            ))}
        </List>
      </Drawer>
    </Grid>

    <Grid item>
      <Button onClick={() => setOpen(!open)}>
        {open ? 'Hide' : 'Show'} Drawer
      </Button>
    </Grid>
  </Grid>
);
}
```

SHOW DRAWER 버튼을 클릭하면 드로어는 다음과 같이 보인다.

이들 항목 중 하나를 선택하면 드로어는 닫히고 화면의 콘텐츠가 업데이트된다. 예를 들어 Page 2를 클릭하면 다음과 같은 스크린샷을 볼 수 있다.

Page 2	SHOW DRAWER

예제 분석

구성 요소의 상태부터 살펴보자.

```
const [open, setOpen] = useState(false);
const [content, setContent] = useState('Home');
const [items] = useState([
  { label: 'Home', Icon: HomeIcon },
  { label: 'Page 2', Icon: WebIcon },
  { label: 'Page 3', Icon: WebIcon, disabled: true },
  { label: 'Page 4', Icon: WebIcon },
  { label: 'Page 5', Icon: WebIcon, hidden: true }
]);
```

open 상태는 Drawer 구성 요소의 가시성을 제어하며 content 상태는 어떤 드로어 항목이 클릭됐는지에 따라 화면에 표시되는 텍스트다. items 상태는 드로어 항목을 렌더링하는 데 사용되는 객체의 배열이다. 모든 객체는 각각 항목 텍스트와 아이콘을 렌더링하는 데 사용되는 label 속성과 Icon 속성을 갖는다.

구성 요소를 대문자로 표기하는 리액트의 규칙을 유지하기 위해 Icon 속성을 대문자로 표기한다. 이렇게 하면 리액트 구성 요소를 다른 데이터와 쉽게 구별할 수 있다.

disabled 속성은 항목을 비활성화된 상태로 렌더링하는 데 사용된다. 예를 들어 Page3 의 disabled 속성은 true로 설정돼 있기 때문에 비활성화돼 표시된다.

이는 특정 페이지의 사용자에 대한 권한 제한이나 기타 다른 이유로 인해 발생할 수 있다. 정적으로 바인딩되는 것이 아니라 구성 요소 상태를 통해 제어되므로 API 호출과 같은 원하는 메커니즘을 사용해서 언제든지 메뉴 항목의 disabled 상태를 업데이트할 수 있다. hidden 속성은 동일한 원칙을 사용한다. 이 값이 true인 경우를 제외하고는 항목이 전혀 렌더링되지 않는다. 이 예제에서 **Page 5**는 숨김^{hidden}으로 표시돼 렌더링되지 않는다.

다음으로 items 상태에 따라 List 항목이 어떻게 렌더링되는지 살펴보자.

```
<List>
  {items
    .filter(({ hidden }) => !hidden)
    .map(({ label, disabled, Icon }, i) => (
      <ListItem
        button
        key={i}
        disabled={disabled}
        onClick={onClick(label)}
      >
        <ListItemIcon>
          <Icon />
        </ListItemIcon>
        <ListItemText>{label}</ListItemText>
      </ListItem>
```

```
  ))}
</List>
```

먼저 items 배열을 필터링해 hidden 항목을 제거한다. 그런 다음 map()을 사용해 각각의 ListItem 구성 요소를 렌더링한다. disabled 속성이 ListItem에 전달되며, 렌더링될 때 시각적으로 비활성화된다. Icon 구성 요소는 목록 항목 상태에서도 제공된다. onClick() 이벤트 핸들러는 드로어를 숨기고 content 레이블을 업데이트한다.

 비활성화된 목록 항목이 클릭됐을 때 onClick() 핸들러는 실행되지 않는다.

부연 설명

목록 항목의 렌더링을 자체 구성 요소로 분리할 수 있다. 이렇게 하면 다른 위치에서 목록 항목을 사용할 수 있다. 예를 들어 동일한 렌더링 논리를 사용해 앱의 다른 곳에서 버튼 항목을 렌더링할 수 있다. 다음은 ListItems 구성 요소를 자체 구성 요소로 추출하는 방법의 예다.

```
const ListItems = ({ items, onClick }) =>
  items
    .filter(({ hidden }) => !hidden)
    .map(({ label, disabled, Icon }, i) => (
      <ListItem
        button
        key={i}
        disabled={disabled}
      onClick={onClick(label)}
  >
    <ListItemIcon>
      <Icon />
    </ListItemIcon>
```

```
    <ListItemText>{label}</ListItemText>
  </ListItem>
));
```

ListItems 구성 요소는 ListItems 구성 요소의 배열을 반환한다. 이 구성 요소는 items 상태를 받아 배열 속성으로 렌더링한다. 또한 onClick() 함수 속성도 받는다. 이 함수는 label 구성 요소를 인수로 받아 표시하고 항목이 클릭되면 콘텐츠를 업데이트하는 새 함수를 반환하는 고차 함수다.

다음은 새 ListItems 구성 요소를 사용하도록 업데이트된 JSX 마크업을 보여준다.

```
<Grid container justify="space-between">
  <Grid item>
    <Typography>{content}</Typography>
  </Grid>
  <Grid item>
    <Drawer open={open} onClose={() => setOpen(false)}>
      <List>
        <ListItems items={items} onClick={onClick} />
      </List>
    </Drawer>
  </Grid>

  <Grid item>
    <Button onClick={() => setOpen(!open)}>
      {open ? 'Hide' : 'Show'} Drawer
    </Button>
  </Grid>
</Grid>
```

이 구성 요소에는 더 이상 목록 항목 렌더링 코드가 없다. 대신 ListItems가 List의 자식으로 렌더링된다. 렌더링할 항목과 onClick() 핸들러를 전달한다. 이제 일반 ListItems 구성 요소를 사용해 앱의 어디에서나 목록을 보여주는 데 사용할 수 있다. 이것은 Icon, disabled를 일관되게 처리하고 로직을 표시한다.

- Drawer 데모: https://material-ui.com/demos/drawers/
- Drawer API 문서: https://material-ui.com/api/drawer/

드로어 항목 내비게이션

만약 머티리얼 UI 앱이 페이지 간의 탐색에 react-router 같은 라우터를 사용한다면, Drawer 항목으로의 연결이 필요할 것이다. 그렇게 하려면 react-router-dom 패키지의 구성 요소를 통합해야 한다.

예제 구현

앱이 세 개의 페이지로 구성돼 있다고 가정해보자. 페이지들 간을 이동하려면 Drawer 구성 요소에서 링크를 제공해야 한다. 그 코드는 다음과 같다.

```
import React, { useState } from 'react';
import { Route, Link } from 'react-router-dom';

import { withStyles } from '@material-ui/core/styles';
import Drawer from '@material-ui/core/Drawer';
import Grid from '@material-ui/core/Grid';
import Button from '@material-ui/core/Button';
import List from '@material-ui/core/List';
import ListItem from '@material-ui/core/ListItem';
import ListItemIcon from '@material-ui/core/ListItemIcon';
import ListItemText from '@material-ui/core/ListItemText';
import Typography from '@material-ui/core/Typography';

import HomeIcon from '@material-ui/icons/Home';
import WebIcon from '@material-ui/icons/Web';
```

```
const styles = theme => ({
  alignContent: {
    alignSelf: 'center'
  }
});

function DrawerItemNavigation({ classes }) {
  const [open, setOpen] = useState(false);
  return (
    <Grid container justify="space-between">
      <Grid item className={classes.alignContent}>
        <Route
          exact
          path="/"
          render={() => <Typography>Home</Typography>}
        />
        <Route
          exact
          path="/page2"
          render={() => <Typography>Page 2</Typography>}
        />
        <Route
          exact
          path="/page3"
          render={() => <Typography>Page 3</Typography>}
        />
      </Grid>
      <Grid item>
        <Drawer
          className={classes.drawerWidth}
          open={open}
          onClose={() => setOpen(false)}
        >
          <List>
            <ListItem
              component={Link}
              to="/"
              onClick={() => setOpen(false)}
            >
              <ListItemIcon>
```

```
                    <HomeIcon />
                  </ListItemIcon>
                  <ListItemText>Home</ListItemText>
                </ListItem>
                <ListItem
                  component={Link}
                  to="/page2"
                  onClick={() => setOpen(false)}
                >
                  <ListItemIcon>
                    <WebIcon />
                  </ListItemIcon>
                  <ListItemText>Page 2</ListItemText>
                </ListItem>
                <ListItem
                  component={Link}
                  to="/page3"
                  onClick={() => setOpen(false)}
                >
                  <ListItemIcon>
                    <WebIcon />
                  </ListItemIcon>
                  <ListItemText>Page 3</ListItemText>
                </ListItem>
              </List>
          </Drawer>
        </Grid>
        <Grid item>
          <Button onClick={() => setOpen(!open)}>
            {open ? 'Hide' : 'Show'} Drawer
          </Button>
        </Grid>
      </Grid>
  );
}

export default withStyles(styles)(DrawerItemNavigation);
```

화면을 처음 로드하면 SHOW DRAWER 버튼과 홈 화면 콘텐츠를 볼 수 있다.

드로어가 열렸을 때의 모습은 다음과 같다.

/page2를 가리키고 있는 **Page 2**를 클릭하면, 드로어가 닫히고 다음과 같이 두 번째 페이지로 이동한다.

Page 3나 **Home**을 클릭할 때도 유사한 화면을 볼 수 있다. 화면의 왼쪽 콘텐츠가 업데이트된다.

예제 분석

먼저 활성화된 Route 구성 요소를 기반으로 콘텐츠를 render하는 Route 구성 요소를 살펴보자.

```
<Grid item className={classes.alignContent}>
  <Route
    exact
    path="/"
    render={() => <Typography>Home</Typography>}
  />
  <Route
```

```
      exact
      path="/page2"
      render={() => <Typography>Page 2</Typography>}
    />
    <Route
      exact
      path="/page3"
      render={() => <Typography>Page 3</Typography>}
    />
</Grid>
```

앱의 각 path에 Route 구성 요소가 사용되고 있다. render() 함수는 path 속성이 현재 URL과 일치할 때 이 Grid 항목 내에서 렌더링돼야 할 콘텐츠를 반환한다.

이어서 다음과 같이 ListItem 구성 요소 안의 Drawer 구성 요소 중 하나를 살펴보자.

```
<ListItem
  component={Link}
  to="/"
  onClick={() => setOpen(false)}
>
  <ListItemIcon>
    <HomeIcon />
  </ListItemIcon>
  <ListItemText>Home</ListItemText>
</ListItem>
```

디폴트로 ListItem 구성 요소는 div 요소를 렌더링한다. true일 때는 button 속성을 받아 button 요소를 렌더링한다. 하지만 둘 다 원하는 동작이 아니다. 대신에 목록 항목을 react-router가 처리할 링크로 지정해야 한다. component 속성은 사용할 사용자 지정 구성 요소를 받는다. 이 예제에서는 react-router-dom 패키지의 Link 구성 요소를 사용하려고 한다. 적절한 스타일을 유지하면서 알맞은 링크를 렌더링한다.

ListItem에 전달하는 속성은 사용자 정의 구성 요소(예제의 경우, Link)에도 전달된다.

즉, 필요한 to 속성이 /의 링크를 가리키는 Link에 전달된다. 마찬가지로 onClick 핸들러 또한 Link 구성 요소에 전달된다. 이는 링크가 클릭될 때 임시 드로어를 닫으려 하기 때문에 중요하다.

드로어 안의 항목이 링크라면 활성화된 링크에 시각적인 표시를 하고 싶을 것이다. 머티리얼 UI 테마 스타일을 사용해 활성화된 링크에 스타일을 추가해보자. 수정된 예제는 다음과 같다.

```
import React, { useState } from 'react';
import clsx from 'clsx';
import { Switch, Route, Link, NavLink } from 'react-router-dom';

import { withStyles } from '@material-ui/core/styles';
import Drawer from '@material-ui/core/Drawer';
import Grid from '@material-ui/core/Grid';
import Button from '@material-ui/core/Button';
import List from '@material-ui/core/List';
import ListItem from '@material-ui/core/ListItem';
import ListItemIcon from '@material-ui/core/ListItemIcon';
import ListItemText from '@material-ui/core/ListItemText';
import Typography from '@material-ui/core/Typography';

import HomeIcon from '@material-ui/icons/Home';
import WebIcon from '@material-ui/icons/Web';

const styles = theme => ({
  alignContent: {
    alignSelf: 'center'
  },
  activeListItem: {
    color: theme.palette.primary.main
  }
});
```

```
const NavListItem = withStyles(styles)(
  ({ classes, Icon, text, active, ...other }) => (
    <ListItem component={NavLink} {...other}>
      <ListItemIcon
        classes={{
          root: clsx({ [classes.activeListItem]: active })
        }}
      >
        <Icon />
      </ListItemIcon>
      <ListItemText
        classes={{
          primary: clsx({
            [classes.activeListItem]: active
          })
        }}
      >
        {text}
      </ListItemText>
    </ListItem>
  )
);

const NavItem = props => (
  <Switch>
    <Route
      exact
      path={props.to}
      render={() => <NavListItem active={true} {...props} />}
    />
    <Route path="/" render={() => <NavListItem {...props} />} />
  </Switch>
);

function DrawerItemNavigation({ classes }) {
  const [open, setOpen] = useState(false);

  return (
    <Grid container justify="space-between">
      <Grid item className={classes.alignContent}>
```

```
    <Route
      exact
      path="/"
      render={() => <Typography>Home</Typography>}
    />
    <Route
      exact
      path="/page2"
      render={() => <Typography>Page 2</Typography>}
    />
    <Route
      exact
      path="/page3"
      render={() => <Typography>Page 3</Typography>}
    />
  </Grid>
  <Grid item>
    <Drawer
      className={classes.drawerWidth}
      open={open}
      onClose={() => setOpen(false)}
    >
      <List>
        <NavItem
          to="/"
          text="Home"
          Icon={HomeIcon}
          onClick={() => setOpen(false)}
        />
        <NavItem
          to="/page2"
          text="Page 2"
          Icon={WebIcon}
          onClick={() => setOpen(false)}
        />
        <NavItem
          to="/page3"
          text="Page 3"
          Icon={WebIcon}
          onClick={() => setOpen(false)}
```

```
            />
          </List>
        </Drawer>
      </Grid>
      <Grid item>
        <Button onClick={() => setOpen(!open)}>
          {open ? 'Hide' : 'Show'} Drawer
        </Button>
      </Grid>
    </Grid>
  );
}

export default withStyles(styles)(DrawerItemNavigation);
```

이제 화면이 처음 로드되고, 드로어를 열면 다음 스크린샷과 같이 보인다.

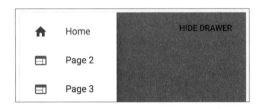

Home 링크가 활성화됐으므로 머티리얼 UI 테마의 기본 테마 색상을 사용해 스타일을
지정했다. Page 2 링크를 클릭하고 드로어를 다시 열면 다음 스크린샷과 같이 보인다.

추가한 두 개의 새 구성 요소를 살펴보자. NavItem부터 시작한다.

```
const NavItem = props => (
  <Switch>
    <Route
      exact
      path={props.to}
      render={() => <NavListItem active={true} {...props} />}
    />
    <Route path="/" render={() => <NavListItem {...props} />} />
  </Switch>
);
```

이 구성 요소는 현재 URL에 기반해 항목이 활성화됐는지 여부를 판단한다. 이것은 react-router-dom의 Switch 구성 요소를 사용한다. 단순히 Route 구성 요소를 렌더링하는 대신, Switch는 경로가 현재 URL과 일치하는 첫 번째 라우트만 렌더링한다. NavListItem의 첫 번째 Route 구성 요소는 특정 경로(exact 속성 사용)가 Route 구성 요소와 일치하면 active 속성이 true로 설정된 NavListItem 구성 요소를 렌더링한다. Switch 구성 요소 안에 있기 때문에 두 번째 Route 구성 요소는 렌더링되지 않는다.

반면에 첫 번째 Route 구성 요소가 일치하지 않으면, 두 번째 Route 구성 요소는 항상 일치한다. 이것은 NavListItem 구성 요소를 active 속성 없이 렌더링한다. 이제 다음과 같이 NavListItem 구성 요소를 살펴보자.

```
const NavListItem = withStyles(styles)(
  ({ classes, Icon, text, active, ...other }) => (
    <ListItem component={NavLink} {...other}>
      <ListItemIcon
        classes={{
          root: clsx({ [classes.activeListItem]: active })
        }}
      >
        <Icon />
      </ListItemIcon>
      <ListItemText
        classes={{
```

```
      primary: clsx({
        [classes.activeListItem]: active
      })
    }}
  >
    {text}
  </ListItemText>
  </ListItem>
)
);
```

NavListItem 구성 요소는 이제 Drawer 구성 요소의 ListItem 구성 요소를 렌더링하는 책임이 있다. 확장 전의 코드와 마찬가지로 text 속성과 Icon 속성을 받아 각각 레이블과 아이콘을 렌더링한다. active 속성은 ListItemIcon과 ListItemText 구성 요소에 적용되는 클래스를 결정하는 데 사용된다. active가 true이면 activeListItem CSS 클래스는 이 두 구성 요소 모두에 적용된다. 이것이 머티리얼 UI 테마를 기반으로 active 항목의 스타일을 지정하는 방법이다.

 clsx() 함수는 머티리얼 UI에 광범위하게 사용된다. 이는 추가 의존성이 아니다. 사용자 정의 로직을 마크업에 추가하지 않고도 요소의 클래스를 동적으로 변경할 수 있다. 예를 들어 clsx({ [classes.activeListItem]: active }) 구문은 active가 true인 경우에만 activeListItem 클래스를 적용한다. 다른 대안은 구성 요소에 더 많은 로직을 도입하는 것이다.

마지막으로 다음과 같이 activeListItem 클래스를 살펴보자.

```
const styles = theme => ({
  alignContent: {
    alignSelf: 'center'
  },
  activeListItem: {
    color: theme.palette.primary.main
  }
});
```

activeListItem 클래스는 theme.palette.primary.main 값을 사용해 CSS color 속성을 설정한다. 즉, 테마가 변경되면 드로어의 활성 링크 스타일도 따라서 변경된다.

참고 사항

- **리액트 라우터 문서**: https://reactrouter.com/
- **Drawer 데모**: https://material-ui.com/demos/drawers/
- **Drawer API 문서**: https://material-ui.com/api/drawer/

드로어 섹션

Drawer에 항목이 많으면 드로어를 섹션으로 나누는 것이 좋다. 드로어에 항목이 많은데 섹션으로 나눠져 있지 않다면 항목 자체에 섹션 이름을 넣어야 하고, 이로 인해 결국 지저분하고 어색한 드로어 항목 레이블이 돼버린다.

예제 구현

CPU, 메모리, 저장소, 네트워크의 다양한 측면을 관리하는 화면을 가진 앱을 개발하고 있다고 가정해보자. 드로어 항목을 단순한 목록이 아니라 관련된 항목끼리 섹션으로 나눠 표시하면 탐색하기 쉽게 만들 수 있다. 코드는 다음과 같다.

```
import React, { useState } from 'react';

import { withStyles } from '@material-ui/core/styles';
import Drawer from '@material-ui/core/Drawer';
import Grid from '@material-ui/core/Grid';

import Button from '@material-ui/core/Button';
import List from '@material-ui/core/List';
import ListItem from '@material-ui/core/ListItem';
```

```
import ListItemIcon from '@material-ui/core/ListItemIcon';
import ListItemText from '@material-ui/core/ListItemText';
import ListSubheader from '@material-ui/core/ListSubheader';
import Typography from '@material-ui/core/Typography';

import AddIcon from '@material-ui/icons/Add';
import RemoveIcon from '@material-ui/icons/Remove';
import ShowChartIcon from '@material-ui/icons/ShowChart';

const styles = theme => ({
  alignContent: {
    alignSelf: 'center'
  }
});

const ListItems = ({ items, onClick }) =>
  items
    .filter(({ hidden }) => !hidden)
    .map(({ label, disabled, Icon }, i) => (
      <ListItem
        button
        key={i}
        disabled={disabled}
        onClick={onClick(label)}
      >
        <ListItemIcon>
          <Icon />
        </ListItemIcon>
        <ListItemText>{label}</ListItemText>
      </ListItem>
    ));

const DrawerSections = withStyles(styles)(({ classes }) => {
  const [open, setOpen] = useState(false);
  const [content, setContent] = useState('Home');
  const [items] = useState({
    cpu: [
      { label: 'Add CPU', Icon: AddIcon },
      { label: 'Remove CPU', Icon: RemoveIcon },
      { label: 'Usage', Icon: ShowChartIcon }
```

```
      ],
      memory: [
        { label: 'Add Memory', Icon: AddIcon },
        { label: 'Usage', Icon: ShowChartIcon }
      ],
      storage: [
        { label: 'Add Storage', Icon: AddIcon },
        { label: 'Usage', Icon: ShowChartIcon }
      ],
      network: [
        { label: 'Add Network', Icon: AddIcon, disabled: true },
        { label: 'Usage', Icon: ShowChartIcon }
      ]
    });

const onClick = content => () => {
  setOpen(false);
  setContent(content);
};


return (
  <Grid container justify="space-between">
    <Grid item className={classes.alignContent}>
      <Typography>{content}</Typography>
    </Grid>
    <Grid item>
      <Drawer open={open} onClose={() => setOpen(false)}>
        <List>
          <ListSubheader>CPU</ListSubheader>
          <ListItems items={items.cpu} onClick={onClick} />
          <ListSubheader>Memory</ListSubheader>
          <ListItems items={items.memory} onClick={onClick} />
          <ListSubheader>Storage</ListSubheader>
          <ListItems items={items.storage} onClick={onClick} />
          <ListSubheader>Network</ListSubheader>
          <ListItems items={items.network} onClick={onClick} />
        </List>
      </Drawer>
    </Grid>
```

```
    <Grid item>
      <Button onClick={() => setOpen(!open)}>
        {open ? 'Hide' : 'Show'} Drawer
      </Button>
    </Grid>
  </Grid>
);
});

export default DrawerSections;
```

SHOW DRAWER 버튼을 클릭하면 드로어는 다음과 같이 표시된다.

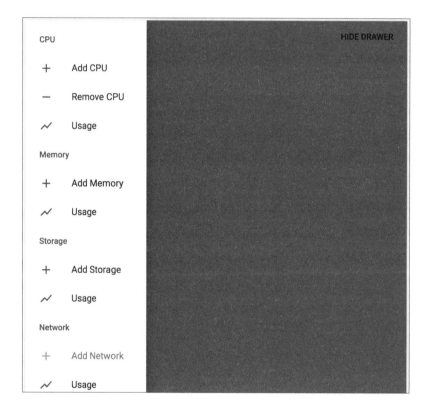

이 드로어에는 많은 Add와 Usage 항목이 있다. 섹션을 통해 사용자는 항목을 더 쉽게 검색할 수 있다.

예제 분석

다음과 같이 구성 요소의 상태를 살펴보는 것으로 시작한다.

```
const [open, setOpen] = useState(false);
const [content, setContent] = useState('Home');
const [items] = useState({
  cpu: [
    { label: 'Add CPU', Icon: AddIcon },
    { label: 'Remove CPU', Icon: RemoveIcon },
    { label: 'Usage', Icon: ShowChartIcon }
  ],
  memory: [
    { label: 'Add Memory', Icon: AddIcon },
    { label: 'Usage', Icon: ShowChartIcon }
  ],
  storage: [
    { label: 'Add Storage', Icon: AddIcon },
    { label: 'Usage', Icon: ShowChartIcon }
  ],
  network: [
    { label: 'Add Network', Icon: AddIcon, disabled: true },
    { label: 'Usage', Icon: ShowChartIcon }
  ]
});
```

이제 items 상태는 단순한 항목의 배열이 아니라, 범주별로 그룹화된 배열의 객체다. 이 객체가 렌더링하려는 드로어 섹션이다. 다음으로 items 상태와 섹션 헤더를 렌더링하기 위한 List 마크업을 살펴보자.

```
<List>
  <ListSubheader>CPU</ListSubheader>
  <ListItems items={items.cpu} onClick={onClick} />
  <ListSubheader>Memory</ListSubheader>
  <ListItems items={items.memory} onClick={onClick} />
  <ListSubheader>Storage</ListSubheader>
  <ListItems items={items.storage} onClick={onClick} />
  <ListSubheader>Network</ListSubheader>
  <ListItems items={items.network} onClick={onClick} />
</List>
```

ListSubheader 구성 요소는 목록 항목 위에 레이블이 필요할 때 사용된다. 예를 들어
Storage 헤더 아래에는 items.storage 상태의 항목을 렌더링하는 ListItems 구성 요소
가 있다.

부연 설명

드로어 항목과 섹션이 많다면 여전히 분석할 정보량이 많아 사용자를 혼란스럽게 만
들 수 있다. 이를 해결하는 한 가지 방법은 접을 수 있는 섹션으로 만드는 것이다. 이
를 위해 클릭할 수 있도록 ListSubheader 구성 요소에 Button 구성 요소를 추가한다.

코드는 다음과 같다.

```
<ListSubheader>
  <Button
    disableRipple
    classes={{ root: classes.listSubheader }}
    onClick={toggleSection('cpu')}
  >
    CPU
  </Button>
</ListSubheader>
```

일반적으로 버튼을 클릭할 때 발생하는 리플 효과^{ripple effect}는 헤더 텍스트를 여전히 헤더 텍스트처럼 보이게 하고자 여기서는 비활성화한다. 또한 listSubheader 클래스에서 약간의 CSS 사용자 정의가 필요하다.

```
const styles = theme => ({
  alignContent: {
    alignSelf: 'center'
  },
  listSubheader: {
    padding: 0,
    minWidth: 0,
    color: 'inherit',
    '&:hover': {
      background: 'inherit'
    }
  }
});
```

섹션 헤더 버튼이 클릭되면 섹션의 상태를 토글하고, 그다음에는 섹션 항목의 가시성을 토글한다. toggleSection() 함수는 다음과 같다.

```
const toggleSection = name => () => {
  setSections({ ...sections, [name]: !sections[name] });
};
```

이 함수는 버튼에 대한 onClick 핸들러로 새로운 함수를 반환하는 고차 함수다. name 인수는 토글할 섹션 상태의 이름이다.

토글 섹션을 지원하기 위해 추가된 새로운 상태는 다음과 같다.

```
const [sections, setSections] = useState({
  cpu: true,
  memory: false,
  storage: false,
```

```
  network: false
});
```

화면이 처음 로드되면 유일하게 CPU 섹션의 상태만 true이므로 이 항목만 보인다. 다음으로 해당 섹션 상태가 false일 때 ListItems가 실제로 어떻게 접히는지 살펴보자.

```
const ListItems = ({ items, visible, onClick }) => (
  <Collapse in={visible}>
    {items
      .filter(({ hidden }) => !hidden)
      .map(({ label, disabled, Icon }, i) => (
        <ListItem
          button
          key={i}
          disabled={disabled}
          onClick={onClick(label)}
        >
          <ListItemIcon>
            <Icon />
          </ListItemIcon>
          <ListItemText>{label}</ListItemText>
        </ListItem>
      ))}
  </Collapse>
);
```

ListItems 구성 요소는 이제 visible 속성을 받는다. 이것은 Collapse 구성 요소에 사용되며, 접히는 애니메이션을 사용해 자식을 숨긴다. 마지막으로 새 ListItems 구성 요소가 사용되는 방법을 살펴보면 다음과 같다.

```
<ListItems
  visible={sections.cpu}
  items={items.cpu}
  onClick={onClick}
/>
```

화면이 처음 로드되고 나서, SHOW DRAWER 버튼을 클릭하면 다음과 같은 화면을 볼 수 있다.

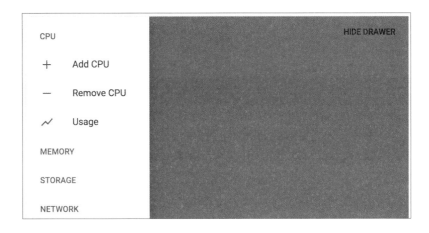

이제 사용자가 분석해야 할 정보가 훨씬 적어졌다. 섹션 헤더를 클릭하면 목록 항목을 볼 수 있으며, 다시 클릭하면 섹션을 접을 수 있다. 예를 들면, CPU 섹션을 접고 MEMORY 섹션을 확장할 수 있다.

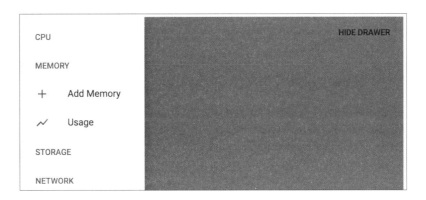

- Drawer 데모: https://material-ui.com/demos/drawers/
- Drawer API 문서: https://material-ui.com/api/drawer/

앱바 상호작용

일반적으로 Drawer 구성 요소의 가시성을 토글하는 버튼은 앱의 모든 페이지 상단에 있는 AppBar 구성 요소에 배치된다. 또한 드로어의 항목을 선택하면 AppBar 구성 요소의 제목도 이 선택을 반영해 변경돼야 한다. Drawer와 AppBar 구성 요소는 서로 간에 상호작용이 필요하다.

예제 구현

몇 개의 항목을 가진 Drawer 구성 요소가 있다고 가정해보자. 또한 메뉴 버튼과 제목을 가진 AppBar 구성 요소도 있다. 메뉴 버튼은 드로어의 가시성을 토글하고, 드로어의 항목을 클릭하면 AppBar의 제목이 업데이트돼야 한다. 이 코드는 다음과 같다.

```
import React, { useState, Fragment } from 'react';

import { withStyles } from '@material-ui/core/styles';
import AppBar from '@material-ui/core/AppBar';
import Toolbar from '@material-ui/core/Toolbar';
import Typography from '@material-ui/core/Typography';
import Button from '@material-ui/core/Button';
import Drawer from '@material-ui/core/Drawer';
import List from '@material-ui/core/List';
import ListItem from '@material-ui/core/ListItem';
import ListItemIcon from '@material-ui/core/ListItemIcon';
import ListItemText from '@material-ui/core/ListItemText';
import IconButton from '@material-ui/core/IconButton';
```

```
import MenuIcon from '@material-ui/icons/Menu';

const styles = theme => ({
  root: {
    flexGrow: 1
  },
  flex: {
    flex: 1
  },
  menuButton: {
    marginLeft: -12,
    marginRight: 20
  },
  toolbarMargin: theme.mixins.toolbar
});

const MyToolbar = withStyles(styles)(
  ({ classes, title, onMenuClick }) => (
    <Fragment>
      <AppBar>
        <Toolbar>
          <IconButton
            className={classes.menuButton}
            color="inherit"
            aria-label="Menu"
            onClick={onMenuClick}
          >
            <MenuIcon />
          </IconButton>
          <Typography
            variant="title"
            color="inherit"
            className={classes.flex}
          >
            {title}
          </Typography>
        </Toolbar>
      </AppBar>
      <div className={classes.toolbarMargin} />
    </Fragment>
```

```
    )
  );

const MyDrawer = withStyles(styles)(
  ({ classes, variant, open, onClose, setTitle }) => (
    <Drawer variant={variant} open={open} onClose={onClose}>
      <List>
        <ListItem
          button
          onClick={() => {
            setTitle('Home');
            onClose();
          }}
        >
          <ListItemText>Home</ListItemText>
        </ListItem>
        <ListItem
          button
          onClick={() => {
            setTitle('Page 2');
            onClose();
          }}
        >
          <ListItemText>Page 2</ListItemText>
        </ListItem>
        <ListItem
          button
          onClick={() => {
            setTitle('Page 3');
            onClose();
          }}
        >
          <ListItemText>Page 3</ListItemText>
        </ListItem>
      </List>
    </Drawer>
  )
);

function AppBarInteraction({ classes }) {
```

```
  const [drawer, setDrawer] = useState(false);
const [title, setTitle] = useState('Home');

  const toggleDrawer = () => {
    setDrawer(!drawer);
  };

  return (
    <div className={classes.root}>
      <MyToolbar title={title} onMenuClick={toggleDrawer} />
      <MyDrawer
        open={drawer}
        onClose={toggleDrawer}
        setTitle={setTitle}
      />
    </div>
  );
}

export default withStyles(styles)(AppBarInteraction);
```

처음 로드됐을 때 화면은 다음과 같다.

제목 왼쪽에 있는 메뉴 항목 버튼을 클릭하면 드로어가 보인다.

Page 2 항목을 클릭하면 드로어가 닫히고 AppBar의 제목이 변경된다.

예제 분석

이 예제에서는 다음과 같은 세 개의 구성 요소를 정의한다.

- MyToolbar 구성 요소
- MyDrawer 구성 요소
- 메인 앱 구성 요소

이들 구성 요소를 각각 자세히 살펴보자. MyToolbar부터 시작한다.

```
const MyToolbar = withStyles(styles)(
  ({ classes, title, onMenuClick }) => (
    <Fragment>
      <AppBar>
        <Toolbar>
          <IconButton
            className={classes.menuButton}
            color="inherit"
            aria-label="Menu"
            onClick={onMenuClick}
          >
            <MenuIcon />
          </IconButton>
          <Typography
            variant="title"
            color="inherit"
            className={classes.flex}
          >
            {title}
          </Typography>
        </Toolbar>
```

```
      </AppBar>
      <div className={classes.toolbarMargin} />
    </Fragment>
  )
);
```

MyToolbar 구성 요소는 title 속성과 onMenuClick() 속성을 받는 AppBar 구성 요소를 렌더링한다. 이들 속성은 모두 MyDrawer 구성 요소와 상호작용하는 데 사용된다. title 속성은 드로어의 항목이 선택될 때 변경된다. onMenuClick() 함수는 메인 앱 구성 요소의 상태를 변경해 드로어를 표시한다. 다음으로 MyDrawer를 살펴보자.

```
const MyDrawer = withStyles(styles)(
  ({ classes, variant, open, onClose, setTitle }) => (
    <Drawer variant={variant} open={open} onClose={onClose}>
      <List>
        <ListItem
          button
          onClick={() => {
            setTitle('Home');
            onClose();
          }}
        >
          <ListItemText>Home</ListItemText>
        </ListItem>
        <ListItem
          button
          onClick={() => {
            setTitle('Page 2');
            onClose();
          }}
        >
          <ListItemText>Page 2</ListItemText>
        </ListItem>
        <ListItem
          button
          onClick={() => {
            setTitle('Page 3');
```

```
            onClose();
          }}
        >
          <ListItemText>Page 3</ListItemText>
        </ListItem>
      </List>
    </Drawer>
  )
);
```

MyDrawer 구성 요소는 MyToolbar처럼 함수형이다. 이 구성 요소는 자체 상태를 유지하
는 대신 속성을 받는다. 예를 들어 open 속성으로 드로어의 가시성을 제어한다.
onClose()와 setTitle() 속성은 드로어 항목이 클릭될 때 호출되는 함수다.

마지막으로 모든 상태를 갖고 있는 앱 구성 요소를 살펴본다.

```
function AppBarInteraction({ classes }) {
  const [drawer, setDrawer] = useState(false);
const [title, setTitle] = useState('Home');

  const toggleDrawer = () => {
    setDrawer(!drawer);
  };

  return (
    <div className={classes.root}>
      <MyToolbar title={title} onMenuClick={toggleDrawer} />
      <MyDrawer
        open={drawer}
        onClose={toggleDrawer}
        setTitle={setTitle}
      />
    </div>
  );
}
```

title 상태는 toggleDrawer() 함수와 함께 MyDrawer 구성 요소로 전달된다. MyDrawer 구성 요소에는 가시성을 제어하는 드로어 상태와 가시성을 변경하는 toggleDrawer() 함수, MyToolbar에서 제목을 업데이트하는 setTitle() 함수가 전달된다.

부연 설명

앱바의 동일한 메뉴 버튼을 사용해 지속 드로어를 토글할 수 있는 유연성을 원한다면 어떻게 해야 할까? variant 속성을 MyDrawer에 전달되는 AppBarInteraction 구성 요소에 추가해보자. temporary에서 persistent로 변경돼 메뉴 버튼이 기대한 대로 동작할 것이다.

메뉴 버튼을 클릭했을 때 지속 드로어는 다음과 같다.

드로어가 앱바와 겹친다. 또 다른 문제는 드로어 항목 중 하나를 클릭하면 드로어가 닫혀서 지속 드로어에 이상적이지 않다는 것이다. 두 문제를 모두 수정해보자.

먼저 드로어가 앱바의 위에 나타나는 z 인덱스 문제를 해결해보자. 다음과 같은 CSS 클래스를 생성한다.

```
aboveDrawer: {
  zIndex: theme.zIndex.drawer + 1
}
```

이 클래스를 다음과 같이 MyToolbar의 AppBar 구성 요소에 적용한다.

```
<AppBar className={classes.aboveDrawer}>
```

이제 드로어를 열면, 기대한 대로 AppBar 아래에 표시된다.

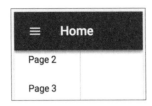

이제 마진을 고쳐야 한다. 드로어에서 persistent 변형을 사용하는 경우에는 toolbar Margin 클래스를 Drawer 구성 요소의 첫 번째 요소로 <div> 요소에 추가할 수 있다.

```
<div
  className={clsx({
    [classes.toolbarMargin]: variant === 'persistent'
  })}
/>
```

clsx() 함수의 도움으로 필요할 경우에만(즉, 지속 드로어일 때) toolbarMargin 클래스가 추가된다. 결과는 다음과 같다.

마지막으로 드로어 항목을 클릭했을 때 드로어가 닫히는 문제를 해결해보자. 메인 앱 구성 요소에서 다음 코드와 같은 새로운 메서드를 추가한다.

```
const onItemClick = title => () => {
  setTitle(title);
  setDrawer(variant === 'temporary' ? false : drawer);
};
```

onItemClick() 함수는 앱바의 텍스트 설정을 처리하고 임시 드로어를 닫는다. 이 새로운 함수를 사용하기 위해 MyDrawer의 setTitle 속성을 onItemClick 속성으로 바꾼다. 그러면 다음과 같이 목록 항목에 사용할 수 있다.

```
<List>
  <ListItem button onClick={onItemClick('Home')}>
    <ListItemText>Home</ListItemText>
  </ListItem>
  <ListItem button onClick={onItemClick('Page 2')}>
    <ListItemText>Page 2</ListItemText>
  </ListItem>
  <ListItem button onClick={onItemClick('Page 3')}>
    <ListItemText>Page 3</ListItemText>
  </ListItem>
</List>
```

이제 지속 드로어의 항목을 클릭하면, 드로어는 열린 상태로 유지된다. 드로어를 종료하는 유일한 방법은 앱바의 제목 옆에 있는 메뉴 버튼을 클릭하는 것이다.

참고 사항

- Drawer 데모: https://material-ui.com/demos/drawers/
- AppBar 데모: https://material-ui.com/demos/app-bar/
- Drawer API 문서: https://material-ui.com/api/drawer/
- AppBar API 문서: https://material-ui.com/api/app-bar/

04

탭 - 콘텐츠를
탭 섹션으로 그룹화하기

4장에서 배우는 주제는 다음과 같다.

- 앱바 통합
- 탭 정렬
- 상태에 기반한 탭 렌더링
- 탭 콘텐츠 추상화
- 경로로 탭 탐색하기

소개

머티리얼 UI Tabs 구성 요소는 화면의 콘텐츠를 구성하는 데 사용된다. 탭은 수평적으로 구성돼 사용자에게 자연스러운 느낌을 줘야 한다. 화면이 여러 범주로 나뉠 수 있는 많은 콘텐츠로 구성돼 있다면 언제든지 탭을 사용할 수 있다.

앱바 통합

AppBar 구성 요소는 Tabs 구성 요소와 함께 사용할 수 있다. 이렇게 하면 탭 버튼이 앱바 안에서 렌더링된다. 이것은 탭 버튼용 컨테이너를 디폴트로 제공해 주변을 래핑할 필요가 없다.

예제 구현

세 개의 Tab 버튼을 가진 Tabs 구성 요소가 있다고 가정해보자. 탭으로 렌더링해 화면에 떠 있는 것처럼 보이는 대신, AppBar 구성 요소로 래핑wrapping해 앱바에 포함된 것처럼 룩앤필을 제공할 수 있다. 코드는 다음과 같다.

```
import React, { useState } from 'react';

import { withStyles } from '@material-ui/core/styles';
import AppBar from '@material-ui/core/AppBar';
import Tabs from '@material-ui/core/Tabs';
import Tab from '@material-ui/core/Tab';
import Typography from '@material-ui/core/Typography';

const styles = theme => ({
  root: {
    flexGrow: 1,
    backgroundColor: theme.palette.background.paper
  },
  tabContent: {
    padding: theme.spacing.unit * 2
  }
});

function AppBarIntegration({ classes }) {
```

```
  const [value, setValue] = useState(0);

  const onChange = (e, value) => {
    setValue(value);
  };

  return (
    <div className={classes.root}>
      <AppBar position="static">
        <Tabs value={value} onChange={onChange}>
          <Tab label="Item One" />
          <Tab label="Item Two" />
          <Tab label="Item Three" />
        </Tabs>
      </AppBar>
      {value === 0 && (
        <Typography component="div" className={classes.tabContent}>
          Item One
        </Typography>
      )}
      {value === 1 && (
        <Typography component="div" className={classes.tabContent}>
          Item Two
        </Typography>
      )}
      {value === 2 && (
        <Typography component="div" className={classes.tabContent}>
          Item Three
        </Typography>
      )}
    </div>
  );
}

export default withStyles(styles)(AppBarIntegration);
```

화면이 처음 로드되면 다음과 같이 보인다.

탭 버튼 중 하나를 클릭하면 선택된 탭이 탭 아래의 콘텐츠와 함께 변경된다. 예를 들어 ITEM THREE 탭을 클릭한 결과는 다음과 같다.

예제 분석

Tabs와 Tab 구성 요소는 AppBar 구성 요소 안에서 렌더링된다. 일반적으로 AppBar는 Toolbar 구성 요소를 자식으로 갖지만 Tab도 가능하다.

```
<AppBar position="static">
  <Tabs value={value} onChange={onChange}>
    <Tab label="Item One" />
    <Tab label="Item Two" />
    <Tab label="Item Three" />
  </Tabs>
</AppBar>
```

구성 요소에는 선택된 탭을 추적하는 데 사용되는 value 상태가 있다. onChange() 핸들러는 이 상태를 업데이트하는 데 사용되며 선택된 탭의 현재 인덱스로 설정된다. 그런 다음 value 상태를 사용해 AppBar 구성 요소 아래에 렌더링할 콘텐츠를 결정할 수 있다.

```
{value === 0 && (
  <Typography
```

```
      component="div"
      className={classes.tabContent}
  >
    Item One
  </Typography>
)}
{value === 1 && (
  <Typography
      component="div"
      className={classes.tabContent}
  >
    Item Two
  </Typography>
)}
{value === 2 && (
  <Typography
      component="div"
      className={classes.tabContent}
  >
    Item Three
  </Typography>
)}
```

첫 번째 행이 선택되면, 값은 0이고 Item One 텍스트가 렌더링된다. 다른 두 탭도 동일한 로직을 따른다.

부연 설명

탭은 필요하지만 텍스트 아래에 표시자[indicator]가 나타나지 않게 하려면, AppBar 구성 요소와 동일한 색상으로 설정하면 된다. 이것은 다음과 같이 indicatorColor 속성을 사용해 수행할 수 있다.

```
<Tabs
  value={value}
  onChange={this.onChange}
```

```
   indicatorColor="primary"
>
  <Tab label="Item One" />
  <Tab label="Item Two" />
  <Tab label="Item Three" />
</Tabs>
```

indicatorColor 값을 primary로 설정하면 표시자는 이제 AppBar 구성 요소와 동일한 색
상이 된다.

참고 사항

- **Tabs API 문서**: https://material-ui.com/api/tabs/
- **Tabs 데모**: https://material-ui.com/demos/tabs/

탭 정렬

Tabs 구성 요소에는 탭 버튼을 정렬하는 데 도움이 되는 두 개의 속성이 있다. centered
속성은 탭을 중앙으로 정렬하고, fullWidth 속성은 탭을 늘려서 맞춘다.

예제 구현

다음 코드를 사용해 세 개의 기본 탭을 만들었다고 가정해보자.

```
import React, { useState } from 'react';

import { withStyles } from '@material-ui/core/styles';
import Tabs from '@material-ui/core/Tabs';
import Tab from '@material-ui/core/Tab';

const styles = theme => ({
  root: {
    flexGrow: 1,
    backgroundColor: theme.palette.background.paper
  }
});

function TabAlignment({ classes }) {
  const [value, setValue] = useState(0);

  const onChange = (e, value) => {
    setValue(value);
  };

  return (
    <div className={classes.root}>
      <Tabs value={value} onChange={onChange}>
        <Tab label="Item One" />
        <Tab label="Item Two" />
        <Tab label="Item Three" />
      </Tabs>
    </div>
  );
}

export default withStyles(styles)(TabAlignment);
```

화면이 처음 로드되면 다음과 같이 보인다.

| ITEM ONE | ITEM TWO | ITEM THREE |

디폴트로 탭은 왼쪽으로 정렬된다. 다음과 같이 centered 속성을 설정해 탭을 중앙 정렬할 수 있다.

```
<Tabs value={value} onChange={onChange} centered>
  <Tab label="Item One" />
  <Tab label="Item Two" />
  <Tab label="Item Three" />
</Tabs>
```

중앙 정렬된 결과는 다음과 같다.

탭이 중앙으로 정렬되면 탭의 왼쪽과 오른쪽으로 빈 공간이 이동한다. 이에 대한 대안으로 variant 속성을 fullWidth로 설정한다.

```
<Tabs value={value} onChange={onChange} variant="fullWidth">
  <Tab label="Item One" />
  <Tab label="Item Two" />
  <Tab label="Item Three" />
</Tabs>
```

전체 폭을 갖는 탭의 모양은 다음과 같다.

탭이 중앙 정렬됐지만, 화면의 폭을 커버하기 위해 고르게 간격이 생긴다.

centered 속성은 Tabs 구성 요소에서 justifyContent 스타일을 지정하는 편리한 방법일 뿐이다. 특정한 머티리얼 UI 구성 요소의 스타일을 지정하는 속성이 정의돼 있다면, 자체 스타일 대신 이것을 사용해야 한다. 향후 버전의 라이브러리에는 누락될 속성에 의존하는 수정 사항이 포함될 수 있다.

속성을 사용해 구성 요소의 스타일을 지정하는 또 다른 이유는 머티리얼 UI가 다른 속성이 설정되는 방법에 따라 다르게 동작할 수 있기 때문이다. 예를 들어 Tabs 구성 요소에서 scrollable 속성이 true로 설정돼 있다면 centered 속성을 설정할 수 없다. 머티리얼 UI가 이를 확인하고 처리한다.

variant 속성의 fullWidth 값은 실제로 Tab 구성 요소에 전달되므로 이 값을 기반으로 사용하는 스타일을 변경한다. 그 결과로 컨테이너 요소 내의 탭 간격이 균등해진다.

centered와 variant 속성을 동시에 설정할 수 있다. 그러나 variant가 fullWidth 값을 갖는다면 centered는 불필요하다. 아무튼 둘 다 사용해도 문제는 없다.

탭의 중앙 정렬 레이아웃은 작은 화면에서 잘 동작하고 전체 폭 레이아웃은 큰 화면에서 잘 보인다. 브레이크포인트 변경에 대해 알려주는 머티리얼 UI 유틸리티를 사용해 탭 정렬을 변경할 수 있다.

변경된 예제는 다음과 같다.

```
import React, { useState } from 'react';
import compose from 'recompose/compose';
```

```
import { withStyles } from '@material-ui/core/styles';
import withWidth from '@material-ui/core/withWidth';
import Tabs from '@material-ui/core/Tabs';
import Tab from '@material-ui/core/Tab';

const styles = theme => ({
  root: {
    flexGrow: 1,
    backgroundColor: theme.palette.background.paper
  }
});

function TabAlignment({ classes, width }) {
  const [value, setValue] = useState(0);

  const onChange = (e, value) => {
    setValue(value);
  };

  return (
    <div className={classes.root}>
      <Tabs
        value={value}
        onChange={onChange}
        variant={['xs', 'sm'].includes(width) ? null : 'fullWidth'}
        centered
      >
        <Tab label="Item One" />
        <Tab label="Item Two" />
        <Tab label="Item Three" />
      </Tabs>
    </div>
  );
}

export default compose(
  withWidth(),
  withStyles(styles)
)(TabAlignment);
```

이제 화면 크기를 조절하면 그리드의 정렬 속성이 브레이크포인트 변경에 따라 달라진다. 이 변경을 자세히 분석해보자. variant 속성 값부터 시작한다.

```
variant={['xs', 'sm'].includes(width) ? null : 'fullWidth'}
```

width 속성이 xs 또는 sm 브레이크포인트가 아니라면, 값은 fullWidth가 된다. 즉, 큰 화면에서 값은 fullWidth가 된다.

다음으로 구성 요소에 전달할 width 속성이 필요하다. 머티리얼 UI의 withWidth() 유틸리티를 사용하면 된다. 이것은 새로운 속성이 할당된 새로운 구성 요소를 반환한다는 점에서 withStyles()처럼 동작한다. withWidth()에 의해 반환된 구성 요소는 브레이크포인트가 변경될 때마다 자신의 width 속성을 업데이트한다. 예를 들어, 사용자가 sm에서 md로 화면의 크기를 조정하면 폭이 변경되고 fullWidth가 false에서 true로 변경된다.

withWidth() 구성 요소를 withStyles() 구성 요소와 함께 사용하려면 recompose에서 compose() 함수를 사용한다. 이 함수는 구성 요소를 꾸미는 여러 고차 함수를 적용할 때 코드를 더 읽기 쉽게 만들어준다.

```
export default compose(
  withWidth(),
  withStyles(styles)
)(TabAlignment);
```

정말로 recompose를 쓰고 싶지 않다면 withWidth(withStyles(styles))(TabAlignment)를 호출할 수도 있지만, 일반적으로 하나 이상의 고차 함수가 포함된다면 이 함수를 사용하는 것을 추천한다.

- **Tabs 데모**: https://material-ui.com/demos/tabs/
- **Tabs API 문서**: https://material-ui.com/api/tabs/
- **리액트 구성 요소를 구성하는 도구**: https://github.com/acdlite/

상태에 기반한 탭 렌더링

리액트 애플리케이션의 탭은 데이터에 의해 구동된다. 그렇다면 처음에 구성 요소의
상태로 탭 데이터를 설정해 렌더링하고 변경 사항이 있을 때 업데이트할 수 있다.

예제 구현

앱에서 렌더링할 탭을 결정하는 데이터가 있다고 가정해보자. 이 데이터를 구성 요소
의 상태로 설정하고, 이를 탭이 선택됐을 때 탭의 콘텐츠를 렌더링하는 것뿐만 아니라
Tab 구성 요소를 렌더링하는 데도 사용할 수 있다. 코드는 다음과 같다.

```
import React, { useState } from 'react';

import { makeStyles } from '@material-ui/styles';
import Tabs from '@material-ui/core/Tabs';
import Tab from '@material-ui/core/Tab';
import Typography from '@material-ui/core/Typography';

const useStyles = makeStyles(theme => ({
  root: {
    flexGrow: 1,
    backgroundColor: theme.palette.background.paper
  },
  tabContent: {
    padding: theme.spacing(2)
  }
```

```
}));

export default function RenderingTabsBasedOnState() {
  const classes = useStyles();
  const [tabs, setTabs] = useState([
    {
      active: true,
      label: 'Item One',
      content: 'Item One Content'
    },
    {
      active: false,
      label: 'Item Two',
      content: 'Item Two Content'
    },
    {
      active: false,
      label: 'Item Three',
      content: 'Item Three Content'
    }
  ]);

  const onChange = (e, value) => {
    setTabs(
      tabs
        .map(tab => ({ ...tab, active: false }))
        .map((tab, index) => ({
          ...tab,
          active: index === value
        }))
    );
  };

const active = tabs.findIndex(tab => tab.active);
const content = tabs[active].content;

return (
  <div className={classes.root}>
    <Tabs value={active} onChange={onChange}>
      {tabs
```

```
      .map(tab => (
        <Tab
          key={tab.label}
          label={tab.label}
        />
      ))}
    </Tabs>
    <Typography component="div" className={classes.tabContent}>
      {content}
    </Typography>
  </div>
);
}
```

처음 화면을 로드하면 다음과 같이 보인다.

ITEM TWO 탭을 클릭하면 다음과 같이 변경된다.

예제 분석

먼저 렌더링할 tabs를 구동하는 구성 요소의 상태부터 살펴보자.

```
const [tabs, setTabs] = useState([
  {
    active: true,
```

```
    label: 'Item One',
    content: 'Item One Content'
  },
  {
    active: false,
    label: 'Item Two',
    content: 'Item Two Content'
  },
  {
    active: false,
    label: 'Item Three',
    content: 'Item Three Content'
  }
]);
```

tabs 상태는 배열이며, 이 안의 각 객체는 렌더링될 탭을 나타낸다. active 부울 속성
은 어떤 탭이 active인지 결정한다. label 속성은 실제 탭 버튼으로 렌더링되며, 탭을
클릭하면 탭 아래에 내용이 렌더링된다.

이제 tabs와 콘텐츠를 렌더링하는 데 사용되는 마크업을 살펴보자.

```
<Tabs value={active} onChange={onChange}>
  {tabs.map(tab => <Tab label={tab.label} />)}
</Tabs>
<Typography component="div" className={classes.tabContent}>
  {content}
</Typography>
```

Tab 구성 요소를 수동으로 렌더링하는 대신 tabs 상태를 반복해 각 탭을 렌더링한다.
선택된 콘텐츠에 대해서는 content를 참조하는 Typography 구성 요소 하나만 렌더링하
면 된다.

다음과 같이 두 개의 active와 content 값을 살펴보자.

```
const active = tabs.findIndex(tab => tab.active);
const content = tabs[active].content;
```

active 상수는 활성화된 탭의 인덱스다. 이 값은 Tabs 구성 요소의 value 속성에 전달된다. 이 상수는 content 값(활성화된 탭의 콘텐츠)에서도 사용된다. 이 두 상수는 모두 구성 요소에서 렌더링해야 하는 마크업을 단순화한다.

부연 설명

이제 state로 탭을 제어할 수 있으므로 렌더링된 탭의 다양한 부분을 제어할 수 있게 됐다. 예로 각각의 탭에 disabled와 hidden 상태를 추가할 수 있다. 탭 상태에 렌더링할 icon 속성을 배치할 수도 있다. tabs 상태의 새로운 버전은 다음과 같다.

```
const [tabs, setTabs] = useState([
  {
    active: true,
    label: 'Home',
    content: 'Home Content',
    icon: <HomeIcon />
  },
  {
    active: false,
    label: 'Settings',
    content: 'Settings Content',
    icon: <SettingsIcon />
  },
  {
    active: false,
    disabled: true,
    label: 'Search',
    content: 'Search Content',
    icon: <SearchIcon />
  },
  {
```

```
    active: false,
    hidden: true,
    label: 'Add',
    content: 'AddContent',
    icon: <AddIcon />
  }
]);
```

이제 SEARCH 탭의 경우처럼 클릭할 수 없는 disabled 탭도 렌더링할 수 있게 됐다.
Add 탭의 경우처럼 hidden을 true로 설정해 탭을 완전히 숨길 수도 있다. 이제 모든 탭
은 아이콘도 포함한다. 화면을 로드하면 어떻게 보이는지 확인해보자.

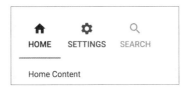

disabled로 표시된 SEARCH 탭을 포함한 모든 탭의 아이콘이 원하는 대로 렌더링됐다.
Add 탭은 hidden으로 표시됐기 때문에 보이지 않는다. 이런 새로운 상태 값을 수용할
수 있도록 변경된 Tabs 마크업을 살펴보자.

```
<Tabs value={active} onChange={onChange}>
  {tabs
    .filter(tab => !tab.hidden)
    .map(tab => (
      <Tab
        key={tab.label}
        disabled={tab.disabled}
        icon={tab.icon}
        label={tab.label}
      />
    ))}
</Tabs>
```

Tab의 disabled와 icon 속성은 구성 요소 상태의 탭에서 직접 전달된다. 숨김으로 표시된 탭을 제거하기 위해 filter() 호출이 추가됐다.

참고 사항

- **Tabs API 문서**: https://material-ui.com/api/tabs/
- **Tabs 데모**: https://material-ui.com/demos/tabs/

탭 콘텐츠 추상화

애플리케이션의 여러 곳에서 탭을 사용하는 경우 탭과 탭의 콘텐츠 렌더링에 관련된 마크업을 단순화하도록 추상화할 수 있다. 탭 구성 요소의 밖에서 탭 콘텐츠를 정의하는 대신에 모든 것을 탭 자체에 포함시켜 읽기 쉽게 만들어보면 어떨까?

예제 구현

앱의 여러 곳에서 탭을 사용하고 있으며, 탭과 탭 콘텐츠를 생성하는 마크업을 단순화하려 한다고 가정해보자. 탭을 사용하는 코드에서는 활성화된 탭의 상태 처리를 고민할 필요 없이 쉽게 콘텐츠를 렌더링하고자 한다. 다음은 탭 콘텐츠 렌더링에 필요한 자바스크립트 XML을 단순화하는 두 가지 새로운 구성 요소를 만드는 코드를 보여준다.

```
import React, { Fragment, Children, useState } from 'react';

import { withStyles } from '@material-ui/core/styles';
import Tabs from '@material-ui/core/Tabs';
import Tab from '@material-ui/core/Tab';
import Typography from '@material-ui/core/Typography';

const styles = theme => ({
  root: {
```

```
      flexGrow: 1,
      backgroundColor: theme.palette.background.paper
    },
    tabContent: {
      padding: theme.spacing(2)
    }
});

function TabContainer({ children }) {
  const [value, setValue] = useState(0);

  const onChange = (e, value) => {
    setValue(value);
  };

  return (
    <Fragment>
      <Tabs value={value} onChange={onChange}>
        {Children.map(children, child => (
          <Tab label={child.props.label} />
        ))}
      </Tabs>
      {Children.map(children, (child, index) =>
        index === value ? child : null
      )}
    </Fragment>
  );
}

const TabContent = withStyles(styles)(({ classes, children }) => (
  <Typography component="div" className={classes.tabContent}>
    {children}
  </Typography>
));

const AbstractingTabContent = withStyles(styles)(({ classes }) => (
  <div className={classes.root}>
    <TabContainer>
      <TabContent label="Item One">Item One Content</TabContent>
      <TabContent label="Item Two">Item Two Content</TabContent>
```

```
      <TabContent label="Item Three">Item Three Content</TabContent>
    </TabContainer>
  </div>
));

export default AbstractingTabContent;
```

화면을 로드하면 디폴트로 첫 번째 탭이 선택돼 렌더링된 세 개의 탭이 표시된다. 첫 번째 탭의 콘텐츠 역시 표시된다. 다음 스크린샷은 어떻게 렌더링되는지 보여준다.

```
ITEM ONE    ITEM TWO    ITEM THREE
_____

Item One Content
```

먼저 탭을 렌더링하는 데 사용된 마크업을 살펴보자.

```
<TabContainer>
  <TabContent label="Item One">Item One Content</TabContent>
  <TabContent label="Item Two">Item Two Content</TabContent>
  <TabContent label="Item Three">Item Three Content</TabContent>
</TabContainer>
```

이 마크업은 Tab과 Tabs 구성 요소를 직접 사용하는 것보다 훨씬 간결하다. 이 접근 방법은 선택된 탭의 콘텐츠 렌더링도 처리하며, 자체에 모든 것을 포함하고 있다.

다음으로 TabContainer 구성 요소를 살펴보자.

```
function TabContainer({ children }) {
const [value, setValue] = useState(0);
```

```
  const onChange = (e, value) => {
    setValue(value);
  };

  return (
    <Fragment>
      <Tabs value={value} onChange={onChange}>
        {Children.map(children, child => (
          <Tab label={child.props.label} />
        ))}
      </Tabs>
      {Children.map(children, (child, index) =>
        index === value ? child : null
      )}
    </Fragment>
  );
}
```

TabContainer 구성 요소는 선택한 탭의 상태를 처리하고 다른 탭이 선택되면 상태를 변경한다. 이 구성 요소는 Tabs 구성 요소 다음에 선택된 탭 콘텐츠를 배치할 수 있도록 Fragment 구성 요소를 렌더링한다. Children.map()을 사용해 개별 Tab 구성 요소를 렌더링하며, 탭의 레이블은 자식의 label 속성에서 온다. 이 예제에서는 세 개의 자식(TabContent)이 있다. Children.map()에 대한 다음 호출은 선택한 탭의 콘텐츠를 렌더링한다. 이것은 value 상태에 기반한다. 자식 인덱스가 일치하면 active 콘텐츠이고, 그렇지 않으면 null에 매핑돼 아무것도 렌더링되지 않는다.

마지막으로 TabContent 구성 요소를 살펴본다.

```
const TabContent = withStyles(styles)(({ classes, children }) => (
  <Typography component="div" className={classes.tabContent}>
    {children}
  </Typography>
));
```

TabContent는 Typography 구성 요소를 스타일링하고 자식 텍스트를 렌더링한다. label 속성은 TabContent에 전달되지만 실제로 사용되지는 않는다. 대신 탭을 렌더링할 때 TabContainer에서 사용된다.

부연 설명

TabsContainer 구성 요소에 value 속성을 추가해 처음에 활성화할 탭을 설정할 수 있다. 예를 들어 화면을 처음 로드할 때 첫 번째 탭 대신 두 번째 탭이 활성화되도록 할 수 있다. 이렇게 하려면 value에 디폴트 속성 값을 추가하고, value 상태가 아직 설정되지 않은 경우에는 setValue()를 호출해 초기 상태에서 value를 삭제해야 한다.

```
function TabContainer({ children, value: valueProp }) {
const [value, setValue] = useState();

  const onChange = (e, value) => {
    setValue(value);
  };

  if (value === undefined) {
    setValue(valueProp);
  }

  return (
    <Fragment>
      <Tabs value={value} onChange={onChange}>
        {Children.map(children, child => (
          <Tab label={child.props.label} />
        ))}
      </Tabs>
      {Children.map(children, (child, index) =>
        index === value ? child : null
      )}
    </Fragment>
  );
}
```

```
TabContainer.defaultProps = {
  value: 0
};
```

이제 value 상태가 디폴트로 정의돼 있지 않으므로 디폴트 속성이 필요하다. value 상태가 정의되지 않은 경우 setValue() 메서드가 호출된다. 이런 경우에는 value 속성 값을 전달해 이를 설정할 수 있다.

이제 이 속성을 구성 요소에 전달해 초기 활성 탭을 변경할 수 있다.

```
<TabContainer value={1}>
  <TabContent label="Item One">Item One Content</TabContent>
  <TabContent label="Item Two">Item Two Content</TabContent>
  <TabContent label="Item Three">Item Three Content</TabContent>
</TabContainer>
```

value 속성은 1로 설정된다. 이것은 0부터 시작하는 인덱스다. 즉, 두 번째 탭이 디폴트로 활성화된다는 의미다.

사용자가 다른 탭을 클릭하면 value 상태가 예상한 대로 업데이트된다. 이 변경으로 인해 초기에 활성화된 탭에만 영향을 준다.

참고 사항

- Tabs API 문서: https://material-ui.com/api/tabs/
- Tabs 데모: https://material-ui.com/demos/tab/

- 리액트 하위 구성 요소 사용: https://reactjs.org/docs/react-api.html#reactc hildren

경로로 탭 탐색하기

react-router 같은 라우팅 솔루션의 경로를 기반으로 탭 콘텐츠를 만들 수도 있다. 이렇게 하려면 탭 버튼을 링크로 만들어야 하고, 현재 URL을 렌더링하기 위해 Tabs 구성 요소 아래에 Route 구성 요소가 있어야 한다.

예제 구현

앱이 세 개의 URL을 갖고 이들 경로를 탐색하는 탐색 메커니즘으로 탭을 사용한다고 가정해보자. 첫 번째 단계는 Tab 버튼을 링크로 만드는 것이다. 두 번째 단계는 Route 구성 요소가 어떤 탭이 클릭됐는지에 따라 적절한 탭 콘텐츠를 렌더링하도록 하는 것이다. 코드는 다음과 같다.

```
import React, { useState } from 'react';
import { Route, Link } from 'react-router-dom';

import { withStyles } from '@material-ui/core/styles';
import AppBar from '@material-ui/core/AppBar';
import Tabs from '@material-ui/core/Tabs';
import Tab from '@material-ui/core/Tab';
import Typography from '@material-ui/core/Typography';

const styles = theme => ({
  root: {
    flexGrow: 1,
    backgroundColor: theme.palette.background.paper
  },
  tabContent: {
    padding: theme.spacing(2)
```

```
      }
  });

function TabNavigationWithRoutes({ classes }) {
  const [value, setValue] = useState(0);

  const onChange = (e, value) => {
    setValue(value);
  };

  return (
    <div className={classes.root}>
      <AppBar position="static">
        <Tabs value={value} onChange={onChange}>
          <Tab label="Item One" component={Link} to="/" />
          <Tab label="Item Two" component={Link} to="/page2" />
          <Tab label="Item Three" component={Link} to="/page3" />
        </Tabs>
      </AppBar>
      <Route
        exact
        path="/"
        render={() => (
          <Typography component="div" className={classes.tabContent}>
            Item One
          </Typography>
        )}
      />
      <Route
        exact
        path="/page2"
        render={() => (
          <Typography component="div" className={classes.tabContent}>
            Item Two
          </Typography>
        )}
      />
      <Route
        exact
        path="/page3"
```

```
      render={() => (
        <Typography component="div" className={classes.tabContent}>
          Item Three
        </Typography>
      )}
    />
  </div>
);
}
```

```
export default withStyles(styles)(TabNavigationWithRoutes);
```

화면을 로드하면 첫 번째 탭이 선택되고 첫 번째 탭 콘텐츠가 렌더링된다.

ITEM TWO 탭을 클릭하면 /page2 URL로 이동한다. 그러면 활성화된 Route 구성 요소가 탭 콘텐츠를 변경하고, 변경된 탭 상태는 선택된 탭을 변경한다.

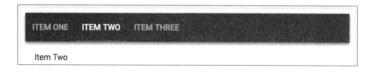

예제 분석

구성 요소의 상태 부분은 Tabs 구성 요소를 사용하는 다른 구성 요소와 동일하게 유지된다. onChange 이벤트는 선택한 탭을 표시하기 위해 Tabs에 전달되는 value 상태를 변경한다.

Tab 구성 요소를 자세히 살펴보자.

```
<Tabs value={value} onChange={onChange}>
  <Tab label="Item One" component={Link} to="/" />
  <Tab label="Item Two" component={Link} to="/page2" />
  <Tab label="Item Three" component={Link} to="/page3" />
</Tabs>
```

이 구현의 중요 차이점은 Link를 구성 요소 속성 값으로 사용한다는 것이다. react-router-dom의 Link 구성 요소는 탭 버튼을 라우터가 처리할 링크로 만드는 데 사용된다. to 속성은 실제로 Link로 전달돼 링크가 사용자를 어디로 데려가는지 알 수 있다.

Tabs 구성 요소 아래에는 사용자가 클릭한 탭을 기반으로 탭 콘텐츠를 렌더링하는 경로가 있다. 이들 경로 중 하나를 살펴보자.

```
<Route
  exact
  path="/"
  render={() => (
    <Typography
      component="div"
      className={classes.tabContent}
    >
      Item One
    </Typography>
  )}
/>
```

탭 아래에 렌더링되는 콘텐츠는 구성 요소의 value 상태가 아닌 현재 URL을 기반으로 한다. value 상태는 선택한 탭의 상태를 제어하는 데만 사용된다.

부연 설명

활성화된 탭이 활성화된 경로에 따라 달라지므로 탭 관련 상태를 완전히 삭제할 수 있다. 먼저 TabContainer 구성 요소를 생성해 Tabs 구성 요소를 렌더링한다.

```
const TabContainer = ({ value }) => (
  <AppBar position="static">
    <Tabs value={value}>
      <Tab label="Item One" component={Link} to="/" />
      <Tab label="Item Two" component={Link} to="/page2" />
      <Tab label="Item Three" component={Link} to="/page3" />
    </Tabs>
  </AppBar>
);
```

Tabs 구성 요소에 onChange() 핸들러를 제공하는 대신 value 속성이 TabContainer에서
전달된다. 이제 각 Route 구성 요소에서 이 구성 요소를 렌더링하고 적절한 value 속성
을 전달할 수 있다.

```
const TabNavigationWithRoutes = withStyles(styles)(({ classes }) => (
  <div className={classes.root}>
    <Route
      exact
      path="/"
      render={() => (
        <Fragment>
          <TabContainer value={0} />
          <Typography component="div" className={classes.tabContent}>
            Item One
          </Typography>
        </Fragment>
      )}
    />
    <Route
      exact
      path="/page2"
      render={() => (
        <Fragment>
          <TabContainer value={1} />
          <Typography component="div" className={classes.tabContent}>
            Item Two
          </Typography>
```

```
        </Fragment>
      )}
    />
    <Route
      exact
      path="/page3"
      render={() => (
        <Fragment>
          <TabContainer value={2} />
          <Typography component="div" className={classes.tabContent}>
            Item Three
          </Typography>
        </Fragment>
      )}
    />
  </div>
));

export default TabNavigationWithRoutes;
```

이제 구성 요소 상태와 현재 Route를 혼동하지 않고 두 구성 요소가 어떻게 상호작용하는지 알 수 있다. 모든 것은 경로에 의해 처리된다.

참고 사항

- Tabs API 문서: https://material-ui.com/api/tabs/
- Tabs 데모: https://material-ui.com/demos/tabs/
- 리액트 라우터 문서: https://reactrouter.com/

확장 패널 – 콘텐츠를 패널 섹션으로 그룹화하기

5장에서는 다음 주제를 다룬다.

- 상태 저장 확장 패널
- 패널 헤더 서식 지정
- 스크롤 가능한 패널 콘텐츠
- 패널 콘텐츠 지연 로딩

소개

확장 패널은 콘텐츠용 컨테이너다. 일반적으로 머티리얼 UI 애플리케이션의 화면은 섹션으로 구성돼 사용자가 보고 있는 정보를 마음속으로 정리할 수 있다. ExpansionPanel

구성 요소는 이런 섹션을 생성할 수 있는 방법 중 하나다. 일관된 구성을 제공할 수 있도록 심지어 확장 패널을 탭 같은 다른 구성 요소와 묶을 수도 있다.

상태 저장 확장 패널

구성 요소를 사용해 확장 패널의 모든 측면을 제어할 수 있다. 예를 들어 각 패널은 배열의 객체로 나타낼 수 있다. 이때 각 객체는 패널 제목과 패널 콘텐츠 속성을 갖는다. 또한 가시성과 비활성화된 패널 같은 다른 측면도 제어할 수 있다.

예제 구현

구성 요소가 확장 패널을 렌더링하는 상태를 갖고 있다고 가정해보자. 패널 자체는 배열의 객체다. 코드는 다음과 같다.

```
import React, { useState, Fragment } from 'react';

import ExpansionPanel from '@material-ui/core/ExpansionPanel';
import ExpansionPanelSummary from '@materialui/
core/ExpansionPanelSummary';
import ExpansionPanelDetails from '@materialui/
core/ExpansionPanelDetails';
import Typography from '@material-ui/core/Typography';
import ExpandMoreIcon from '@material-ui/icons/ExpandMore';

export default function StatefulExpansionPanels() {
  const [panels] = useState([
    {
      title: 'First Panel Title',
      content: 'First panel content...'
    },
    {
      title: 'Second Panel Title',
      content: 'Second panel content...'
    },
```

```
    {
      title: 'Third Panel Title',
      content: 'Third panel content...'
    },
    {
      title: 'Fourth Panel Title',
      content: 'Fourth panel content...'
    }
  ]);

  return (
    <Fragment>
      {panels
        .filter(panel => !panel.hidden)
        .map((panel, index) => (
          <ExpansionPanel
            key={index}
            disabled={panel.disabled}
          >
            <ExpansionPanelSummary expandIcon={<ExpandMoreIcon />}>
              <Typography>{panel.title}</Typography>
            </ExpansionPanelSummary>
            <ExpansionPanelDetails>
              <Typography>{panel.content}</Typography>
            </ExpansionPanelDetails>
          </ExpansionPanel>
      ))}
    </Fragment>
  );
}
```

처음 화면을 로드하면 화면은 다음과 같이 보인다.

확장됐을 때 처음 두 패널은 다음과 같이 보인다.

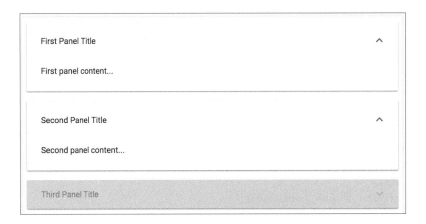

세 번째 패널은 비활성화돼 있으므로 확장되지 않는다.

예제 분석

상태는 확장 패널의 모든 것을 정의한다. 여기서는 패널 title과 패널이 확장됐을 때
표시되는 패널 content, disabled 속성과 패널이 hidden인지 여부가 포함된다.

```
const [panels] = useState([
  {
    title: 'First Panel Title',
    content: 'First panel content...'
  },
  {
    title: 'Second Panel Title',
    content: 'Second panel content...'
  },
  {
    title: 'Third Panel Title',
    content: 'Third panel content...'
  },
  {
```

```
      title: 'Fourth Panel Title',
      content: 'Fourth panel content...'
   }
]);
```

disabled 속성은 패널이 비활성화됐는지를 표시한다. 즉, 사용자가 패널 title을 볼 수는 있지만 확장할 수 없음을 의미한다. 또한 확장될 수 없다는 것이 시각적으로 표시된다. hidden 속성은 패널이 전혀 렌더링되지 않도록 한다.

다음으로 구성 요소 상태에 기반해 각 패널을 렌더링하는 코드를 살펴보자.

```
{panels
  .filter(panel => !panel.hidden)
  .map((panel, index) => (

    }>
      {panel.title}

      {panel.content}

  ))}
```

filter() 호출은 hidden 속성이 true로 설정된 패널을 배열에서 삭제한다.

hidden 속성을 사용해 패널을 숨기는 대신 배열에서 패널을 완전히 제거할 수도 있다. 이것은 전적으로 개인의 선택에 달린 문제다. 속성 값을 토글하거나 배열에서 값을 추가/삭제하는 것도 가능하다.

각 패널은 map()을 사용해 ExpansionPanel 구성 요소에 매핑된다. 확장 패널은 제목에 ExpansionPanelSummary 구성 요소를 사용하고 콘텐츠는 ExpansionPanelDetails 구성 요소로 전달된다.

또한 상태를 사용해 패널이 확장되는지 여부를 제어할 수 있다. 예를 들어 Expansion Panel 구성 요소를 사용해 아코디언^{accordion} 위젯을 만들 수 있다. 항상 하나의 패널이 열려 있고, 다른 패널이 열리면 열려 있던 다른 모두 것은 닫힌다.

첫 번째 단계는 expanded 상태를 추가해 특정 시간에 어떤 패널이 열려 있는지 결정하는 것이다.

```
const [expanded, setExpanded] = useState(0);
const [panels] = useState([
  {
    title: 'First Panel Title',
    content: 'First panel content...'
  },
  {
    title: 'Second Panel Title',
    content: 'Second panel content...'
  },
  {
    title: 'Third Panel Title',
    content: 'Third panel content...'
  },
  {
    title: 'Fourth Panel Title',
    content: 'Fourth panel content...'
  }
]);
```

expanded 상태의 디폴트 값은 0으로 첫 번째 패널이 확장돼 있음을 의미한다. 확장된 패널이 바뀌면 expanded 상태가 변경돼 확장된 패널의 인덱스를 반영한다. 다음으로 ExpansionPanel 구성 요소에 onChange 핸들러를 추가한다.

```
const onChange = expanded => () => {
  setExpanded(expanded);
};
```

이것은 고차 함수로, 확장하려는 패널의 인덱스를 받아 주어진 패널을 클릭할 때 확장
상태를 설정하는 함수를 반환한다. 마지막으로 ExpansionPanel 구성 요소에 새
expanded 상태와 onChange 핸들러를 추가한다.

```
<ExpansionPanel
  key={index}
  expanded={index === expanded}
  disabled={panel.disabled}
  onChange={onChange(index)}
>
  <ExpansionPanelSummary expandIcon={<ExpandMoreIcon />}>
    <Typography>{panel.title}</Typography>
  </ExpansionPanelSummary>
  <ExpansionPanelDetails>
    <Typography>{panel.content}</Typography>
  </ExpansionPanelDetails>
</ExpansionPanel>
```

expanded 속성은 현재 패널의 인덱스를 기반으로 하며, 구성 요소의 확장된 상태와 같
다. 동일한 경우 패널이 확장된다. onChange 핸들러는 패널을 클릭할 때 확장 상태를
변경하는 ExpansionPanel에도 할당된다.

참고 사항

- ExpansionPanel 데모: https://material-ui.com/demos/expansion-panels/
- ExpansionPanel API 문서: https://material-ui.com/api/expansion-panel/
- ExpansionPanelSummary API 문서: https://material-ui.com/api/expansion-panel-summary/

- ExpansionPanelDetails API 문서: https://material-ui.com/api/expansion-panel-details/

패널 헤더 서식 지정

ExpansionPanel 구성 요소의 헤더에서는 서식 지정이 가능하다. 일반적으로 Typography 구성 요소는 확장 패널 헤더에 텍스트를 렌더링하는 데 사용된다. 즉, Typography의 속성을 사용해 확장 패널 헤더가 나타나는 방식을 사용자 정의할 수 있다.

예제 구현

ExpansionPanel 헤더의 텍스트가 패널의 콘텐츠 섹션에 있는 텍스트보다 더 잘 보이게 하려고 한다. 이 경우 ExpansionPanelSummary 구성 요소에 있는 Typography 구성 요소의 variant 속성을 변경하면 된다. 코드는 다음과 같다.

```
import React, { Fragment } from 'react';

import ExpansionPanel from '@material-ui/core/ExpansionPanel';
import ExpansionPanelSummary from '@materialui/
core/ExpansionPanelSummary';
import ExpansionPanelDetails from '@materialui/
core/ExpansionPanelDetails';
import Typography from '@material-ui/core/Typography';

import ExpandMoreIcon from '@material-ui/icons/ExpandMore';

const FormattingPanelHeaders = () => (
  <Fragment>
    <ExpansionPanel>
      <ExpansionPanelSummary expandIcon={<ExpandMoreIcon />}>
        <Typography variant="subtitle1">Devices</Typography>
      </ExpansionPanelSummary>
      <ExpansionPanelDetails>
```

```
        <Typography>Devices content...</Typography>
      </ExpansionPanelDetails>
    </ExpansionPanel>
    <ExpansionPanel>
      <ExpansionPanelSummary expandIcon={<ExpandMoreIcon />}>
        <Typography variant="subtitle1">Networks</Typography>
      </ExpansionPanelSummary>
      <ExpansionPanelDetails>
        <Typography>Networks content...</Typography>
      </ExpansionPanelDetails>
    </ExpansionPanel>
    <ExpansionPanel>
      <ExpansionPanelSummary expandIcon={<ExpandMoreIcon />}>
        <Typography variant="subtitle1">Storage</Typography>
      </ExpansionPanelSummary>
      <ExpansionPanelDetails>
        <Typography>Storage content...</Typography>
      </ExpansionPanelDetails>
    </ExpansionPanel>
  </Fragment>
);

export default FormattingPanelHeaders;
```

화면이 로드될 때 패널은 다음과 같다.

확장했을 때의 모습은 다음과 같다.

헤더 텍스트를 ExpansionPanelDetails 구성 요소의 텍스트보다 더 눈에 띄게 하려면 헤더에서 사용되고 있는 Typography 구성 요소의 variant 속성만 변경하면 된다. 예제의 경우 subtitle1 변형을 사용하고 있지만 다른 여러 변형도 가능하다.

헤더 텍스트 서식 지정 외에 아이콘 같은 다른 구성 요소를 추가할 수도 있다. 각 패널 헤더에 아이콘이 포함되도록 예제를 수정해보자. 먼저 필요한 아이콘을 가져온다.

```
import DevicesIcon from 'material-ui/icons/Devices';
import NetworkWifiIcon from 'material-ui/icons/NetworkWifi';
import StorageIcon from '@material-ui/icons/Storage';
```

그런 다음 패널 헤더의 아이콘과 텍스트 사이에 공백을 추가하는 새로운 아이콘 스타일을 추가한다.

```
const styles = theme => ({
  icon: {
    marginRight: theme.spacing(1)
  }
});
```

마지막으로, 가져온 아이콘을 적절한 패널 헤더에 포함시키는 마크업은 다음과 같다.

```
<Fragment>
  <ExpansionPanel>
    <ExpansionPanelSummary expandIcon={<ExpandMoreIcon />}>
      <DevicesIcon className={classes.icon} />
      <Typography variant="subtitle1">Devices</Typography>
    </ExpansionPanelSummary>
    <ExpansionPanelDetails>
      <Typography>Devices content...</Typography>
    </ExpansionPanelDetails>
  </ExpansionPanel>
  <ExpansionPanel>
    <ExpansionPanelSummary expandIcon={<ExpandMoreIcon />}>
      <NetworkWifiIcon className={classes.icon} />
      <Typography variant="subtitle1">Networks</Typography>
    </ExpansionPanelSummary>
    <ExpansionPanelDetails>
      <Typography>Networks content...</Typography>
    </ExpansionPanelDetails>
  </ExpansionPanel>
  <ExpansionPanel>
    <ExpansionPanelSummary expandIcon={<ExpandMoreIcon />}>
      <StorageIcon className={classes.icon} />
      <Typography variant="subtitle1">Storage</Typography>
    </ExpansionPanelSummary>
    <ExpansionPanelDetails>
      <Typography>Storage content...</Typography>
    </ExpansionPanelDetails>
  </ExpansionPanel>
</Fragment>
```

아이콘은 ExpansionPanelSummary 구성 요소의 Typography 구성 요소 앞에 나온다. 이제
패널은 다음과 같다.

확장됐을 때의 모습은 다음과 같다.

아이콘과 타이포그래피를 결합해 확장 패널의 헤더를 눈에 띄게 만들 수 있으므로 콘
텐츠를 더 쉽게 탐색할 수 있다.

참고 사항

- ExpansionPanel 데모: https://material-ui.com/demos/expansion-panels/
- ExpansionPanel API 문서: https://material-ui.com/api/expansion-panel/
- ExpansionPanelSummary API 문서: https://material-ui.com/api/expansion
  -panel-summary/
- ExpansionPanelDetails API 문서: https://material-ui.com/api/expansion-
  panel-details/

스크롤 가능한 패널 콘텐츠

ExpansionPanel 구성 요소가 확장되면 높이가 변경돼 화면에서 모든 콘텐츠를 볼 수 있다. 그러나 패널에 콘텐츠가 많을 경우 패널 헤더가 사용자에게 보이지 않게 되므로 이상적인 방법은 아니다. 전체 페이지를 아래로 스크롤하는 대신 패널 안에서 콘텐츠를 스크롤 가능하게 만들 수 있다.

예제 구현

세 개의 패널이 있고 각 패널은 여러 단락paragraph의 텍스트를 갖고 있다고 가정해보자. 각 패널의 높이를 콘텐츠에 맞게 조정하는 대신, 패널의 높이는 고정하고 패널 안에서 콘텐츠가 스크롤 가능하게 만들 수 있다. 코드는 다음과 같다.

```
import React, { Fragment } from 'react';

import { withStyles } from '@material-ui/core/styles';
import ExpansionPanel from '@material-ui/core/ExpansionPanel';
import ExpansionPanelSummary from '@materialui/
core/ExpansionPanelSummary';
import ExpansionPanelDetails from '@materialui/
core/ExpansionPanelDetails';
import Typography from '@material-ui/core/Typography';

import ExpandMoreIcon from '@material-ui/icons/ExpandMore';

const styles = theme => ({
  panelDetails: {
    flexDirection: 'column',
    height: 150,
    overflow: 'auto'
  }
});

const IpsumContent = () => (
```

```
<Fragment>
  <Typography paragraph>
    Lorem ipsum dolor sit amet, consectetur adipiscing elit. Integer
    ultricies nibh ut ipsum placerat, eget egestas leo imperdiet.
    Etiam consectetur mollis ultrices. Fusce eu eros a dui maximus
    rutrum. Aenean at dolor eu nunc ultricies placerat. Sed finibus
    porta sapien eget euismod. Donec eget tortor non turpis
    hendrerit euismod. Phasellus at commodo augue. Maecenas
    scelerisque augue at mattis pharetra. Aenean fermentum sed neque
    id feugiat.
  </Typography>

  <Typography paragraph>
    Aliquam erat volutpat. Donec sit amet venenatis leo. Nullam
    tincidunt diam in nisi pretium, sit amet tincidunt nisi aliquet.
    Proin quis justo consectetur, congue nisi nec, pharetra erat. Ut
    volutpat pulvinar neque vitae vestibulum. Phasellus nisl risus,
    dapibus at sapien in, aliquam tempus tellus. Integer accumsan
    tortor id dolor lacinia, et pulvinar est porttitor. Mauris a est
    vitae arcu iaculis dictum. Sed posuere suscipit ultricies.
    Vivamus a lacus in dui vehicula tincidunt.
  </Typography>

  <Typography paragraph>
    In ut velit laoreet, blandit nisi id, tempus mi. Mauris interdum
    in turpis vel tempor. Vivamus tincidunt turpis vitae porta
    dignissim. Quisque condimentum augue arcu, quis tincidunt erat
    luctus sit amet. Sed quis ligula malesuada, sollicitudin nisl
    nec, molestie tellus. Donec commodo consequat gravida. Mauris in
    rhoncus tellus, eget posuere risus. Pellentesque eget lectus
    lorem. Lorem ipsum dolor sit amet, consectetur adipiscing elit.
    Integer condimentum, sapien varius vulputate lobortis, urna elit
    vestibulum ligula, sit amet interdum lectus augue ac eros.
    Vestibulum lorem ante, tincidunt eget faucibus id, placerat non
    est. Vivamus pretium consectetur nunc at imperdiet. Nullam eu
    elit dui. In imperdiet magna ac dui aliquam gravida. Aenean
    ipsum ex, fermentum eu pretium quis, posuere et velit.
  </Typography>
</Fragment>
);
```

```
const ScrollablePanelContent = withStyles(styles)(({ classes }) => (
  <Fragment>
    <ExpansionPanel>
      <ExpansionPanelSummary expandIcon={<ExpandMoreIcon />}>
        <Typography>First</Typography>
      </ExpansionPanelSummary>
      <ExpansionPanelDetails className={classes.panelDetails}>
        <IpsumContent />
      </ExpansionPanelDetails>
    </ExpansionPanel>
    <ExpansionPanel>
      <ExpansionPanelSummary expandIcon={<ExpandMoreIcon />}>
        <Typography>Second</Typography>
      </ExpansionPanelSummary>
      <ExpansionPanelDetails className={classes.panelDetails}>
        <IpsumContent />
      </ExpansionPanelDetails>
      </ExpansionPanel>
      <ExpansionPanel>
      <ExpansionPanelSummary expandIcon={<ExpandMoreIcon />}>
        <Typography>Third</Typography>
      </ExpansionPanelSummary>
      <ExpansionPanelDetails className={classes.panelDetails}>
        <IpsumContent />
      </ExpansionPanelDetails>
    </ExpansionPanel>
  </Fragment>
));

export default ScrollablePanelContent;
```

간결하게 하기 위해 Typography 구성 요소의 단락 콘텐츠는 생략됐다. 전체 텍스트는 이 책의 깃허브 저장소에서 확인할 수 있다.

첫 번째 패널이 확장됐을 때의 모습은 다음과 같다.

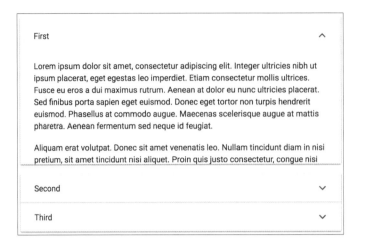

확장 패널 위에서 마우스 포인터를 움직이면 이제 패널 안에서 콘텐츠를 단락의 끝까지 스크롤할 수 있다. 단락 끝으로 스크롤됐을 때의 모습은 다음과 같다.

예제 분석

IpsumContent 구성 요소는 콘텐츠의 단락을 보관해 모든 패널에서 반복할 필요가 없게 해주는 편리한 구성 요소다. 먼저 이 예제에서 사용한 스타일을 살펴보자.

```
const styles = theme => ({
  panelDetails: {
    flexDirection: 'column',
    height: 150,
    overflow: 'auto'
  }
});
```

패널 콘텐츠는 플렉스 박스^{flex box} 스타일을 사용해 콘텐츠를 배치한다. 디폴트로 행 방
향을 따라 배치되므로 콘텐츠가 위에서 아래로 배치되게 하려면 flexDirection 스타일
을 column으로 설정해야 한다. 그런 다음 패널 콘텐츠의 고정 높이를 설정할 수 있다.
예제의 경우 150px이다. 마지막으로 overflow 스타일을 auto로 설정하면 패널 콘텐츠
를 세로로 스크롤할 수 있다.

```
<ExpansionPanelDetails className={classes.panelDetails}>
  <IpsumContent />
</ExpansionPanelDetails>
```

참고 사항

- ExpansionPanel 데모: https://material-ui.com/demos/expansion-panels/
- ExpansionPanel API 문서: https://material-ui.com/api/expansion-panel/
- ExpansionPanelSummary API 문서: https://material-ui.com/api/expansion-panel-summary/
- ExpansionPanelDetails API 문서: https://material-ui.com/api/expansion-panel-details/

패널 콘텐츠 지연 로딩

확장 패널이 모두 접힌 상태(디폴트)로 렌더링하는 경우에는 ExpansionPanelDetails 구성 요소를 맨 앞에 배치할 필요가 없다. 대신 사용자가 패널을 확장할 때까지 기다렸다가 콘텐츠를 렌더링하는 데 필요한 API를 호출하면 된다.

예제 구현

인덱스 값을 기반으로 콘텐츠를 갖고 오는 API 함수가 있다고 가정해보자. 예를 들어, 첫 번째 패널이 확장되면 index 값은 0이다. 패널이 확장될 때 이 함수를 호출해 해당 index 값을 제공할 수 있어야 한다. 코드는 다음과 같다.

```
import React, { useState, Fragment } from 'react';

import ExpansionPanel from '@material-ui/core/ExpansionPanel';
import ExpansionPanelSummary from '@materialui/
core/ExpansionPanelSummary';
import ExpansionPanelDetails from '@materialui/
core/ExpansionPanelDetails';
import Typography from '@material-ui/core/Typography';
import ExpandMoreIcon from '@material-ui/icons/ExpandMore';

const fetchPanelContent = index =>
  new Promise(resolve =>
    setTimeout(
      () =>
        resolve(
          [
            'First panel content...',
            'Second panel content...',
            'Third panel content...',
            'Fourth panel content...'
          ][index]
        ),
      1000
```

```
      )
    );

export default function LazyLoadingPanelContent() {
  const [panels, setPanels] = useState([
    { title: 'First Panel Title' },
    { title: 'Second Panel Title' },
    { title: 'Third Panel Title' },
    { title: 'Fourth Panel Title' }
  ]);

  const onChange = index => e => {
    if (!panels[index].content) {
      fetchPanelContent(index).then(content => {
        const newPanels = [...panels];
        newPanels[index] = { ...newPanels[index], content };
        setPanels(newPanels);
      });
    }
  };

  return (
    <Fragment>
      {panels.map((panel, index) => (
        <ExpansionPanel key={index} onChange={onChange(index)}>
          <ExpansionPanelSummary expandIcon={<ExpandMoreIcon />}>
            <Typography>{panel.title}</Typography>
          </ExpansionPanelSummary>
          <ExpansionPanelDetails>
            <Typography>{panel.content}</Typography>
          </ExpansionPanelDetails>
        </ExpansionPanel>
      ))}
    </Fragment>
  );
}
```

화면이 처음 로드될 때 네 개의 패널은 다음과 같이 보인다.

첫 번째 패널을 확장해보자. 패널은 즉시 확장되지만 약 1초 정도 아무것도 표시되지 않는다. 그런 다음 콘텐츠가 나타난다.

fetchPanelContent() API 함수부터 시작한다.

```
const fetchPanelContent = index =>
  new Promise(resolve =>
    setTimeout(
      () =>
        resolve(
          [
            'First panel content...',
            'Second panel content...',
```

```
          'Third panel content...',
          'Fourth panel content...'
        ][index]
      ),
    1000
  )
);
```

이 코드는 시뮬레이션이므로 프라미스^{promise}를 직접 반환한다. 실제 API를 사용할 때와 비슷한 대기 시간을 시뮬레이션하기 위해 setTimeout() 함수를 사용한다. 프라미스는 index 인수를 기반으로 배열에서 찾은 문자열 값으로 해결^{resolve}된다.

다음으로 ExpansionPanel이 확장될 때 호출되는 onChange 핸들러 함수를 살펴보자.

```
const onChange = index => (e) => {
  if (!panels[index].content) {
    fetchPanelContent(index).then(content => {
      const newPanels = [...panels];
      newPanels[index] = { ...newPanels[index], content };
      setPanels(newPanels);
    });
  }
};
```

먼저 이 함수는 확장된 패널에 상태의 content가 있는지 확인한다. 그렇지 않다면 fetchPanelContent()를 호출해 가져와야 한다. 반환된 프라미스가 해결되면 setPanels()를 호출해 panels 배열을 업데이트하고 해당 인덱스에 콘텐츠를 설정한다.

나머지 구성 요소는 content 상태를 패널 콘텐츠로 사용해 패널 배열을 기반으로 ExpansionPanel 구성 요소를 렌더링한다. 콘텐츠가 업데이트되면 렌더링된 콘텐츠에 반영된다.

이 예제에서 몇 가지 사항을 개선할 수 있다. 먼저 콘텐츠가 로딩되는 동안 사용자가 무슨 일이 일어나는지 알 수 있도록 패널 안에 진행 표시기progress indicator를 보여줄 수 있다. 또한 패널이 확장될 때와 접힐 때 두 번째 개선 작업을 할 수 있다.

진행 표시기부터 시작한다. 이를 위해 ExpansionPanelDetails 구성 요소를 위한 유틸리티 구성 요소와 스타일이 필요하다.

```
const MaybeProgress = ({ loading }) =>
  loading ? <LinearProgress /> : null;

const useStyles = makeStyles(theme => ({
  panelDetails: { flexDirection: 'column' }
}));
```

MaybeProgress 구성 요소는 loading 속성을 받는다. true일 경우 LinearProgress 구성 요소가 된다. 그렇지 않으면 아무것도 렌더링되지 않는다. flexDirection 스타일은 column으로 설정한다. 그렇지 않으면 LinearProgress 구성 요소가 표시되지 않는다. 이제 LazyLoadingPanelContent에 의해 렌더링된 마크업을 수정해 두 가지 추가 사항을 사용하도록 한다.

```
return (
  <Fragment>
    {panels.map((panel, index) => (
      <ExpansionPanel key={index} onChange={onChange(index)}>
        <ExpansionPanelSummary expandIcon={<ExpandMoreIcon />}>
          <Typography>{panel.title}</Typography>
        </ExpansionPanelSummary>
        <ExpansionPanelDetails className={classes.panelDetails}>
          <MaybeProgress loading={!panel.content} />
          <Typography>{panel.content}</Typography>
        </ExpansionPanelDetails>
```

```
        </ExpansionPanel>
    ))}
  </Fragment>
);
```

panelDetails 클래스는 이제 ExpansionPanelDetails 구성 요소에서 사용된다. 이 구성 요소의 첫 번째 자식은 이제 MaybeProgress다. loading 속성은 API 호출이 주어진 패널에 대한 콘텐츠 상태를 채울 때까지 true다. 즉, 콘텐츠가 로드될 때까지 진행 표시기가 표시된다.

콘텐츠가 로딩되기 전에 확장된 첫 번째 패널은 다음과 같다.

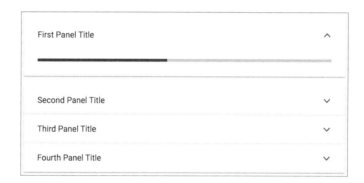

로드가 완료되면 진행 표시기 대신 콘텐츠가 렌더링된다. 마지막으로 패널이 접힐 때 콘텐츠를 로드하기 위한 API가 호출되지 않았는지 확인한다. 이를 위해 onChange() 핸들러를 조정해야 한다.

```
const onChange = index => (e, expanded) => {
  if (!panels[index].content && expanded) {
    fetchPanelContent(index).then(content => {
      const newPanels = [...panels];
      newPanels[index] = { ...newPanels[index], content };
      setPanels(newPanels);
    });
  }
```

```
};
```

이 함수에 전달되는 두 번째 인수인 expanded는 패널이 확장 중인지 여부를 알려준다. 이 값이 false인 경우 패널이 축소돼 API 호출이 수행되지 않아야 한다. 이 조건은 패널에 이미 로드된 콘텐츠를 찾고자 추가됐다.

참고 사항

- ExpansionPanel 데모: https://material-ui.com/demos/expansion-panels/
- ExpansionPanel API 문서: https://material-ui.com/api/expansion-panel/
- ExpansionPanelSummary API 문서: https://material-ui.com/api/expansion-panel-summary/
- ExpansionPanelDetails API 문서: https://material-ui.com/api/expansion-panel-details/

06

리스트
- 간단한 수집 데이터 표시

6장에서 다루는 주제는 다음과 같다.

- 상태를 사용한 리스트 항목 렌더링
- 리스트 아이콘
- 리스트 아바타와 텍스트
- 리스트 섹션
- 중첩된 리스트
- 리스트 제어
- 리스트 스크롤

머티리얼 UI의 List 구성 요소는 데이터 집합을 렌더링하는 데 사용된다. 리스트는 간단한 테이블과 비슷하다. 예를 들어 사용자의 배열을 표시해야 하는 경우, 표 형식으로 여러 속성을 렌더링하는 대신 가장 중요한 데이터만 리스트 형태로 렌더링할 수 있다. 머티리얼 UI 리스트는 일반적이고, 많은 유연성을 제공한다.

상태를 사용한 리스트 항목 렌더링

List 구성 요소를 렌더링하는 데 사용되는 데이터 소스는 종종 구성 요소의 상태에서 비롯된다. 데이터 집합(보통 객체의 배열)은 ListItem 구성 요소에 매핑된다. 이 배열의 객체가 변경되면 화면에서 머티리얼 UI 리스트 항목이 변경된다.

예제 구현

리스트로 화면에 표시할 세 개의 객체로 이뤄진 배열이 있다고 가정해보자. 이 배열을 구성 요소의 상태에 추가한 다음 각각의 배열 항목을 ListItem 구성 요소에 매핑한다. 코드는 다음과 같다.

```
import React, { useState } from 'react';

import List from '@material-ui/core/List';
import ListItem from '@material-ui/core/ListItem';
import ListItemText from '@material-ui/core/ListItemText';

export default function UsingStatetoRenderListItems() {
  const [items, setItems] = useState([
    { name: 'First Item', timestamp: new Date() },
    { name: 'Second Item', timestamp: new Date() },
    { name: 'Third Item', timestamp: new Date() }
  ]);
```

```
  return (
    <List>
      {items.map((item, index) => (
        <ListItem key={index} button dense>
          <ListItemText
            primary={item.name}
            secondary={item.timestamp.toLocaleString()}
          />
        </ListItem>
      ))}
    </List>
  );
}
```

화면을 처음 로드하면 다음과 같이 보인다.

First Item
9/26/2018, 12:12:28 PM

Second Item
9/26/2018, 12:12:28 PM

Third Item
9/26/2018, 12:12:28 PM

예제 분석

items 상태부터 살펴본다.

```
const [items, setItems] = useState([
  { name: 'First Item', timestamp: new Date() },
  { name: 'Second Item', timestamp: new Date() },
  { name: 'Third Item', timestamp: new Date() }
]);
```

name 속성은 각 리스트 항목의 primary 텍스트이고, timestamp 속성은 각 리스트 항목의 secondary 텍스트다. 다음으로 이 상태를 렌더링된 리스트 항목으로 변환하는 List 마크업을 살펴본다.

```
<List>
  {items.map((item, index) => (
    <ListItem key={index} button dense>
      <ListItemText
        primary={item.name}
        secondary={item.timestamp.toLocaleString()}
      />
    </ListItem>
  ))}
</List>
```

ListItem 구성 요소는 부울 값으로 전달되는 두 개의 속성인 button과 dense를 갖는다. button 속성은 리스트 항목을 버튼처럼 동작하게 만든다. 예를 들어, 리스트의 항목으로 마우스 포인터를 이동하면 호버^{hover} 스타일이 적용되는 것을 볼 수 있다. dense 속성은 리스트 항목에서 여분의 패딩을 제거한다. 이 속성이 없으면 리스트는 화면에서 더 많은 공간을 차지한다.

ListItemText 구성 요소는 primary와 secondary 속성을 사용해 각각 name과 timestamp 속성을 렌더링한다. primary 텍스트는 항목에서 secondary 정보에 비해 눈에 띄게 표시된다. 예제의 경우 timestamp다.

부연 설명

이 예제는 항목이 변경되지 않기 때문에 상태 대신 속성을 사용했다. 사용자가 리스트에서 항목을 선택할 수 있도록 코드를 수정해보자. 새 List 마크업은 다음과 같다.

```
<List>
  {items.map((item, index) => (
    <ListItem
```

```
      key={index}
      button
      dense
      selected={item.selected}
      onClick={onClick(index)}
    >
      <ListItemText
        primary={item.name}
        secondary={item.timestamp.toLocaleString()}
        primaryTypographyProps={{
          color: item.selected ? 'primary' : undefined
        }}
      />
    </ListItem>
  ))}
</List>
```

ListItem 구성 요소에 전달된 selected 속성은 true일 때 선택한 스타일을 항목에 적용한다. 이 값은 item.selected 상태에서 가져오며, 디폴트는 모든 항목에 대해 false다 (아무것도 선택되지 않음). 다음으로 ListItem 구성 요소는 onClick 핸들러를 갖는다.

ListItemText 구성 요소에도 선택한 항목 상태에 따라 스타일이 적용된다. 항목 텍스트는 Typography 구성 요소를 사용해 렌더링된다. primaryTypographyProps 속성을 사용해 Typography 구성 요소에 속성을 전달할 수 있다. 예제에서는 선택한 텍스트의 color가 primary로 변경된다.

다음과 같이 onClick() 핸들러를 살펴보자.

```
const onClick = index => () => {
  const item = items[index];
  const newItems = [...items];

  newItems[index] = { ...item, selected: !item.selected };
  setItems(newItems);
};
```

이것은 index 인수에 기반해 이벤트 핸들러 함수를 반환하는 고차원 함수다. 지정된 인덱스의 항목에 대해 선택 상태를 토글한다.

First Item이 선택됐을 때의 모습은 다음과 같다.

배경색의 변경은 ListItem의 selected 속성 때문이다. 텍스트 색상의 변경은 ListItem Text의 primaryTypographyProps 속성 때문이다.

참고 사항

- List 데모: https://material-ui.com/demos/lists/
- Typography API 문서: https://material-ui.com/api/typography/

리스트 아이콘

ListItem 구성 요소는 아이콘을 지원한다. 각 리스트 항목에 아이콘을 렌더링해주면, 리스트에서 어떤 타입의 객체가 표시되는지 사용자가 쉽게 이해할 수 있다.

List에서 렌더링할 사용자 객체의 배열이 있다고 가정해보자. 각 항목을 사용자 아이콘으로 렌더링하면 리스트의 항목이 무엇인지 분명히 할 수 있다. 코드는 다음과 같다.

```
import React, { useState } from 'react';

import List from '@material-ui/core/List';
import ListItem from '@material-ui/core/ListItem';
import ListItemText from '@material-ui/core/ListItemText';
import ListItemIcon from '@material-ui/core/ListItemIcon';

import AccountCircleIcon from '@material-ui/icons/AccountCircle';

export default function ListIcons() {
  const [items, setItems] = useState([
    { name: 'First User' },
    { name: 'Second User' },
    { name: 'Third User' }
  ]);

  return (
    <List>
      {items.map((item, index) => (
        <ListItem key={index} button>
          <ListItemIcon>
            <AccountCircleIcon />
          </ListItemIcon>
          <ListItemText primary={item.name} />
        </ListItem>
      ))}
    </List>
  );
}
```

화면을 로드하면 다음과 같이 보인다.

예제 분석

ListItemIcon 구성 요소는 ListItem 구성 요소의 자식으로 사용될 수 있다. 앞의 예제에서 아이콘은 텍스트보다 앞에 나오므로 항목 텍스트의 왼쪽에 표시된다.

```
<ListItem button key={index}>
  <ListItemIcon>
    <AccountCircleIcon />
  </ListItemIcon>
  <ListItemText primary={item.name} />
</ListItem>
```

아이콘을 텍스트 다음에 표시할 수도 있다.

```
<ListItem button key={index}>
  <ListItemText primary={item.name} />
  <ListItemIcon>
    <AccountCircleIcon />
  </ListItemIcon>
</ListItem>
```

결과는 다음과 같다.

First User	👤
Second User	👤
Third User	👤

selected 속성을 true로 설정하면 ListItem 구성 요소를 선택된 것으로 표시할 수 있다. 또한 항목이 선택됐음을 시각적으로 잘 표시하도록 아이콘을 변경할 수도 있다. 업데이트된 코드는 다음과 같다.

```
import React, { useState } from 'react';

import List from '@material-ui/core/List';
import ListItem from '@material-ui/core/ListItem';
import ListItemText from '@material-ui/core/ListItemText';
import ListItemIcon from '@material-ui/core/ListItemIcon';

import AccountCircleIcon from '@material-ui/icons/AccountCircle';
import CheckCircleOutlineIcon from '@material-ui/icons/CheckCircleOutline';

const MaybeSelectedIcon = ({ selected, Icon }) =>
  selected ? <CheckCircleOutlineIcon /> : <Icon />;

export default function ListIcons() {
  const [items, setItems] = useState([
    { name: 'First User' },
    { name: 'Second User' },
    { name: 'Third User' }
  ]);

  const onClick = index => () => {
    const item = items[index];
```

```
    const newItems = [...items];

    newItems[index] = { ...item, selected: !item.selected };
    setItems(newItems);
  };

  return (
    <List>
      {items.map((item, index) => (
        <ListItem
          key={index}
          button
          selected={item.selected}
          onClick={onClick(index)}
        >
          <ListItemText primary={item.name} />
          <ListItemIcon>
            <MaybeSelectedIcon
              selected={item.selected}
              Icon={AccountCircleIcon}
            />
          </ListItemIcon>
        </ListItem>
      ))}
    </List>
  );
}
```

First User가 선택됐을 때 결과는 다음과 같다.

선택된 항목의 아이콘이 동그라미가 있는 체크 표시로 바뀐다. 이 변화를 자세히 살펴보자. 먼저 MaybeSelectedIcon부터 시작한다.

```
const MaybeSelectedIcon = ({ selected, Icon }) =>
  selected ? <CheckCircleOutlineIcon /> : <Icon />;
```

이 구성 요소는 속성으로 전달된 CheckCircleOutlineIcon 또는 Icon 구성 요소를 렌더링한다. 이는 selected 속성에 따라 결정된다. 다음으로 이 구성 요소가 ListItemIcon 내에서 어떻게 사용되는지 살펴보자.

```
<ListItemIcon>
  <MaybeSelectedIcon
    selected={item.selected}
    Icon={AccountCircleIcon}
  />
</ListItemIcon>
```

리스트 항목을 클릭하면 해당 항목의 selected 상태가 토글된다. 그런 다음 selected 상태가 MaybeSelectedIcon에 전달된다. AccountCircleIcon 구성 요소는 리스트 항목이 Icon 속성으로 전달되기 때문에 선택되지 않았을 때 렌더링되는 아이콘이다.

참고 사항

- List 데모: https://material-ui.com/demos/lists/
- ListItemIcon API 문서: https://material-ui.com/api/list-item-icon/

리스트 아바타와 텍스트

리스트 항목에 primary와 secondary 텍스트가 있는 경우 아이콘을 사용하는 것보다 아이콘 주변에 아바타avatar를 사용하는 것이 시각적으로 더 매력적이다. 아바타는 리스트 항목 내의 공간을 더 잘 채운다.

예제 구현

앱에서 네 가지 메시지 카테고리를 표시하려 한다고 가정해보자. 주어진 카테고리에 접근하기 위해 사용자는 리스트 항목 중 하나를 클릭한다. 사용자가 카테고리를 이해하는 것을 돕고자 아이콘을 사용한다. 아이콘을 리스트 항목의 primary와 secondary 텍스트보다 더 눈에 띄게 하려면 Avatar 구성 요소로 래핑한다. 코드는 다음과 같다.

```
import React, { useState } from 'react';
import clsx from 'clsx';

import Avatar from '@material-ui/core/Avatar';
import List from '@material-ui/core/List';
import ListItem from '@material-ui/core/ListItem';
import ListItemText from '@material-ui/core/ListItemText';
import ListItemIcon from '@material-ui/core/ListItemIcon';

import MarkunreadIcon from '@material-ui/icons/Markunread';
import PriorityHighIcon from '@material-ui/icons/PriorityHigh';
import LowPriorityIcon from '@material-ui/icons/LowPriority';
import DeleteIcon from '@material-ui/icons/Delete';

export default function ListAvatarsAndText({ classes }) {
  const [items] = useState([
    {
      name: 'Unread',
      updated: '2 minutes ago',
      Icon: MarkunreadIcon,
      notifications: 1
```

```
    },
    {
      name: 'High Priority',
      updated: '30 minutes ago',
      Icon: PriorityHighIcon
    },
    {
      name: 'Low Priority',
      updated: '3 hours ago',
      Icon: LowPriorityIcon
    },
    { name: 'Junk', updated: '6 days ago', Icon: DeleteIcon }
  ]);

  return (
    <List>
      {items.map(({ Icon, ...item }, index) => (
        <ListItem button>
          <ListItemIcon>
            <Avatar>
              <Icon />
            </Avatar>
          </ListItemIcon>
          <ListItemText
            primary={item.name}
            secondary={item.updated}
          />
        </ListItem>
      ))}
    </List>
  );
}
```

리스트는 다음과 같이 렌더링된다.

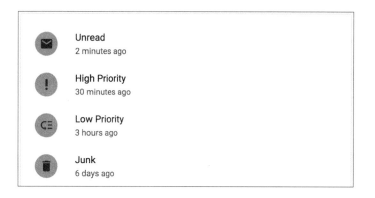

아이콘을 둘러싸고 있는 원이 Avatar 구성 요소로 아이콘이 눈에 잘 띄게 하는 데 도움을 준다. 아바타가 없다면 다음과 같이 보인다.

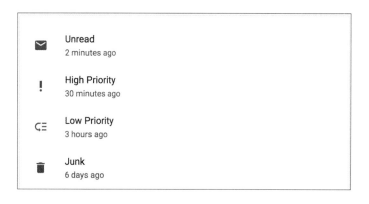

동일한 콘텐츠와 동일한 아이콘이지만 리스트 항목 텍스트의 높이 때문에 아이콘 주변에 많은 여유 공간이 생긴다. Avatar 구성 요소는 사용자가 아이콘에 주목하게 만드는 동시에 이 빈 공간을 채우는 데도 도움이 된다.

예제 분석

Avatar 구성 요소는 원형 모양의 아이콘으로 사용된다. 원의 색상은 테마 팔레트^{palette}에서 가져온다. 사용되는 회색 음영은 테마가 밝은지 어두운지에 따라 다르다. 아이콘 자체는 자식 요소로 전달된다.

```
<ListItemIcon>
  <Avatar>
    <Icon />
  </Avatar>
</ListItemIcon>
```

부연 설명

리스트 항목의 아이콘에 Avatar를 함께 사용하면 Avatar의 색상을 변경할 수 있으며, 확인하지 않은 작업을 표시하는 데 배지[badge]를 적용할 수 있다. 항목 상태의 각 항목이 notifications 속성을 가질 수 있도록 예제를 수정해보자. 즉, 숫자는 해당 카테고리의 읽지 않은 메시지 수를 나타낸다. 이 숫자가 0보다 크면 Avatar 색상을 변경하고 배지에 notifications의 수를 표시할 수 있다. 결과는 다음과 같다.

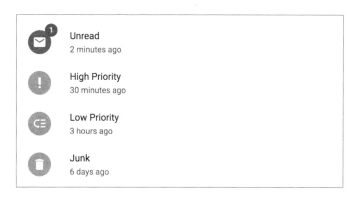

리스트의 첫 번째 항목은 기본 theme 색상을 사용하는 Avatar와 notifications의 수를 나타내는 배지를 갖고 있다. 나머지 항목은 notifications가 없으므로 디폴트 Avatar 색상을 사용하고, 배지는 표시되지 않는다.

어떻게 동작하는지 자세히 살펴보자. 스타일부터 시작한다.

```
const styles = theme => ({
  activeAvatar: {
    backgroundColor: theme.palette.primary[theme.palette.type]
  }
});
```

activeAvatar 스타일은 notifications 상태가 0보다 큰 숫자일 때 Avatar 구성 요소에
적용된다. 테마 타입('밝은' 또는 '어두운')에 따라 기본 theme 색상을 찾는다. 다음으로 항
목 배열에서 첫 번째 항목의 상태를 살펴본다.

```
{
  name: 'Unread',
  updated: '2 minutes ago',
  Icon: MarkunreadIcon,
  notifications: 1
}
```

notifications 값이 1이므로 아바타의 색상이 변경되고 배지가 표시된다. 마지막으로
Badge와 Avatar 구성 요소를 사용하는 구성 요소 마크업에서 이 모든 것이 어떻게 결합
되는지 살펴보자.

```
<Badge
  color={item.notifications ? 'secondary' : undefined}
  badgeContent={
    item.notifications ? item.notifications : null
  }
>
  <Avatar
    className={clsx({
      [classes.activeAvatar]: item.notifications
    })}
  >
    <Icon />
  </Avatar>
```

```
</Badge>
```

Badge의 color 속성은 0보다 큰 항목의 notifications 상태에 기반한다. 0보다 크다면 기본 primary 색상이 사용된다. 그렇지 않다면 Badge에 undefined가 전달된다. 예제의 경우, 아무런 알림이 없을 때 빈 배지 원이 표시되지 않도록 하는 데 꼭 필요하다.

 속성 값으로 undefined를 전달하면 속성을 설정하지 않는 것과 동일하다.

다음으로 badgeContent 속성이 항목의 notifications 상태에 기반해 설정된다. 0보다 크지 않다면 어떤 값도 설정되지 않길 원할 것이다. 마지막으로 항목에 대한 notifications 상태가 0보다 큰 경우, activeAvatar 클래스를 적용하고자 clsx()를 사용해 Avatar 구성 요소의 색상을 변경한다.

참고 사항

- **Badge 데모**: https://material-ui.com/demos/badges/
- **Avatar 데모**: https://material-ui.com/demos/avatars/
- **List 데모**: https://material-ui.com/demos/lists/

리스트 섹션

리스트에 항목이 많으면 항목을 여러 섹션으로 구성하는 것이 좋다. 이렇게 하려면 리스트를 몇 개의 작은 리스트로 나누고 그 사이를 구분선으로 구분한다.

세 개의 섹션으로 나눌 수 있는 몇 개의 리스트 항목이 있다고 가정해보자. 세 개의
List 구성 요소를 사용해 이 항목들을 각각 섹션으로 그룹화하고, Divider 구성 요소를
사용해 섹션 경계선을 시각적으로 표시한다. 코드는 다음과 같다.

```jsx
import React, { Fragment } from 'react';

import List from '@material-ui/core/List';
import ListItem from '@material-ui/core/ListItem';
import ListItemText from '@material-ui/core/ListItemText';
import Divider from '@material-ui/core/Divider';

const ListSections = () => (
  <Fragment>
    <List>
      <ListItem>
        <ListItemText primary="First" />
      </ListItem>
      <ListItem>
        <ListItemText primary="Second" />
      </ListItem>
    </List>
    <Divider />
    <List>
      <ListItem>
        <ListItemText primary="Third" />
      </ListItem>
      <ListItem>
        <ListItemText primary="Fourth" />
      </ListItem>
    </List>
    <Divider />
    <List>
      <ListItem>
        <ListItemText primary="Fifth" />
      </ListItem>
```

```
      <ListItem>
        <ListItemText primary="Sixth" />
      </ListItem>
    </List>
  </Fragment>
));

export default ListSections;
```

리스트는 다음과 같이 렌더링된다.

```
First

Second

Third

Fourth

Fifth

Sixth
```

예제 분석

각 섹션은 자신의 ListItem 구성 요소를 가진 자체 List 구성 요소다. Divider 구성 요소는 리스트를 나눈다. 예를 들어 첫 번째 섹션은 다음과 같다.

```
<List>
  <ListItem>
    <ListItemText primary="First" />
  </ListItem>
  <ListItem>
    <ListItemText primary="Second" />
  </ListItem>
</List>
```

Divider 구성 요소로 리스트 섹션을 나누는 대신 Typography를 사용해 섹션에 레이블을 붙일 수도 있다. 이는 사용자가 각 섹션의 항목을 이해하는 데 도움이 된다.

```
<Fragment>
  <Typography variant="title">First Section</Typography>
  <List>
    <ListItem>
      <ListItemText primary="First" />
    </ListItem>
    <ListItem>
      <ListItemText primary="Second" />
    </ListItem>
  </List>
  <Typography variant="title">Second Section</Typography>
  <List>
    <ListItem>
      <ListItemText primary="Third" />
    </ListItem>
    <ListItem>
      <ListItemText primary="Fourth" />
    </ListItem>
  </List>
  <Typography variant="title">Third Section</Typography>
  <List>
    <ListItem>
      <ListItemText primary="Fifth" />
    </ListItem>
    <ListItem>
      <ListItemText primary="Sixth" />
    </ListItem>
  </List>
</Fragment>
```

이제 리스트는 다음과 같이 보인다.

```
First Section

   First

   Second

Second Section

   Third

   Fourth

Third Section

   Fifth

   Sixth
```

- List 데모: https://material-ui.com/demos/lists/
- Typography API 문서: https://material-ui.com/api/typography/

중첩된 리스트

리스트는 중첩될 수 있다. 이는 렌더링할 항목이 많을 때 유용하다. 한 번에 모든 항목을 보여주는 대신 카테고리 항목만 보여주고, 사용자가 카테고리를 클릭하면 세부 항목을 보여준다.

예제 구현

두 개의 항목 카테고리가 있다고 가정해보자. 사용자가 카테고리를 클릭하면 그 카테고리의 항목이 표시된다. List 구성 요소를 사용해 이를 처리하는 코드는 다음과 같다.

```
import React, { useState, Fragment } from 'react';

import List from '@material-ui/core/List';
import ListItem from '@material-ui/core/ListItem';
import ListItemText from '@material-ui/core/ListItemText';
import ListItemIcon from '@material-ui/core/ListItemIcon';
import Collapse from '@material-ui/core/Collapse';

import ExpandLessIcon from '@material-ui/icons/ExpandLess';
import ExpandMoreIcon from '@material-ui/icons/ExpandMore';
import InboxIcon from '@material-ui/icons/Inbox';
import MailIcon from '@material-ui/icons/Mail';
import ContactsIcon from '@material-ui/icons/Contacts';
import ContactMailIcon from '@material-ui/icons/ContactMail';

const ExpandIcon = ({ expanded }) =>
  expanded ? <ExpandLessIcon /> : <ExpandMoreIcon />;

export default function NestedLists() {
  const [items, setItems] = useState([
    {
      name: 'Messages',
      Icon: InboxIcon,
      expanded: false,
      children: [
        { name: 'First Message', Icon: MailIcon },
        { name: 'Second Message', Icon: MailIcon }
      ]
    },
    {
      name: 'Contacts',
      Icon: ContactsIcon,
      expanded: false,
      children: [
        { name: 'First Contact', Icon: ContactMailIcon },
        { name: 'Second Contact', Icon: ContactMailIcon }
      ]
    }
  ]);
```

```
  const onClick = index => () => {
    const newItems = [...items];
    const item = items[index];

    newItems[index] = { ...item, expanded: !item.expanded };

    setItems(newItems);
  };

  return (
    <List>
      {items.map(({ Icon, ...item }, index) => (
        <Fragment key={index}>
          <ListItem button onClick={onClick(index)}>
            <ListItemIcon>
              <Icon />
            </ListItemIcon>
            <ListItemText primary={item.name} />
            <ExpandIcon expanded={item.expanded} />
          </ListItem>
          <Collapse in={item.expanded}>
            {item.children.map(child => (
              <ListItem key={child.name} button dense>
                <ListItemIcon>
                  <child.Icon />
                </ListItemIcon>
                <ListItemText primary={child.name} />
              </ListItem>
            ))}
          </Collapse>
        </Fragment>
      ))}
    </List>
  );
}
```

화면을 처음 로드하면 다음과 같이 보인다.

이들 카테고리를 클릭하면 다음과 같이 보인다.

카테고리를 클릭하면 아래쪽 화살표가 위쪽 화살표로 바뀐다. 카테고리 아래에 해당 카테고리에 속하는 리스트 항목이 표시된다. 코드를 자세히 분석해보자. 먼저 구성 요소 상태부터 시작한다.

```
const [items, setItems] = useState([
  {
    name: 'Messages',
    Icon: InboxIcon,
    expanded: false,
    children: [
      { name: 'First Message', Icon: MailIcon },
      { name: 'Second Message', Icon: MailIcon }
    ]
```

204

```
  },
  {
    name: 'Contacts',
    Icon: ContactsIcon,
    expanded: false,
    children: [
      { name: 'First Contact', Icon: ContactMailIcon },
      { name: 'Second Contact', Icon: ContactMailIcon }
    ]
  }
]);
```

항목 배열의 각 객체는 리스트 카테고리를 나타낸다. 예제의 경우 Messages와 Contacts 카테고리다. Icon 속성은 카테고리를 렌더링하기 위한 아이콘 구성 요소다. expanded 속성은 확장 화살표 아이콘의 상태와 카테고리의 항목이 표시될지 여부를 결정한다.

children 배열은 카테고리에 속하는 항목을 담고 있다. 이 배열은 ListItem 구성 요소를 사용해 렌더링되기 때문에 카테고리 항목과 마찬가지로 name과 Icon 속성을 갖고 있다.

다음으로 각각의 카테고리와 이들의 자식 항목을 렌더링하는 마크업을 살펴보자.

```
<Fragment key={index}>
  <ListItem button onClick={onClick(index)}>
    <ListItemIcon>
      <Icon />
    </ListItemIcon>
    <ListItemText primary={item.name} />
    <ExpandIcon expanded={item.expanded} />
  </ListItem>
  <Collapse in={item.expanded}>
    {item.children.map(child => (
      <ListItem key={child.name} button dense>
        <ListItemIcon>
          <child.Icon />
        </ListItemIcon>
```

```
        <ListItemText primary={child.name} />
      </ListItem>
    ))}
  </Collapse>
</Fragment>
```

ListItem 구성 요소는 카테고리의 expanded 상태를 토글하는 onClick 핸들러를 갖고 있다. 다음으로 Collapse 구성 요소는 expanded 값에 기반해 카테고리의 자식 항목의 가시성을 제어하는 데 사용된다.

부연 설명

하위 항목의 외관을 달리함으로써 중첩된 리스트의 모양을 향상시킬 수 있다. 카테고리 항목과 하위 항목 간의 유일한 차이점은 카테고리 항목에는 확장/축소 화살표가 있다는 것뿐이다.

일반적으로 리스트 항목은 들여쓰기를 사용해 계층 구조에서 다른 항목에 속해 있다는 것을 나타낸다. 하위 항목을 들여쓰기할 수 있도록 스타일을 만들어보자.

```
const useStyles = makeStyles(theme => ({
  subItem: { paddingLeft: theme.spacing(3) }
}));
```

paddingLeft 스타일 속성은 리스트의 모든 항목을 오른쪽으로 시프트한다. 이제 이 항목을 카테고리 항목보다 작게 만드는 동시에 클래스를 subItem에 적용해보자.

```
<ListItem
  key={child.name}
  className={classes.subItem}
  button
  dense
>
```

```
  <ListItemIcon>
    <child.Icon />
  </ListItemIcon>
  <ListItemText primary={child.name} />
</ListItem>
```

dense와 className 속성을 ListItem에 추가하면, 사용자가 카테고리와 하위 항목을 더 쉽게 구분할 수 있다.

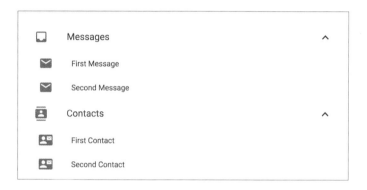

참고 사항

- List 데모: https://material-ui.com/demos/lists/
- Collapse API 문서: https://material-ui.com/api/collapse/

리스트 제어

리스트 항목은 클릭할 수 있기 때문에 클릭하면 상태가 변경되거나 링크를 따라가거나 또는 완전히 다른 결과가 나타날 수 있다. 이것은 항목의 가장 기본적인 동작이다. 항목의 두 번째 동작은 제어다. 이 두 가지가 항목의 유형에 따라 수행할 수 있는 공통적인 동작들이다.

디바이스 리스트를 갖고 있다고 가정해보자. 리스트 항목을 클릭하면 해당 디바이스의 상세 페이지로 이동한다. 각 디바이스는 블루투스 연결성을 갖고 있으므로 ON/OFF 토글이 가능하다. 항목의 두 번째 동작을 수행하기에 좋은 후보나. 코느는 다음과 같다.

```
import React, { useState } from 'react';

import List from '@material-ui/core/List';
import ListItem from '@material-ui/core/ListItem';
import ListItemText from '@material-ui/core/ListItemText';
import ListItemIcon from '@material-ui/core/ListItemIcon';
import ListItemSecondaryAction from '@materialui/
core/ListItemSecondaryAction';
import IconButton from '@material-ui/core/IconButton';

import BluetoothIcon from '@material-ui/icons/Bluetooth';
import BluetoothDisabledIcon from '@material-ui/icons/BluetoothDisabled';
import DevicesIcon from '@material-ui/icons/Devices';

const MaybeBluetoothIcon = ({ bluetooth }) =>
  bluetooth ? <BluetoothIcon /> : <BluetoothDisabledIcon />;

export default function ListControls() {
  const [items, setItems] = useState([
    {
      name: 'Device 1',
      bluetooth: true,
      Icon: DevicesIcon
    },
    {
      name: 'Device 2',
      bluetooth: true,

      Icon: DevicesIcon
    },
```

```
    {
      name: 'Device 3',
      bluetooth: true,

      Icon: DevicesIcon
    }
  ]);

  const onBluetoothClick = index => () => {
    const newItems = [...items];
    const item = items[index];

    newItems[index] = { ...item, bluetooth: !item.bluetooth };

    setItems(newItems);
  };

  return (
    <List>
      {items.map(({ Icon, ...item }, index) => (
        <ListItem key={index} button>
          <ListItemIcon>
            <Icon />
          </ListItemIcon>
          <ListItemText primary={item.name} />
          <ListItemSecondaryAction>
            <IconButton
              onClick={onBluetoothClick(index, 'bluetooth')}
            >
              <MaybeBluetoothIcon bluetooth={item.bluetooth} />
            </IconButton>
          </ListItemSecondaryAction>
        </ListItem>
      ))}
    </List>
  );
}
```

처음 로드될 때 화면은 다음과 같다.

아이콘 버튼을 클릭해 해당 항목의 블루투스 상태를 토글할 수 있다. 첫 번째 항목의 블루투스 상태를 토글한 후의 모습은 다음과 같다.

블루투스 아이콘이 disabled 상태를 표시하도록 변경됐다. 아이콘을 다시 클릭하면 블루투스가 활성화된다.

예제 분석

각 리스트 항목을 렌더링하는 데 사용되는 마크업을 살펴보자.

```
<ListItem key={index} button>
  <ListItemIcon>
    <Icon />
  </ListItemIcon>
  <ListItemText primary={item.name} />
  <ListItemSecondaryAction>
    <IconButton
      onClick={onBluetoothClick(index, 'bluetooth')}
    >
      <MaybeBluetoothIcon bluetooth={item.bluetooth} />
```

```
    </IconButton>
  </ListItemSecondaryAction>
</ListItem>
```

ListItemSecondaryAction 구성 요소는 리스트 항목을 제어하는 컨테이너로 사용된다. 이 예제에서는 IconButton이 제어로 사용됐다. MaybeBluetoothIcon 구성 요소를 사용해 항목 상태에 따라 다른 아이콘을 보여준다. onBluetoothClick() 함수는 항목의 이벤트 핸들러 함수를 반환하는 데 사용됐다. 이 함수를 살펴보자.

```
const onBluetoothClick = index => () => {
  const newItems = [...items];
  const item = items[index];

  newItems[index] = { ...item, bluetooth: !item.bluetooth };

  setItems(newItems);
};
```

디바이스 항목은 items 배열에서 조회된다. 그런 다음 블루투스 상태가 토글되고 새로운 items 배열이 반환돼 새로운 상태가 된다. 그 결과로 리스트 항목 제어에 업데이트된 아이콘이 나타난다.

부연 설명

리스트 항목에 하나 이상의 제어가 필요할 수 있다. 예를 들어, 디바이스의 블루투스 상태를 토글하는 것 외에 디바이스의 power 상태를 토글하는 것이 사용자의 또 다른 일반적인 동작이라고 가정해보자. 디바이스의 전원이 꺼지면 리스트 항목과 블루투스 제어가 표시돼야 한다.

리스트 항목에 너무 많은 제어를 보조 동작으로 두지 않는 것이 좋다. 이렇게 하면 사용자 접근성을 저해해 편의성이 떨어진다. 일반적으로 사용자는 하나 또는 두 개의 공통적인 작업을 수행할 수 있다.

구성 요소 상태의 각 항목에 새로운 power 상태를 추가하는 것으로 시작한다.

```
const [items, setItems] = useState([
  {
    name: 'Device 1',
    bluetooth: true,
    power: true,
    Icon: DevicesIcon
  },
  {
    name: 'Device 2',
    bluetooth: true,
    power: true,
    Icon: DevicesIcon
  },
  {
    name: 'Device 3',
    bluetooth: true,
    power: true,
    Icon: DevicesIcon
  }
]);
```

다음으로 항목의 블루투스와 power 상태 업데이트를 모두 처리할 수 있는 토글 클릭 핸
들러를 만들어보자.

```
const onToggleClick = (index, prop) => () => {
  const newItems = [...items];
  const item = items[index];

  newItems[index] = { ...item, [prop]: !item[prop] };

  setItems(newItems);
};
```

onBluetoothClick() 핸들러와 매우 유사하다. 이제 이 핸들러는 추가적인 prop 인수를 받는다. 이것은 bluetooth나 power 중에서 어떤 속성을 업데이트할지 알려주는 데 사용된다. 마지막으로는 업데이트된 ListItem 마크업을 살펴보자.

```
<ListItem key={index} disabled={!item.power} button>
  <ListItemIcon>
    <Icon />
  </ListItemIcon>
  <ListItemText primary={item.name} />
  <ListItemSecondaryAction>
    <IconButton
      onClick={onToggleClick(index, 'bluetooth')}
      disabled={!item.power}
    >
      <MaybeBluetoothIcon bluetooth={item.bluetooth} />
    </IconButton>
    <IconButton onClick={onToggleClick(index, 'power')}>
      <PowerSettingsNewIcon />
    </IconButton>
  </ListItemSecondaryAction>
</ListItem>
```

변경은 다음과 같이 요약할 수 있다.

- ListItem의 disabled 속성은 항목의 power 상태에 의존한다.
- 항목의 power 상태를 토글하는 다른 IconButton 제어가 있다.
- 두 제어 모두 항목의 상태를 토글하는 데 onToggleClick() 함수를 사용한다.

이제 화면이 처음 로드되면 다음과 같이 표시된다.

	Device 1		✻	⏻
	Device 2		✻	⏻
	Device 3		✻	⏻

전원 아이콘을 클릭하면 리스트 항목과 블루투스 전원이 비활성화된다. 다음은 첫 번째 항목의 전원이 꺼졌을 때 볼 수 있는 화면이다.

참고 사항

- ListItemSecondaryAction API 문서: https://material-ui.com/api/list-item-secondary-action/
- IconButton API 문서: https://material-ui.com/api/icon-button/

리스트 스크롤

리스트가 제한된 수의 항목만 포함하고 있다면 항목 데이터를 단순히 반복하고 `ListItem` 구성 요소를 렌더링하면 된다. 하지만 만약 목록에 1,000개가 넘는 항목이 있다면 문제가 된다. 이들 항목을 충분히 빠르게 렌더링할 수는 있지만, DOM^{Document} ^{Object Model}에 너무 많은 항목이 있으면 브라우저 자원이 너무 많이 사용돼서 사용자에게 예측할 수 없는 성능 문제가 발생할 수 있다. 이에 대한 해결책은 `react-virtualized`를 사용해 머티리얼 UI 리스트를 가상화하는 것이다.

예제 구현

1,000개의 항목을 가진 리스트가 있다고 가정해보자. 고정된 높이의 리스트 안에서 항

목들을 렌더링하고 싶다. 사용자에게 예측 가능한 성능 특성을 제공하기 위해 사용자가 목록을 스크롤할 때 실제로 보여지는 항목만 렌더링하고자 한다. 코드는 다음과 같다.

```
import React, { useState } from 'react';
import { List as VirtualList, AutoSizer } from 'react-virtualized';

import { makeStyles } from '@material-ui/styles';
import List from '@material-ui/core/List';
import ListItem from '@material-ui/core/ListItem';
import ListItemText from '@material-ui/core/ListItemText';
import Paper from '@material-ui/core/Paper';

const useStyles = makeStyles(theme => ({
  list: {
    height: 300
  },
  paper: {
    margin: theme.spacing(3)
  }
}));

function* genItems() {
  for (let i = 1; i <= 1000; i++) {
    yield `Item ${i}`;
  }
}

export default function ScrollingLists() {
  const classes = useStyles();
  const [items] = useState([...genItems()]);
  const rowRenderer = ({ index, isScrolling, key, style }) => {
    const item = items[index];

    return (
      <ListItem button key={key} style={style}>
        <ListItemText primary={isScrolling ? '...' : item} />
      </ListItem>
```

```
      );
    };

    return (
      <Paper className={classes.paper}>
        <List className={classes.list}>
          <AutoSizer disableHeight>
            {({ width }) => (
              <VirtualList
                width={width}
                height={300}
                rowHeight={50}
                rowCount={items.length}
                rowRenderer={rowRenderer}
              />
            )}
          </AutoSizer>
        </List>
      </Paper>
    );
}
```

화면을 처음 로드하면 다음과 같다.

Item 1
Item 2
Item 3
Item 4
Item 5
Item 6

다음은 리스트를 스크롤할 때의 화면이다.

마지막으로 리스트의 끝은 다음과 같이 보인다.

예제 분석

먼저 items 상태가 어떻게 생성되는지 살펴보자. 먼저 genItems() 생성자^{generator} 함수다.

```
function* genItems() {
  for (let i = 1; i <= 1000; i++) {
    yield `Item ${i}`;
  }
}
```

다음으로 스프레드 연산자^{spread operator}가 생성된 items를 구성 요소 상태의 배열로 바꾸는 데 사용됐다.

```
const [items] = useState([...genItems()]);
```

이어서 rowRenderer() 함수를 살펴보자.

```
const rowRenderer = ({ index, isScrolling, key, style }) => {
const item = items[index];

  return (
    <ListItem button key={key} style={style}>
      <ListItemText primary={isScrolling ? '...' : item} />
    </ListItem>
  );
};
```

이 함수는 주어진 인덱스에서 렌더링된 ListItem 구성 요소를 반환한다. 이 구성 요소를 items에 수동으로 매핑하는 대신, react-virtualized의 List 구성 요소는 사용자가 스크롤하는 것에 따라 호출 시기를 조정한다.

제대로 동작하려면 react-virtualized는 이 함수에 전달되는 key와 style 값이 필요하다. style 값은 스크롤될 때 항목의 가시성을 제어하는 데 사용된다. isScrolling 값은 리스트가 스크롤되는 동안 다른 데이터를 렌더링하는 데 사용된다. 예를 들어, 리스트 항목에 단순한 텍스트 레이블만 있는 것이 아니라 상태에 기반한 제어와 아이콘이 함께 있는 경우를 가정해보자. 스크롤이 진행되는 동안 이런 것들을 모두 렌더링하는 것은 비용이 많이 들고 낭비적인 일이다. 대신 자원을 적게 사용하는 '...' 같은 자리표시자^{placeholder} 문자열로 렌더링하는 것이 좋다.

마지막으로 이 리스트를 렌더링하는 마크업을 살펴보자.

```
<List className={classes.list}>
  <AutoSizer disableHeight>
    {(( width )) => (
      <VirtualList
        width={width}
        height={300}
        rowHeight={50}
        rowCount={items.length}
        rowRenderer={rowRenderer}
      />
    )}
  </AutoSizer>
</List>
```

List 구성 요소는 다른 것들의 컨테이너다. 다음으로 react-virtualized의 AutoSizer 구성 요소가 VirtualList 속성으로 필요한 리스트의 폭을 계산한다.

 List는 VirtualList 별칭을 사용해 react-virtualized에서 가져온다. material-ui가 List와 이름이 충돌하는 것을 피하기 위해서다. 원하는 경우 별칭 대신 material-ui에서 List를 가져올 수도 있다.

react-virtualized의 List 구성 요소는 또한 어떤 열을 렌더링할지 결정하고자 리스트의 높이, 열의 높이, 열의 개수를 받는다. 이를 사용하면 너무 많은 항목을 가진 리스트 구성 요소로 인해 발생하는 애플리케이션의 성능 문제를 걱정하지 않아도 된다.

참고 사항

- **리액트 가상화 문서**: https://bvaughn.github.io/react-virtualized/
- **List 데모**: https://material-ui.com/demos/lists/

07

테이블
- 복잡한 수집 데이터 표시

7장에서 배우는 주제는 다음과 같다.

- 상태 테이블
- 정렬 가능한 열
- 행 필터링
- 행 선택
- 행 동작

소개

애플리케이션에서 표 형식의 데이터를 표시할 필요가 있다면, 머티리얼 UI Table 구성 요소와 함께 지원 구성 요소들을 사용하면 된다. 다른 리액트 라이브러리에서 봤거나 사용했던 그리드 구성 요소와 달리 머티리얼 UI 구성 요소는 독단적이지 않다. 즉, 테이블 데이터를 제어하는 코드를 직접 작성해야 한다. Table 구성 요소는 이런 코드를 자신만의 방식으로 구현할 수 있게 해준다.

상태 테이블

Table 구성 요소에서 테이블의 행 데이터를 정의하고자 정적 마크업을 사용하는 경우는 거의 없다. 대신 구성 요소 상태가 행에 매핑돼 테이블 데이터를 구성한다. 예를 들어 테이블에 표시할 API 데이터를 가져오는 구성 요소가 있을 수 있다.

예제 구현

API 종단점^{endpoint}에서 데이터를 가져오는 구성 요소가 있다고 가정해보자. 데이터가 로드되면 머티리얼 UI Table 구성 요소에 표 형식의 데이터를 표시하려고 한다. 코드는 다음과 같다.

```
import React, { useState, useEffect } from 'react';

import { makeStyles } from '@material-ui/styles';
import Table from '@material-ui/core/Table';
import TableBody from '@material-ui/core/TableBody';
import TableCell from '@material-ui/core/TableCell';
import TableHead from '@material-ui/core/TableHead';
import TableRow from '@material-ui/core/TableRow';
import Paper from '@material-ui/core/Paper';

const fetchData = () =>
  new Promise(resolve => {
    const items = [
      {
        id: 1,
        name: 'First Item',
        created: new Date(),
```

```
      high: 2935,
      low: 1924,
      average: 2429.5
    },
    {
      id: 2,
      name: 'Second Item',
      created: new Date(),
      high: 439,
      low: 231,
      average: 335
    },
    {
      id: 3,
      name: 'Third Item',
      created: new Date(),
      high: 8239,
      low: 5629,
      average: 6934
    },
    {
      id: 4,
      name: 'Fourth Item',
      created: new Date(),
      high: 3203,
      low: 3127,
      average: 3165
    },
    {
      id: 5,
      name: 'Fifth Item',
      created: new Date(),
      high: 981,
      low: 879,
      average: 930
    }
  ];

  setTimeout(() => resolve(items), 1000);
});
```

```
const usePaperStyles = makeStyles(theme => ({
  root: { margin: theme.spacing(2) }
}));

export default function StatefulTables() {
  const classes = usePaperStyles();

  const [items, setItems] = useState([]);

  useEffect(() => {
    fetchData().then(items => {
      setItems(items);
    });
  }, []);

  return (
    <Paper className={classes.root}>
      <Table>
        <TableHead>
          <TableRow>
            <TableCell>Name</TableCell>
            <TableCell>Created</TableCell>
            <TableCell align="right">High</TableCell>
            <TableCell align="right">Low</TableCell>
            <TableCell align="right">Average</TableCell>
          </TableRow>
        </TableHead>
        <TableBody>
          {items.map(item => {
            return (
              <TableRow key={item.id}>
                <TableCell component="th" scope="row">
                  {item.name}
                </TableCell>
                <TableCell>{item.created.toLocaleString()}</TableCell>
                <TableCell align="right">{item.high}</TableCell>
                <TableCell align="right">{item.low}</TableCell>
                <TableCell align="right">{item.average}</TableCell>
              </TableRow>
            );
```

```
          })}
        </TableBody>
      </Table>
    </Paper>
  );
}
```

화면을 로드하면 1초 후에 데이터가 채워진 테이블을 볼 수 있다.

Name	Created	High	Low	Average
First Item	10/16/2018, 1:15:40 PM	2935	1924	2429.5
Second Item	10/16/2018, 1:15:40 PM	439	231	335
Third Item	10/16/2018, 1:15:40 PM	8239	5629	6934
Fourth Item	10/16/2018, 1:15:40 PM	3203	3127	3165
Fifth Item	10/16/2018, 1:15:40 PM	981	879	930

예제 분석

최종적으로 구성 요소 상태로 설정되는 데이터를 가져오는 fetchData() 함수를 먼저
살펴보자.

```
const fetchData = () =>
  new Promise(resolve => {
    const items = [
      {
        id: 1,
        name: 'First Item',
        created: new Date(),
        high: 2935,
        low: 1924,
```

```
        average: 2429.5
      },
      {
        id: 2,
        name: 'Second Item',
        created: new Date(),
        high: 439,
        low: 231,
        average: 335
      },
      ...
    ];

  setTimeout(() => resolve(items), 1000);
});
```

이 함수는 1초 후에 객체의 배열을 해결^{resolve}하는 Promise를 반환한다. 여기서 아이디어는 fetch()를 사용해 실제 API를 호출하는 함수를 시뮬레이션하는 것이다.

 배열에 표시된 객체는 간략하게 하기 위해 생략됐다.

다음으로 초기 구성 요소 상태를 살펴보고 구성 요소가 마운트될 때 어떤 일이 일어나는지 알아보자.

```
const [items, setItems] = useState([]);

useEffect(() => {
  fetchData().then(items => {
    setItems(items);
  });
}, []);
```

items 상태는 Table 구성 요소 내에서 렌더링될 테이블 행을 나타낸다. 구성 요소가 마운트되면 fetchData()가 호출되고, Promise가 해결되면 items 상태가 설정된다. 마지막으로 테이블 행 렌더링을 담당하는 마크업을 살펴보자.

```
<Table>
  <TableHead>
    <TableRow>
      <TableCell>Name</TableCell>
      <TableCell>Created</TableCell>
      <TableCell align="right">High</TableCell>
      <TableCell align="right">Low</TableCell>
      <TableCell align="right">Average</TableCell>
    </TableRow>
  </TableHead>
  <TableBody>
    {items.map(item => {
      return (
        <TableRow key={item.id}>
          <TableCell component="th" scope="row">
            {item.name}
          </TableCell>
          <TableCell>{item.created.toLocaleString()}</TableCell>
          <TableCell align="right">{item.high}</TableCell>
          <TableCell align="right">{item.low}</TableCell>
          <TableCell align="right">{item.average}</TableCell>
        </TableRow>
      );
    })}
  </TableBody>
</Table>
```

Table 구성 요소는 일반적으로 TableHead와 TableBody라는 두 구성 요소를 자식으로 갖는다. TableHead 안에는 여러 TableCell 구성 요소를 가진 TableRow 구성 요소가 있다. 이것들은 테이블의 열 머리글[heading]이다. TableBody 내부에서는 items 상태가 TableRow와 TableCell 구성 요소에 매핑된다는 것을 알 수 있다. items 상태가 변경되면 행도 변경된다. items 상태가 디폴트로 빈 배열로 설정돼 있기 때문에 동작하는 것을 확인할 수 있다. API 데이터가 해결되면 items 상태가 변경되고 행이 화면에 표시된다.

이 예제에서 한 가지 최적화되지 않은 것은 테이블 데이터가 로드될 때까지 기다리는 동안의 사용자 경험이다. 사용자가 시간을 미리 알 수 있도록 열의 머리글을 표시하는 것이 좋다. 이를 위해 데이터가 실제로 로드 중임을 나타내는 일종의 표시기가 필요하다.

이 문제를 수정하는 한 가지 방법은 열의 머리글 아래에 원형의 진행 표시기를 추가하는 것이다. 진행 표시기 덕분에 사용자들은 데이터가 로드되기를 기다리고 있다는 것을 알 수 있을 뿐만 아니라 이것이 테이블 행 데이터라는 것을 알 수 있다.

먼저 구성 요소를 표시하기 위한 새로운 CircularProgress 구성 요소와 함께 몇 가지 새로운 스타일을 도입한다.

```
const usePaperStyles = makeStyles(theme => ({
  root: { margin: theme.spacing(2), textAlign: 'center' }
}));

const useProgressStyles = makeStyles(theme => ({
  progress: { margin: theme.spacing(2) }
}));

function MaybeLoading({ loading }) {
  const classes = useProgressStyles();
    return loading ? (
      <CircularProgress className={classes.progress} />
  ) : null;
}
```

CircularProgress 구성 요소에 새로운 progress 스타일이 적용됐다. 이 스타일은 진행 표시기에 margin을 추가한다. root 스타일에 textAlign 속성이 추가됐으므로 진행 표시기가 Paper 구성 요소 내에서 수평 중심에 배치된다. loading 속성이 true이면 Maybe Loading 구성 요소는 CircularProgress 구성 요소를 렌더링한다.

이제 API 호출의 loading 상태를 추적해야 한다. 새로운 상태는 다음과 같다. 디폴트는 true다.

```
const [loading, setLoading] = useState(true);
```

API 호출이 반환되면 loading 상태를 false로 설정할 수 있다.

```
useEffect(() => {
  fetchData().then(items => {
    setItems(items);
    setLoading(false);
  });
}, []);
```

마지막으로 Table 구성 요소에 이어서 MaybeLoading 구성 요소를 렌더링한다.

```
<Paper className={classes.root}>
  <Table>
    ...
  </Table>
  <MaybeLoading loading={loading} />
</Paper>
```

테이블 데이터가 로드되는 동안 사용자에게 보여지는 화면은 다음과 같다.

- Table API 문서: https://material-ui.com/api/table/

정렬 가능한 열

머티리얼 UI 테이블은 정렬 가능한 열을 구현하는 데 도움이 되는 도구를 지원한다. 애플리케이션에서 Table 구성 요소를 렌더링할 때, 사용자는 열로 테이블 데이터를 정렬할 수 있길 바랄 것이다.

예제 구현

사용자가 열의 헤더를 클릭하면, 이제 테이블 행이 이 열로 정렬되고 행의 순서가 변경된다는 것을 시각적으로 표시할 수 있어야 한다. 다시 클릭하면 열은 반대 순서로 표시된다. 코드는 다음과 같다.

```
import React, { useState } from 'react';

import { makeStyles } from '@material-ui/styles';
import Table from '@material-ui/core/Table';

import TableBody from '@material-ui/core/TableBody';
import TableCell from '@material-ui/core/TableCell';
import TableHead from '@material-ui/core/TableHead';
import TableRow from '@material-ui/core/TableRow';
import TableSortLabel from '@material-ui/core/TableSortLabel';
import Paper from '@material-ui/core/Paper';

const comparator = (prop, desc = true) => (a, b) => {
  const order = desc ? -1 : 1;

  if (a[prop] < b[prop]) {
```

```
      return -1 * order;
    }

    if (a[prop] > b[prop]) {
      return 1 * order;
    }

    return 0 * order;
};

const useStyles = makeStyles(theme => ({
  root: { margin: theme.spacing(2), textAlign: 'center' }
}));

export default function SortableColumns() {
  const classes = useStyles();
  const [columns, setColumns] = useState([
    { name: 'Name', active: false },
    { name: 'Created', active: false },
    { name: 'High', active: false, numeric: true },
    { name: 'Low', active: false, numeric: true },
    { name: 'Average', active: false, numeric: true }
  ]);
  const [rows, setRows] = useState([
    {
      id: 1,
      name: 'First Item',
      created: new Date(),
      high: 2935,
      low: 1924,
      average: 2429.5
    },
    {
      id: 2,
      name: 'Second Item',
      created: new Date(),
      high: 439,
      low: 231,
      average: 335
    },
```

```
    {
      id: 3,
      name: 'Third Item',
      created: new Date(),
      high: 8239,
      low: 5629,
      average: 6934
    },
    {
      id: 4,
      name: 'Fourth Item',
      created: new Date(),
      high: 3203,
      low: 3127,
      average: 3165
    },
    {
      id: 5,
      name: 'Fifth Item',
      created: new Date(),
      high: 981,
      low: 879,
      average: 930
    }
  ]);

const onSortClick = index => () => {
  setColumns(
    columns.map((column, i) => ({
      ...column,
      active: index === i,
      order:
        (index === i &&
          (column.order === 'desc' ? 'asc' : 'desc')) ||
        undefined
    }))
  );

  setRows(
    rows
```

```
          .slice()
          .sort(
            comparator(
              columns[index].name.toLowerCase(),
              columns[index].order === 'desc'
            )
          )
      );
  };

  return (
    <Paper className={classes.root}>
      <Table>
        <TableHead>
          <TableRow>
            {columns.map((column, index) => (
              <TableCell
                key={column.name}
                align={column.numeric ? 'right' : 'inherit'}
              >
                <TableSortLabel
                  active={column.active}
                  direction={column.order}
                  onClick={onSortClick(index)}
                >
                  {column.name}
                </TableSortLabel>
              </TableCell>
            ))}
          </TableRow>
        </TableHead>
        <TableBody>
          {rows.map(row => (
            <TableRow key={row.id}>
              <TableCell component="th" scope="row">
                {row.name}
              </TableCell>
              <TableCell>{row.created.toLocaleString()}</TableCell>
              <TableCell align="right">{row.high}</TableCell>
              <TableCell align="right">{row.low}</TableCell>
```

```
            <TableCell align="right">{row.average}</TableCell>
          </TableRow>
        ))}
      </TableBody>
    </Table>
  </Paper>
);
}
```

Name 열 헤더를 클릭하면 다음 화면을 볼 수 있다.

Name ↓	Created	High	Low	Average
Fifth Item	10/19/2018, 1:23:44 AM	981	879	930
First Item	10/19/2018, 1:23:44 AM	2935	1924	2429.5
Fourth Item	10/19/2018, 1:23:44 AM	3203	3127	3165
Second Item	10/19/2018, 1:23:44 AM	439	231	335
Third Item	10/19/2018, 1:23:44 AM	8239	5629	6934

정렬 순서대로 열이 변경됐다. Name 열을 다시 클릭하면 정렬 순서가 반대로 바뀐다.

Name ↑	Created	High	Low	Average
Third Item	10/19/2018, 1:23:44 AM	8239	5629	6934
Second Item	10/19/2018, 1:23:44 AM	439	231	335
Fourth Item	10/19/2018, 1:23:44 AM	3203	3127	3165
First Item	10/19/2018, 1:23:44 AM	2935	1924	2429.5
Fifth Item	10/19/2018, 1:23:44 AM	981	879	930

이 테이블을 렌더링하는 코드를 분석해보자. 열의 헤더를 렌더링하는 마크업부터 시작한다.

```
<TableHead>
  <TableRow>
    {columns.map((column, index) => (
      <TableCell
        key={column.name}
        align={column.numeric ? 'right' : 'inherit'}
      >
        <TableSortLabel
          active={column.active}
          direction={column.order}
          onClick={onSortClick(index)}
        >
          {column.name}
        </TableSortLabel>
      </TableCell>
    ))}
  </TableRow>
</TableHead>
```

테이블의 각 열은 columns 상태에 정의돼 있다. 이 배열은 TableCell 구성 요소에 매핑된다. 각 TableCell 안에는 TableSortLabel 구성 요소가 있다. 이 구성 요소는 정렬을 위해 열이 활성화될 때 열의 헤더 텍스트를 굵은체[bold]로 만든다. 그리고 텍스트의 오른쪽에 정렬 화살표를 추가한다. TableSortLabel은 active, direction, onClick 속성을 받는다. active 속성은 열이 클릭되면 변경되는 열의 active 상태에 기반하고, direction 속성은 주어진 열에 대해 행이 오름차순으로 정렬되는지 또는 내림차순으로 정렬되는지를 결정한다. onClick 속성은 열을 클릭할 때 상태를 변경하는 이벤트 핸들러를 받는다. onSortClick() 핸들러는 다음과 같다.

```
const onSortClick = index => () => {
  setColumns(
    columns.map((column, i) => ({
      ...column,
      active: index === i,
      order:
        (index === i &&
          (column.order === 'desc' ? 'asc' : 'desc')) ||
        undefined
    }))
  );

  setRows(
    rows
      .slice()
      .sort(
        comparator(
          columns[index].name.toLowerCase(),
          columns[index].order === 'desc'
        )
      )
  );
};
```

이 함수는 열의 인덱스인 index 인수를 받고 열에 대한 새 함수를 반환한다. 반환된 함수는 두 가지 목적을 갖는다.

1. 올바른 열이 활성화된 상태로 표시되고 올바른 정렬 방향을 갖도록 열의 상태를 업데이트한다.
2. 테이블 행이 올바른 순서로 되도록 행 상태를 업데이트한다.

이들 상태가 변경되면 active 열과 테이블 열에 반영된다. 마지막으로 살펴볼 코드는 comparator() 함수다. 이 함수는 열의 이름을 받아 새 함수를 반환하는 고차 함수다. 새 함수는 주어진 열을 기준으로 객체 배열을 정렬하는 Array.sort()에 전달된다.

```
const comparator = (prop, desc = true) => (a, b) => {
  const order = desc ? -1 : 1;

  if (a[prop] < b[prop]) {
    return -1 * order;
  }

  if (a[prop] > b[prop]) {
    return 1 * order;
  }

  return 0 * order;
};
```

이 함수는 앱의 모든 테이블에서 사용할 수 있는 일반 함수다. 예제의 경우 열 이름과 순서는 구성 요소 상태에서 comparator()로 전달된다. 구성 요소의 상태가 변경되면 comparator()에서도 정렬 동작이 변경된다.

부연 설명

데이터가 API에서 도착했을 때 특정 열에 의해 이미 정렬돼 있다면 어떻게 해야 할까? 이 경우에는 사용자가 테이블과 상호작용하기 전에 행이 어떤 열에 의해 정렬되고 어떤 방향으로 정렬되는지 표시하고 싶을 것이다.

이를 위해서는 디폴트 열 상태를 변경하면 된다. 예를 들어 Average 열이 디폴트로 내림차순으로 정렬된다고 가정해보자. 초기 column 상태는 다음과 같다.

```
const [columns, setColumns] = useState([
  { name: 'Name', active: false },
  { name: 'Created', active: false },
  { name: 'High', active: false, numeric: true },
  { name: 'Low', active: false, numeric: true },
  { name: 'Average', active: true, numeric: true }
]);
```

이제 Average 열은 디폴트로 활성화된다. 디폴트가 오름차순이기 때문에 순서는 지정하지 않아도 된다. 화면을 처음 로드할 때 테이블의 모양은 다음과 같다.

Name	Created	High	Low	↓ Average
First Item	10/23/2018, 3:37:37 PM	2935	1924	2429.5
Second Item	10/23/2018, 3:37:37 PM	439	231	335
Third Item	10/23/2018, 3:37:37 PM	8239	5629	6934
Fourth Item	10/23/2018, 3:37:37 PM	3203	3127	3165
Fifth Item	10/23/2018, 3:37:37 PM	981	879	930

참고 사항

- Table 데모: https://material-ui.com/demos/tables/

행 필터링

테이블에 너무 많은 정보가 들어있을 가능성도 고려해야 한다. 따라서 테이블에 검색 기능을 추가하는 것이 좋다. 이렇게 하면 사용자가 관심 없는 행을 테이블에서 제거할 수 있다.

예제 구현

테이블에 너무 많은 열이 있어 사용자가 전체 테이블을 스크롤하는 데 어려움이 있다고 가정해보자. 사용자를 위해 테이블에 검색 기능을 추가해서 Name 열에 검색하고자 하는 텍스트가 존재하는지 확인함으로써 행을 필터링할 수 있도록 하고자 한다. 코드는 다음과 같다.

```
import React, { useState, useEffect, Fragment } from 'react';

import { makeStyles } from '@material-ui/styles';
import { withStyles } from '@material-ui/core/styles';
import Table from '@material-ui/core/Table';
import TableBody from '@material-ui/core/TableBody';
import TableCell from '@material-ui/core/TableCell';
import TableHead from '@material-ui/core/TableHead';
import TableRow from '@material-ui/core/TableRow';
import Paper from '@material-ui/core/Paper';
import CircularProgress from '@material-ui/core/CircularProgress';
import Input from '@material-ui/core/Input';
import InputLabel from '@material-ui/core/InputLabel';
import InputAdornment from '@material-ui/core/InputAdornment';
import FormControl from '@material-ui/core/FormControl';
import TextField from '@material-ui/core/TextField';

import SearchIcon from '@material-ui/icons/Search';

const fetchData = () =>
  new Promise(resolve => {
    const items = [
      {
        id: 1,
        name: 'First Item',
        created: new Date(),
        high: 2935,
        low: 1924,
        average: 2429.5
      },
      {
        id: 2,
        name: 'Second Item',
        created: new Date(),
        high: 439,
        low: 231,
        average: 335
```

```
          },
          {
            id: 3,
            name: 'Third Item',
            created: new Date(),
            high: 8239,
            low: 5629,
            average: 6934
          },
          {
            id: 4,
            name: 'Fourth Item',
            created: new Date(),
            high: 3203,
            low: 3127,
            average: 3165
          },
          {
            id: 5,
            name: 'Fifth Item',
            created: new Date(),
            high: 981,
            low: 879,
            average: 930
          }
      ];

      setTimeout(() => resolve(items), 1000);
  });

const styles = theme => ({
  root: { margin: theme.spacing(2), textAlign: 'center' },
  progress: { margin: theme.spacing(2) },
  search: { marginLeft: theme.spacing(2) }
});
const useStyles = makeStyles(styles);

const MaybeLoading = withStyles(styles)(({ classes, loading }) =>
  loading ? <CircularProgress className={classes.progress} /> : null
);
```

```
export default function FilteringRows() {
  const classes = useStyles();
  const [search, setSearch] = useState('');
  const [items, setItems] = useState([]);
  const [loading, setLoading] = useState(true);

  useEffect(() => {
    fetchData().then(items => {
      setItems(items);
      setLoading(false);
    });
  }, []);

  const onSearchChange = e => {
    setSearch(e.target.value);
  };

  return (
    <Fragment>
      <TextField
        value={search}
        onChange={onSearchChange}
        className={classes.search}
        id="input-search"
        InputProps={{
          startAdornment: (
            <InputAdornment position="start">
              <SearchIcon />
            </InputAdornment>
          )
        }}
      />
      <Paper className={classes.root}>
        <Table>
          <TableHead>
            <TableRow>
              <TableCell>Name</TableCell>
              <TableCell>Created</TableCell>
              <TableCell align="right">High</TableCell>
              <TableCell align="right">Low</TableCell>
```

```
        <TableCell align="right">Average</TableCell>
      </TableRow>
    </TableHead>
    <TableBody>
      {items
        .filter(item => !search || item.name.includes(search))
        .map(item => {
          return (
            <TableRow key={item.id}>
              <TableCell component="th" scope="row">
                {item.name}
              </TableCell>
              <TableCell>
                {item.created.toLocaleString()}
              </TableCell>
              <TableCell align="right">{item.high}</TableCell>
              <TableCell align="right">{item.low}</TableCell>
              <TableCell align="right">
                {item.average}
              </TableCell>
            </TableRow>
          );
        })}
    </TableBody>
  </Table>
  <MaybeLoading loading={loading} />
  </Paper>
  </Fragment>
  );
}
```

화면이 처음 로드되면 테이블과 검색 입력 필드는 다음과 같이 보인다.

테이블 바로 위에 검색 입력이 위치한다. Fourth 같은 필터 문자열을 입력해보면 다음 화면을 볼 수 있다.

검색 입력에서 필터 텍스트를 삭제하면 테이블 데이터의 모든 행이 다시 렌더링된다.

예제 분석

FilteringRows 구성 요소의 상태를 살펴보는 것으로 시작한다.

```
const [search, setSearch] = useState('');
const [items, setItems] = useState([]);
const [loading, setLoading] = useState(true);
```

검색 문자열은 Table 요소 안에서 렌더링되는 행을 변경하는 실제 필터다. 다음으로 검색 입력을 렌더링하는 TextField 구성 요소를 살펴보자.

```
<TextField
  value={search}
  onChange={onSearchChange}
  className={classes.search}
  id="input-search"
  InputProps={{
    startAdornment: (
      <InputAdornment position="start">
        <SearchIcon />
      </InputAdornment>
    )
  }}
/>
```

onSearchChange() 함수는 사용자가 입력할 때 검색 상태를 유지 관리한다. 검색 입력 구성 요소는 필터링하려는 테이블 가까이에 표시하는 것이 좋다. 이 예제에서는 검색 입력이 테이블에 포함된 것처럼 보인다.

마지막으로 테이블 행이 어떻게 필터링되고 렌더링되는지 살펴보자.

```
<TableBody>
  {items
    .filter(item => !search || item.name.includes(search))
    .map(item => {
      return (
        <TableRow key={item.id}>
          <TableCell component="th" scope="row">
            {item.name}
          </TableCell>
          <TableCell>
            {item.created.toLocaleString()}
          </TableCell>
          <TableCell align="right">{item.high}</TableCell>
```

```
            <TableCell align="right">{item.low}</TableCell>
            <TableCell align="right">
              {item.average}
            </TableCell>
          </TableRow>
        );
      })}
</TableBody>
```

항목의 상태에서 map()을 직접 호출하는 대신 filter()를 사용해 검색 기준과 일치하는 항목의 배열을 만든다. search 상태가 변경되면 filter() 호출이 반복된다. 사용자가 입력한 내용과 항목이 일치하는지 여부를 검사하는 조건은 항목의 name 속성에 검색 문자열이 포함돼 있는지 확인한다. 하지만 먼저 사용자가 실제로 필터링하고 있는지 확인해야 한다. 예를 들어, 검색 문자열이 비어있다면 모든 항목이 반환돼야 한다. 항목을 검색하는 방법은 애플리케이션에 따라 다르다. 필요하다면 모든 항목 속성을 검색할 수도 있다.

참고 사항

- Table 데모: https://material-ui.com/demos/tables/

행 선택

사용자가 테이블의 특정 행과 상호작용해야 할 때가 종종 있다. 예를 들어, 행을 선택하고 선택한 열의 데이터를 사용해 동작을 수행할 수 있다. 또는 사용자가 복수의 행을 선택해 새로운 데이터를 생성할 수 있다. 머티리얼 UI 테이블에서 단일 TableRow 속성을 사용해 선택한 행을 표시할 수 있다.

이 예제의 경우 사용자가 테이블에서 복수의 행을 선택할 수 있다고 가정해보자. 행이 선택되면 선택된 행을 반영하는 데이터로 화면이 업데이트된다. 선택된 테이블 행의 데이터를 표시하는 Card 구성 요소부터 살펴보자.

```
<Card className={classes.card}>
  <CardHeader title={`(${selections()}) rows selected`} />
  <CardContent>
    <Grid container direction="column">
      <Grid item>
        <Grid container justify="space-between">
          <Grid item>
            <Typography>Low</Typography>
          </Grid>
          <Grid item>
            <Typography>{selectedLow()}</Typography>
          </Grid>
        </Grid>
      </Grid>
      <Grid item>
        <Grid container justify="space-between">
          <Grid item>
            <Typography>High</Typography>
          </Grid>
          <Grid item>
            <Typography>{selectedHigh()}</Typography>
          </Grid>
        </Grid>
      </Grid>
      <Grid item>
        <Grid container justify="space-between">
          <Grid item>
            <Typography>Average</Typography>
          </Grid>
          <Grid item>
            <Typography>{selectedAverage()}</Typography>
```

```
        </Grid>
      </Grid>
    </Grid>
  </Grid>
</CardContent>
</Card>
```

이제 나머지 구성 요소를 살펴보자.

```
import React, { useState, Fragment } from 'react';

import { makeStyles } from '@material-ui/styles';
import Typography from '@material-ui/core/Typography';
import Grid from '@material-ui/core/Grid';
import Table from '@material-ui/core/Table';
import TableBody from '@material-ui/core/TableBody';
import TableCell from '@material-ui/core/TableCell';
import TableHead from '@material-ui/core/TableHead';
import TableRow from '@material-ui/core/TableRow';
import Paper from '@material-ui/core/Paper';
import Card from '@material-ui/core/Card';
import CardContent from '@material-ui/core/CardContent';
import CardHeader from '@material-ui/core/CardHeader';

const useStyles = makeStyles(theme => ({
  root: { margin: theme.spacing.unit * 2, textAlign: 'center' },
  card: { margin: theme.spacing.unit * 2, maxWidth: 300 }
}));

export default function SelectingRows() {
  const classes = useStyles();
  const [columns, setColumns] = useState([
    { name: 'Name', active: false },
    { name: 'Created', active: false },
    { name: 'High', active: false, numeric: true },
    { name: 'Low', active: false, numeric: true },
    { name: 'Average', active: true, numeric: true }
  ]);
```

```
const [rows, setRows] = useState([
  {
    id: 1,
    name: 'First Item',
    created: new Date(),
    high: 2935,
    low: 1924,
    average: 2429.5
  },
  {
    id: 2,
    name: 'Second Item',
    created: new Date(),
    high: 439,
    low: 231,
    average: 335
  },
  {
    id: 3,
    name: 'Third Item',
    created: new Date(),
    high: 8239,
    low: 5629,
    average: 6934
  },
  {
    id: 4,
    name: 'Fourth Item',
    created: new Date(),
    high: 3203,
    low: 3127,
    average: 3165
  },
  {
    id: 5,
    name: 'Fifth Item',
    created: new Date(),
    high: 981,
    low: 879,
    average: 930
```

```
      }
    ]);

  const onRowClick = id => () => {
    const newRows = [...rows];
    const index = rows.findIndex(row => row.id === id);
    const row = rows[index];

    newRows[index] = { ...row, selected: !row.selected };
    setRows(newRows);
  };

  const selections = () => rows.filter(row => row.selected).length;

  const selectedLow = () =>
    rows
      .filter(row => row.selected)
      .reduce((total, row) => total + row.low, 0);

  const selectedHigh = () =>
    rows
      .filter(row => row.selected)
      .reduce((total, row) => total + row.high, 0);

  const selectedAverage = () => (selectedLow() + selectedHigh()) / 2;

    return (
      <Fragment>
        <Card className={classes.card}>
          ...
        </Card>
        <Paper className={classes.root}>
          <Table>
            <TableHead>
              <TableRow>
                {columns.map(column => (
                  <TableCell
                    key={column.name}
                    align={column.numeric ? 'right' : 'inherit'}
                  >
```

```
              {column.name}
            </TableCell>
          ))}
        </TableRow>
      </TableHead>
      <TableBody>
        {rows.map(row => (
          <TableRow
            key={row.id}
            onClick={onRowClick(row.id)}
            selected={row.selected}
          >
            <TableCell component="th" scope="row">
              {row.name}
            </TableCell>
            <TableCell>{row.created.toLocaleString()}</TableCell>
            <TableCell align="right">{row.high}</TableCell>
            <TableCell align="right">{row.low}</TableCell>
            <TableCell align="right">{row.average}</TableCell>
          </TableRow>
        ))}
      </TableBody>
    </Table>
  </Paper>
</Fragment>
  );
}
```

처음 화면이 로드되면 다음과 같다.

(0) rows selected

Low	0
High	0
Average	0

Name	Created	High	Low	Average
First Item	10/30/2018, 11:36:30 AM	2935	1924	2429.5
Second Item	10/30/2018, 11:36:30 AM	439	231	335
Third Item	10/30/2018, 11:36:30 AM	8239	5629	6934
Fourth Item	10/30/2018, 11:36:30 AM	3203	3127	3165
Fifth Item	10/30/2018, 11:36:30 AM	981	879	930

이제 몇 개의 행을 선택해보자. 두 번째와 네 번째 행을 선택하면 화면은 다음과 같다.

(2) rows selected

Low	3358
High	3642
Average	3500

Name	Created	High	Low	Average
First Item	10/30/2018, 11:36:30 AM	2935	1924	2429.5
Second Item	10/30/2018, 11:36:30 AM	439	231	335
Third Item	10/30/2018, 11:36:30 AM	8239	5629	6934
Fourth Item	10/30/2018, 11:36:30 AM	3203	3127	3165
Fifth Item	10/30/2018, 11:36:30 AM	981	879	930

테이블 행을 클릭하면 시각적으로 변경돼 사용자가 행이 선택된 것을 확인할 수 있다. 또한 선택된 행을 반영해 Card 구성 요소 콘텐츠도 변경된다. 또한 얼마나 많은 행이 선택됐는지도 알려준다.

예제 분석

Card 구성 요소는 몇 가지 헬퍼helper 함수에 의존한다.

- selectedLow
- selectedHigh
- selectedAverage

이들 함수의 반환 값은 테이블 행 선택이 변경될 때 바뀐다. 이 값이 어떻게 계산되는 지 자세히 살펴보자.

```
const selectedLow = () =>
  rows
    .filter(row => row.selected)
    .reduce((total, row) => total + row.low, 0);

const selectedHigh = () =>
  rows
    .filter(row => row.selected)
    .reduce((total, row) => total + row.high, 0);

const selectedAverage = () => (selectedLow() + selectedHigh()) / 2;
```

selectedLow()와 selectedHigh() 함수는 각각 low와 high 필드에서만 동일한 방법으로 동작한다. filter() 호출은 선택된 행에서만 동작하는지 확인하는 데 사용된다. reduce() 호출은 선택된 행에 대해 주어진 필드의 값을 추가하고 속성 값으로 결과를 반환한다. selectedAverage() 함수는 selectedLow()와 selectedHigh() 함수를 사용해 선택된 행의 새로운 평균을 계산한다.

다음으로 행이 선택됐을 때 호출되는 핸들러를 살펴보자.

```
const onRowClick = id => () => {
  const newRows = [...rows];
  const index = rows.findIndex(row => row.id === id);
  const row = rows[index];

  newRows[index] = { ...row, selected: !row.selected };
  setRows(newRows);
};
```

onRowClick() 함수는 id 인수를 기반으로 rows 상태에서 선택된 행을 찾는다. 그런 다음 행의 선택된 상태를 토글한다. 결과적으로 계산된 속성들이 업데이트되고, 행 자체의 모습도 업데이트된다.

```
<TableRow
  key={row.id}
  onClick={onRowClick(row.id)}
  selected={row.selected}
>
```

TableRow 구성 요소는 selected 속성을 갖고 있어 행이 선택됐음을 표시할 수 있도록 행의 스타일을 변경한다.

참고 사항

- Table 데모: https://material-ui.com/demos/tables/

행 동작

종종 테이블에 동작을 수행할 수 있는 객체가 포함될 수도 있다. 예를 들어 서버의 목록을 나타내는 테이블이 있고, 테이블의 각 행에서 서버의 전원을 켜거나 끌 수 있게 하고자 한다. 이 경우에는 동작을 수행하기 위해 테이블을 벗어나는 링크를 포함시키는 것보다는 테이블의 각 행에서 직접 동작을 수행시키는 것이 좋다.

예제 구현

테이블이 서버의 현재 상태에 따라 서버를 켜거나 끌 수 있는 행을 갖고 있다고 가정해보자. 이 두 동작을 각 테이블 행의 일부로 포함시켜 사용자가 링크를 따라가느라 시간을 낭비하지 않고 서버를 쉽게 제어할 수 있도록 하려고 한다. 또한 버튼은 행의 상태에 따라 색상과 비활성화 상태가 변경돼야 한다.

코드는 다음과 같다.

```
import React, { useState } from 'react';

import { makeStyles } from '@material-ui/styles';
import Table from '@material-ui/core/Table';
import TableBody from '@material-ui/core/TableBody';
import TableCell from '@material-ui/core/TableCell';
import TableHead from '@material-ui/core/TableHead';
import TableRow from '@material-ui/core/TableRow';
import Paper from '@material-ui/core/Paper';
import IconButton from '@material-ui/core/IconButton';

import PlayArrowIcon from '@material-ui/icons/PlayArrow';
import StopIcon from '@material-ui/icons/Stop';

const useStyles = makeStyles(theme => ({
  root: { margin: theme.spacing(2), textAlign: 'center' },
  button: {}
```

```
}));

const StartButton = ({ row, onClick }) => (
  <IconButton
    onClick={onClick}
    color={row.status === 'off' ? 'primary' : 'default'}
    disabled={row.status === 'running'}
  >
    <PlayArrowIcon fontSize="small" />
  </IconButton>
);

const StopButton = ({ row, onClick }) => (
  <IconButton
    onClick={onClick}
    color={row.status === 'running' ? 'primary' : 'default'}
    disabled={row.status === 'off'}
  >
    <StopIcon fontSize="small" />
  </IconButton>
);

export default function RowActions() {
  const classes = useStyles();
  const [rows, setRows] = useState([
    {
      id: 1,
      name: 'First Item',
      status: 'running'
    },
    {
      id: 2,
      name: 'Second Item',
      status: 'off'
    },
    {
      id: 3,
      name: 'Third Item',
      status: 'off'
    },
```

```
    {
      id: 4,
      name: 'Fourth Item',
      status: 'running'
    },
    {
      id: 5,
      name: 'Fifth Item',
      status: 'off'
    }
  ]);

  const toggleStatus = id => () => {
    const newRows = [...rows];
    const index = rows.findIndex(row => row.id === id);
    const row = rows[index];

    newRows[index] = {
      ...row,
      status: row.status === 'running' ? 'off' : 'running'
    };
    setRows(newRows);
  };

  return (
    <Paper className={classes.root}>
      <Table>
        <TableHead>
          <TableRow>
            <TableCell>Name</TableCell>
            <TableCell>Status</TableCell>
            <TableCell>Actions</TableCell>
          </TableRow>
        </TableHead>
        <TableBody>
          {rows.map(row => {
            return (
              <TableRow key={row.id}>
                <TableCell component="th" scope="row">
                  {row.name}
```

```
          </TableCell>
          <TableCell>{row.status}</TableCell>
          <TableCell>
            <StartButton
              row={row}
              onClick={toggleStatus(row.id)}
            />
            <StopButton
              row={row}
              onClick={toggleStatus(row.id)}
            />
          </TableCell>
        </TableRow>
      );
    })}
  </TableBody>
  </Table>
  </Paper>
  );
}
```

처음 로드될 때 화면은 다음과 같다.

Name	Status	Actions	
First Item	running	▶	■
Second Item	off	▶	■
Third Item	off	▶	■
Fourth Item	running	▶	■
Fifth Item	off	▶	■

행 데이터의 상태에 따라 동작 버튼이 다르게 표시된다. 예를 들어 첫 번째 행의 시작

버튼은 status가 running이므로 비활성화됐다. 두 번째 행은 status가 off이므로 중지 버튼이 비활성화됐다. 첫 번째 행의 중지 버튼과 두 번째 행의 시작 버튼을 클릭해보자. 변경된 UI는 다음과 같다.

Name	Status	Actions	
First Item	off	▶	◼
Second Item	running	▷	◼
Third Item	off	▶	◼
Fourth Item	running	▷	◼
Fifth Item	off	▶	◼

예제 분석

행 동작에 사용되는 두 구성 요소부터 살펴보자.

```
const StartButton = ({ row, onClick }) => (
  <IconButton
    onClick={onClick}
    color={row.status === 'off' ? 'primary' : 'default'}
    disabled={row.status === 'running'}
  >
    <PlayArrowIcon fontSize="small" />
  </IconButton>
);

const StopButton = ({ row, onClick }) => (
  <IconButton
    onClick={onClick}
    color={row.status === 'running' ? 'primary' : 'default'}
```

```
    disabled={row.status === 'off'}
  >
    <StopIcon fontSize="small" />
  </IconButton>
);
```

StartButton 구성 요소와 StopButton 구성 요소는 매우 유사하다. 두 구성 요소 모두 테이블의 모든 행에 렌더링된다. onClick 속성은 클릭됐을 때 행 데이터의 상태를 변경한다. 아이콘의 color는 행의 status에 따라 변경된다. 마찬가지로 disabled 속성은 행의 status에 따라 변경된다.

다음으로 동작 버튼을 클릭하면 행의 상태를 변경하는 toggleStatus() 핸들러를 살펴보자.

```
const toggleStatus = id => () => {
  const newRows = [...rows];
  const index = rows.findIndex(row => row.id === id);
  const row = rows[index];

  newRows[index] = {
    ...row,
    status: row.status === 'running' ? 'off' : 'running'
  };
  setRows(newRows);
};
```

StartButton 구성 요소와 StopButton 구성 요소는 모두 running과 off 사이에서 status 값을 토글하는 동일한 핸들러 함수를 사용한다. 마지막으로 이들 row 동작이 렌더링되는 TableCell 구성 요소를 살펴보자.

```
<TableCell>
  <StartButton
    row={row}
```

```
    onClick={toggleStatus(row.id)}
  />
  <StopButton
    row={row}
    onClick={toggleStatus(row.id)}
  />
</TableCell>
```

행 데이터가 row 속성으로 전달된다. toggleStatus() 함수는 row.id 인수를 받아 이 행
에서 동작하는 새로운 핸들러 함수를 반환한다.

참고 사항

- **Table 데모**: https://material-ui.com/demos/tables/

08

카드
- 상세 정보 표시

8장에서는 카드와 관련해 다음 주제를 다룬다.

- 메인 콘텐츠
- 카드 헤더
- 동작 수행하기
- 미디어 표현
- 확장 카드

소개

카드는 주어진 주제에 대한 구체적인 정보를 표시하는 데 사용되는 머티리얼 디자인 콘셉트다. 예를 들어 API 종단점이 반환한 객체가 주제가 될 수 있다. 또는 복잡한 객체의 일부일 수도 있다. 이 경우에는 사용자가 이해하는 데 도움이 되도록 여러 개의 카드를 사용하는 방식으로 정보를 구성할 수 있다.

메인 콘텐츠

Card 구성 요소의 메인 콘텐츠는 주제의 정보가 배치되는 장소다. CardContent 구성 요소는 Card의 자식으로, Typography 같은 다른 머티리얼 UI 구성 요소를 렌더링하는 데 사용한다.

예제 구현

블로그 게시글 같은 엔티티[entity] 항목에 대한 세부 정보 화면을 작성한다고 가정해보자. 엔티티가 고려 대상이므로 Card 구성 요소를 사용해 엔티티 세부 정보 중 일부를 렌더링하기로 결정했다. 다음은 특정 주제에 대한 정보를 Card 구성 요소로 렌더링하는 코드를 보여준다.

```
import React from 'react';

import { withStyles } from '@material-ui/core/styles';
import Card from '@material-ui/core/Card';
import CardContent from '@material-ui/core/CardContent';
import Typography from '@material-ui/core/Typography';

const styles = theme => ({
  card: {
    maxWidth: 400
  },
  content: {
    marginTop: theme.spacing(1)
  }
});
```

```
const MainContent = withStyles(styles)(({ classes }) => (
  <Card className={classes.card}>
    <CardContent>
      <Typography variant="h4">Subject Title</Typography>
      <Typography variant="subtitle1">
        A little more about subject
      </Typography>
      <Typography className={classes.content}>
        Even more information on the subject, contained within the
        card. You can fit a lot of information here, but don't try to
        overdo it.
      </Typography>
    </CardContent>
  </Card>
));

export default MainContent;
```

화면을 처음 로드하면 다음과 같다.

카드의 콘텐츠는 세 섹션으로 나뉜다.

- **주제 제목**: 사용자에게 보고 있는 주제를 알린다.
- **부제**: 콘텍스트에 대한 추가 정보 제공
- **콘텐츠**: 주제의 메인 콘텐츠

이 예제에서는 CardContent 구성 요소를 Card의 주요 구성 단위로 사용한다. 그 외에는 모두 여러분에게 달렸다. 예를 들어, 이 예제에서 카드는 세 개의 Typography 구성 요소를 사용해 서로 다른 세 개의 텍스트 스타일로 카드의 콘텐츠를 렌더링한다.

첫 번째 Typography 구성 요소는 h4 변형을 사용해 카드의 제목으로 사용된다. 두 번째 Typography 구성 요소는 카드의 부제에서 사용되며 subtitle1 변형을 사용한다. 마지막으로 Typography 디폴트 폰트를 사용하는 카드의 메인 콘텐츠가 있다. 이 텍스트에는 marginTop 스타일이 설정돼 있어 부제보다 위로 배치되지 않는다.

참고 사항

- **카드 참조**: https://material-ui.com/demos/cards/

카드 헤더

CardHeader 구성 요소는 카드의 헤더를 렌더링하는 데 사용된다. 여기에는 제목 텍스트뿐만 아니라 다른 잠재적인 요소도 포함된다. CardHeader 구성 요소를 사용하는 이유는 헤더의 레이아웃 스타일을 처리하고 Card 시맨틱 내에 마크업을 유지할 수 있게 하기 위해서다.

예제 구현

애플리케이션 사용자를 위해 card 구성 요소를 작성하고 있다고 가정해보자. 카드 헤더에 사용자의 이름을 표시하고자 한다. Typography 구성 요소를 사용해 제목을 렌더링하는 대신 CardContent 구성 요소 옆의 CardHeader 구성 요소를 사용할 수 있다. 코드는 다음과 같다.

```
import React from 'react';

import { withStyles } from '@material-ui/core/styles';
import Card from '@material-ui/core/Card';
import CardHeader from '@material-ui/core/CardHeader';
import CardContent from '@material-ui/core/CardContent';
import Typography from '@material-ui/core/Typography';
import Avatar from '@material-ui/core/Avatar';

import PersonIcon from '@material-ui/icons/Person';

const styles = theme => ({
  card: {
    maxWidth: 400
  }
});

const CardHeader = withStyles(styles)(({ classes }) => (
  <Card className={classes.card}>
    <CardHeader
      title="Ron Swanson"
      subheader="Legend"
      avatar={
        <Avatar>
          <PersonIcon />
        </Avatar>
      }
    />
    <CardContent>
      <Typography variant="caption">Joined 2009</Typography>
      <Typography>
        Some filler text about the user. There doesn't have to be a
        lot - just enough so that the text spans at least two lines.
      </Typography>
    </CardContent>
  </Card>
));

export default CardHeader;
```

화면은 다음과 같다.

Ron Swanson

Joined 2009
Some filler text about the user. There doesn't have to be
a lot - just enough so that the text spans at least two
lines.

이 카드를 렌더링하는 데 사용되는 마크업을 살펴보자.

```
<Card className={classes.card}>
  <CardHeader title="Ron Swanson" />
  <CardContent>
    <Typography variant="caption">Joined 2009</Typography>
    <Typography>
      Some filler text about the user. There doesn't have to be a
      lot - just enough so that the text spans at least two lines.
    </Typography>
  </CardContent>
```

CardHeader 구성 요소는 CardContent의 형제다. CardContent 내에서 카드 헤더를 선언
하는 것과 대조되는 의미에서 Card 마크업 시맨틱을 만든다. CardHeader 구성 요소는
카드의 제목이 렌더링되는 방법인 title 문자열 속성을 받는다.

CardHeader 구성 요소에 문자열 외에 다른 것도 추가할 수 있다. 또한 하위 헤더 문자
열과 아바타를 전달해 사용자가 카드에서 제목을 식별할 수 있도록 도와줄 수 있다.

266

이 두 가지 사항을 추가해 예제를 수정해보자. 먼저 다음과 같이 추가해야 하는 새로운 구성 요소를 가져온다.

```
import Avatar from '@material-ui/core/Avatar';
import PersonIcon from '@material-ui/icons/Person';
```

다음으로 업데이트된 CardHeader 마크업이다.

```
<CardHeader
  title="Ron Swanson"
  subheader="Legend"
  avatar={
    <Avatar>
      <PersonIcon />
    </Avatar>
  }
/>
```

결과는 다음과 같다.

CardHeader 구성 요소는 아바타, 제목, 하위 헤더라는 세 개 헤더 구성 요소의 정렬을 처리한다.

- Card 데모: https://material-ui.com/demos/cards/

동작 수행하기

카드는 주제에 대한 특정 동작을 표시하는 데 사용된다. 사용자들은 종종 주제에서 연락처에 메시지를 보내거나 연락처를 삭제하는 등의 동작을 수행한다. Card 구성 요소가 사용자가 주제에서 수행할 수 있는 동작을 표시하는 데 CardActions 구성 요소를 사용할 수 있다.

예제 구현

연락처를 표시하는 데 Card 구성 요소를 사용한다고 가정해보자. 연락처의 정보를 보여주는 동시에 사용자가 카드의 연락처에서 동작을 수행할 수 있도록 하려고 한다. 예를 들어, 연락처에 메시지를 보내거나 전화를 거는 두 가지 동작을 제공한다. 코드는 다음과 같다.

```
import React from 'react';

import { withStyles } from '@material-ui/core/styles';
import Card from '@material-ui/core/Card';
import CardHeader from '@material-ui/core/CardHeader';
import CardContent from '@material-ui/core/CardContent';
import CardActions from '@material-ui/core/CardActions';
import Typography from '@material-ui/core/Typography';
import Avatar from '@material-ui/core/Avatar';
import IconButton from '@material-ui/core/IconButton';
import PersonIcon from '@material-ui/icons/Person';
import ContactMailIcon from '@material-ui/icons/ContactMail';
import ContactPhoneIcon from '@material-ui/icons/ContactPhone';
```

```
const styles = theme => ({
  card: {
    maxWidth: 400
  }
});

const PerformingActions = withStyles(styles)(({ classes }) => (
  <Card className={classes.card}>
    <CardHeader
      title="Ron Swanson"
      subheader="Legend"
      avatar={
        <Avatar>
          <PersonIcon />
        </Avatar>
      }
    />
    <CardContent>
      <Typography variant="caption">Joined 2009</Typography>
      <Typography>
        Some filler text about the user. There doesn't have to be a
        lot - just enough so that the text spans at least two lines.
      </Typography>
    </CardContent>
    <CardActions disableActionSpacing>
      <IconButton>
        <ContactMailIcon />
      </IconButton>
      <IconButton>
        <ContactPhoneIcon />
      </IconButton>
    </CardActions>
  </Card>
));

export default PerformingActions;
```

화면이 처음 로드되면 다음과 같다.

사용자가 주제에서 행할 수 있는 동작이 카드의 하단에 아이콘 버튼으로 렌더링된다.

예제 분석

CardActions 구성 요소는 내부의 버튼 항목을 수평으로 정렬하고 카드의 맨 아래에 배치되도록 한다. disableActionSpacing 속성은 CardActions가 추가한 여분의 마진을 제거한다. 일반적으로 actions에 IconButton 구성 요소를 사용할 때 언제든지 이 속성을 사용할 수 있다.

마크업을 자세히 살펴보자.

```
<CardActions disableActionSpacing>
  <IconButton>
    <ContactMailIcon />
  </IconButton>
  <IconButton>
    <ContactPhoneIcon />
  </IconButton>
</CardActions>
```

Card의 다른 자식 구성 요소와 마찬가지로 CardActions 구성 요소는 관련 카드 기능의 형제이므로 전체 카드 구조를 시맨틱하게 만든다. CardActions 안에는 원하는 어떤 항목도 배치할 수 있지만, 일반적으로는 아이콘 버튼이 많이 사용된다.

CardActions 구성 요소 내 항목의 정렬을 변경할 수 있다. flexbox를 사용해 표시하므로 어떤 justify-content 값도 사용할 수 있다. 다음은 카드의 오른쪽에 동작 버튼을 정렬하는 업데이트된 버전이다.

```
const styles = theme => ({
  card: {
    maxWidth: 400
  },
  actions: {
    justifyContent: 'flex-end'
  }
});

const PerformingActions = withStyles(styles)(({ classes }) => (
  <Card className={classes.card}>
    <CardHeader
      title="Ron Swanson"
      subheader="Legend"
      avatar={
        <Avatar>
          <PersonIcon />
        </Avatar>
      }
    />
    <CardContent>
      <Typography variant="caption">Joined 2009</Typography>
      <Typography>
        Some filler text about the user. There doesn't have to be a
        lot - just enough so that the text spans at least two lines.
      </Typography>
    </CardContent>
    <CardActions disableActionSpacing className={classes.actions}>
      <IconButton>
        <ContactMailIcon />
      </IconButton>
```

```
      <IconButton>
        <ContactPhoneIcon />
      </IconButton>
    </CardActions>
  </Card>
));

export default PerformingActions;
```

justify-content 속성은 CardActions 구성 요소에 적용되는 actions 스타일의 일부다. 결과는 다음과 같다.

다음은 justify-content 값으로 center를 사용하는 다른 버전을 보여준다.

- Card 데모: https://material-ui.com/demos/cards/

미디어 표현

카드는 미디어를 표시하는 기능을 내장하고 있다. 여기에는 카드의 중심이 되는 이미지, 비디오가 포함된다.

예제 구현

Card 구성 요소가 표시하는 주제의 이미지가 있다고 가정해보자. CardMedia 구성 요소를 사용해 이미지를 렌더링할 수 있다. 여러 스타일링 문제를 처리할 수 있으므로 `<img>` 대신 이 구성 요소를 사용하는 것이 좋다. 코드는 다음과 같다.

```
import React from 'react';

import { withStyles } from '@material-ui/core/styles';
import Card from '@material-ui/core/Card';
import CardHeader from '@material-ui/core/CardHeader';
import CardContent from '@material-ui/core/CardContent';
import CardMedia from '@material-ui/core/CardMedia';

import CardActions from '@material-ui/core/CardActions';
import Button from '@material-ui/core/Button';
import Typography from '@material-ui/core/Typography';

const styles = theme => ({
  card: {
    maxWidth: 322
  },
  media: {
    width: 322,
```

```
      height: 322
    }
});

const PresentingMedia = withStyles(styles)(({ classes }) => (
  <Card className={classes.card}>
    <CardHeader title="Grapefruit" subheader="Red" />
    <CardMedia
      className={classes.media}
      image="grapefruit-slice-332-332.jpg"
      title="Grapefruit"
    />
    <CardContent>
      <Typography>Mmmm. Grapefruit.</Typography>
    </CardContent>
  </Card>

));

export default PresentingMedia;
```

렌더링됐을 때 카드는 다음과 같이 보인다.

CardMedia 구성 요소는 카드를 구성하는 다른 구성 요소와 비슷하다. 이 예제에서 Card Media는 CardHeader와 CardContent 사이에 위치한다. 그러나 꼭 이를 따를 필요는 없다. 여러분이 원하는 대로 구성 요소의 순서를 재조정하면 된다.

여러분의 앱에 적합하도록 카드 항목을 재조정할 수 있다. 예를 들어 미디어를 포함한 카드에 콘텐츠가 없을 수 있으며, 헤더를 카드의 하단, 미디어 아래에 오도록 배치하고 텍스트를 중앙 정렬시킬 수도 있다. 수정된 코드는 다음과 같다.

```
const styles = theme => ({
  card: {
    maxWidth: 322
  },
  media: {
    width: 322,
    height: 322
  },
  header: {
    textAlign: 'center'
  }
});

const PresentingMedia = withStyles(styles)(({ classes }) => (
  <Card className={classes.card}>
    <CardMedia
      className={classes.media}
      image="https://interactive-grapefruit-slice-332-332.jpg"
      title="Grapefruit"
    />
    <CardHeader
      className={classes.header}
      title="Grapefruit"
```

```
    subheader="Red"
  />
</Card>
));

export default PresentingMedia;
```

결과 카드는 다음과 같이 보인다.

- img HTML 태그 참조: https://developer.mozilla.org/en-US/docs/Web/
  HTML/Element/img

때로는 카드에 원하는 모든 것을 넣지 못할 수 있다. 이런 경우에는 사용자가 expand 버튼을 클릭해 추가 콘텐츠를 표시할 수 있도록 카드를 확장하면 된다.

 TIP 카드에 넣을 콘텐츠가 너무 많다면, 카드 확장도 근본적인 문제 해결책이 아닐 수 있다. 그러므로 문제의 주제 정보를 표시하는 다른 방법을 고려해보는 것이 좋다. 예를 들어 카드 대신 주제별 자체 페이지를 만드는 것도 하나의 방법이다.

예제 구현

다음과 같은 이유로 카드의 주제에 추가 콘텐츠가 있다고 가정해보자.

- 너무 많은 수직 공간을 차지한다.
- 중요한 내용이 아니기 때문에 디폴트로 표시하지 않아도 된다.

콘텐츠를 확장 카드의 영역에 집어넣음으로써 이 두 가지 문제를 해결할 수 있다. 이렇게 하면 수직 공간은 문제가 되지 않으며, 사용자는 필요시 콘텐츠를 볼 수 있다. 다음은 앞의 예제에서 카드 콘텐츠의 일부를 숨겨지게 만드는 예제다.

```
import React, { useState } from 'react';

import { makeStyles } from '@material-ui/styles';
import Card from '@material-ui/core/Card';
import CardHeader from '@material-ui/core/CardHeader';
import CardContent from '@material-ui/core/CardContent';
import CardActions from '@material-ui/core/CardActions';
import Typography from '@material-ui/core/Typography';
import Avatar from '@material-ui/core/Avatar';
import IconButton from '@material-ui/core/IconButton';
import Collapse from '@material-ui/core/Collapse';
```

```
import PersonIcon from '@material-ui/icons/Person';
import ContactMailIcon from '@material-ui/icons/ContactMail';
import ContactPhoneIcon from '@material-ui/icons/ContactPhone';
import ExpandLessIcon from '@material-ui/icons/ExpandLess';
import ExpandMoreIcon from '@material-ui/icons/ExpandMore';

const useStyles = makeStyles(theme => ({
  card: {
    maxWidth: 400
  },
  expand: {
    marginLeft: 'auto'
  }
}));

const ExpandIcon = ({ expanded }) =>
  expanded ? <ExpandLessIcon /> : <ExpandMoreIcon />;

export default function ExpandableCards() {
  const classes = useStyles();
  const [expanded, setExpanded] = useState(false);

  const toggleExpanded = () => {
    setExpanded(!expanded);
  };

  return (
    <Card className={classes.card}>
      <CardHeader
        title="Ron Swanson"
        subheader="Legend"
        avatar={
          <Avatar>
            <PersonIcon />
          </Avatar>
        }
      />
      <CardContent>
        <Typography variant="caption">Joined 2009</Typography>
        <Typography>
```

```
            Some filler text about the user. There doesn't have to be a
            lot - just enough so that the text spans at least two lines.
          </Typography>
        </CardContent>
        <CardActions disableActionSpacing>
          <IconButton>
            <ContactMailIcon />
          </IconButton>
          <IconButton>
            <ContactPhoneIcon />
          </IconButton>
          <IconButton
            className={classes.expand}
            onClick={toggleExpanded}
          >
            <ExpandIcon expanded={expanded} />
          </IconButton>
        </CardActions>
        <Collapse in={expanded}>
          <CardContent>
            <Typography>
              Even more filler text about the user. It doesn't fit in
              the main content area of the card, so this is what the
              user will see when they click the expand button.
            </Typography>
          </CardContent>
        </Collapse>
      </Card>
    );
}
```

화면을 처음 로드하면 카드는 다음과 같이 보인다.

카드의 동작 버튼 오른쪽에 아래쪽 화살표로 된 expand 버튼이 생겼다. expand 버튼을 클릭하면 다음과 같이 확장된 카드가 표시된다.

이제 확장 아이콘은 접는 아이콘으로 바뀌었다. 버튼을 다시 클릭하면 카드가 원래 상태로 접힌다.

예제 분석

이 예제에서 확장 카드 영역에 추가된 내용을 분석해보자. 먼저 expand 스타일이다.

```
expand: {
  marginLeft: 'auto'
}
```

이 스타일은 확장/축소 아이콘 버튼을 다른 동작의 왼쪽에 정렬하는 데 사용된다. 다음으로 ExpandIcon 구성 요소를 살펴보자.

```
const ExpandIcon = ({ expanded }) =>
  expanded ? <ExpandLessIcon /> : <ExpandMoreIcon />;
```

이 유틸리티 구성 요소는 구성 요소의 확장된 상태에 따라 올바른 아이콘 구성 요소를 렌더링하는 데 사용된다. 다음으로 toggleExpanded() 함수를 살펴보자.

```
const toggleExpanded = () => {
  setExpanded(!expanded);
};
```

이 핸들러는 호출 시 확장 상태를 토글한다. 그런 다음 이 상태는 적당한 아이콘을 렌더링하는 ExpandIcon 구성 요소에 전달된다. 다음으로 이 카드의 동작 마크업을 살펴보자.

```
<CardActions disableActionSpacing>
  <IconButton>
    <ContactMailIcon />
  </IconButton>
  <IconButton>
    <ContactPhoneIcon />
  </IconButton>
  <IconButton
    className={classes.expand}
    onClick={toggleExpanded}
  >
```

```
    <ExpandIcon expanded={expanded} />
  </IconButton>
</CardActions>
```

마지막 IconButton 구성 요소는 확장/축소 버튼이며, 확장 스타일과 toggleExpanded() 클릭 헨들러 및 확징 성태를 사용하고 있다. 마시막으로 버튼이 클릭될 때 확장되고 축소되는 카드 콘텐츠를 살펴보자.

```
<Collapse in={expanded}>
  <CardContent>
    <Typography>
      Even more filler text about the user. It doesn't fit
      in the main content area of the card, so this is what
      the user will see when they click the expand button.
    </Typography>
  </CardContent>
</Collapse>
```

확장 상태에 따라 추가 카드 콘텐츠를 보여주거나 숨기는 데 Collapse 구성 요소가 사용된다. 여기서 CardContent 구성 요소가 사용돼 추가 콘텐츠가 표시되면 나머지 카드 콘텐츠와 일관되게 스타일이 지정된다.

참고 사항

- Card 데모: https://material-ui.com/demos/cards/
- Card API 문서: https://material-ui.com/api/card/
- CardHeader API 문서: https://material-ui.com/api/card-header/
- CardContent API 문서: https://material-ui.com/api/card-content/
- CardActions API 문서: https://material-ui.com/api/card-actions/
- IconButton API 문서: https://material-ui.com/api/icon-button/
- Collapse API 문서: https://material-ui.com/api/collapse/

09

스낵바 – 임시 메시지

9장에서는 다음 주제를 다룬다.

- 스낵바 콘텐츠
- 상태로 가시성 제어하기
- 스낵바 전환
- 스낵바 위치 지정
- 오류 경계와 오류 스낵바
- 스낵바 동작
- 스낵바 큐

소개

머티리얼 UI는 사용자에게 메시지를 보여주는 데 사용되는 Snackbar 구성 요소를 제공한다. 이 메시지는 간단하고 임시적이며, 주 애플리케이션과 통신하지 않는다.

스낵바 콘텐츠

텍스트는 사용자에게 표시되는 Snackbar 메시지 콘텐츠의 가장 일반적인 형태다. 따라서 Snackbar 구성 요소는 메시지 콘텐츠 설정과 스낵바 표시를 간편하게 해준다.

예제 구현

Snackbar 구성 요소의 message 속성은 문자열 값이나 다른 유효한 React 요소를 받는다. 다음은 Snackbar 구성 요소의 콘텐츠를 설정하고 보여주는 코드다.

```
import React from 'react';
import Snackbar from '@material-ui/core/Snackbar';

const MySnackbarContent = () => <Snackbar open={true} message="Test" />;
export default MySnackbarContent;
```

첫 화면이 로드되면 다음과 같은 스낵바를 볼 수 있다.

디폴트로 스낵바는 message 속성에 지정된 대로 텍스트 콘텐츠를 꾸밈없이 렌더링한다. open 속성은 true로 설정한다. 이 외의 다른 값은 스낵바를 숨긴다.

Snackbar 구성 요소는 표시된 실제 콘텐츠를 렌더링하는 데 SnackbackContent를 사용한다. 그다음으로 SnackbackContent는 Typography를 사용하는 Paper를 사용한다. 이런 모든 과정을 따라가는 것은 까다로운 일이지만, 다행히 여러분이 직접 할 필요는 없다. 그 대신에 ContentProps 속성을 통해 Snackbar의 Typography 구성 요소에 속성을 전달하면 된다.

h6 타이포그래피 변형을 사용한다고 가정해보자. 이를 위한 코드는 다음과 같다.

```
import React from 'react';
import Snackbar from '@material-ui/core/Snackbar';

const MySnackbarContent () => (
  <Snackbar
    open={true}
    message="Test"
    ContentProps={{ variant: 'h6' }}
  />
);

export default MySnackbarContent;
```

Paper가 사용하는 구성 요소에 전달하는 모든 속성은 ContentProps에서 설정할 수 있다. 여기서 variant 속성을 전달하면 시각적으로 다음과 같이 변경된다.

Test

결과적으로 텍스트가 커지고 마진이 넓어졌다. 이 예제의 목적은 특정한 타이포그래피를 변경하는 것이 아니라, Typography 구성 요소와 동일한 방법으로 Snackbar 텍스트를 사용자 정의할 수 있음을 보여주는 것이다.

> **TIP** 스낵바 콘텐츠에 원하는 대로 구성 요소를 넣을 수 있다. 예를 들어 message 속성 대신 Snackbar에 하위 구성 요소를 전달할 수 있다. 그러나 가급적이면 스낵바 콘텐츠는 간단하게 유지하는 것이 좋다. 마지막으로 여러분이 알아둬야 할 점은 구성 요소가 이미 간단한 텍스트를 다루도록 디자인됐다는 것이다.

참고 사항

- Snackbar 데모: https://material-ui.com/demos/snackbars/
- Snackbar API 문서: https://material-ui.com/api/snackbar/

상태로 가시성 제어하기

스낵바는 무언가에 반응해 표시된다. 애플리케이션에서 새로운 자원이 생성될 때 Snackbar 구성 요소로 이 정보를 사용자에게 전달하는 것이 좋은 예다. 스낵바의 상태를 제어할 필요가 있다면 스낵바의 가시성을 제어하는 상태를 추가해야 한다.

예제 구현

open 속성은 스낵바의 가시성을 제어하는 데 사용된다. 이 속성 값을 제어하려면 전달된 상태 값이 필요하다. 그런 다음 이 상태가 변경되면 스낵바의 가시성도 변경된다. 스낵바 상태 제어의 기본 아이디어를 보여주는 코드는 다음과 같다.

```
import React, { Fragment, useState } from 'react';

import Button from '@material-ui/core/Button';
import Snackbar from '@material-ui/core/Snackbar';

export default function ControllingVisibilityWithState() {
  const [open, setOpen] = useState(false);

  const showSnackbar = () => {
    setOpen(true);
  };

  return (
    <Fragment>
      <Button variant="contained" onClick={showSnackbar}>
        Show Snackbar
      </Button>
      <Snackbar open={open} message="Visible Snackbar!" />
    </Fragment>
  );
}
```

화면을 처음 로드하면 SHOW SNACKBAR 버튼을 볼 수 있다.

SHOW SNACKBAR

이 버튼을 클릭하면 스낵바가 보인다.

Visible Snackbar!

구성 요소는 스낵바의 가시성을 결정하는 open 상태를 갖고 있다. open 값이 Snackbar 의 open 속성에 전달된다. 사용자가 **SHOW SNACKBAR** 버튼을 클릭하면 showSnackbar() 함수는 open 상태를 true로 설정한다. 결과적으로 Snackbar의 open 속성에 true 값이 전 달된다.

스낵바를 표시한 후에는 어떻게든 이를 닫을 수 있는 방법이 필요하다. 다시 말하지만 open 상태는 스낵바를 숨길 수 있다. 하지만 이 open 상태를 어떻게 다시 false로 돌릴 수 있을까? 스낵바 메시지의 전형적인 패턴은 잠깐만 표시된 후 자동으로 숨겨지는 것 이다.

Snackbar에 두 개의 속성을 더 전달해 일정한 시간이 지나면 스낵바가 자동으로 숨겨 지도록 이 예제를 발전시켜보자. 업데이트된 코드는 다음과 같다.

```
import React, { Fragment, useState } from 'react';

import Button from '@material-ui/core/Button';
import Snackbar from '@material-ui/core/Snackbar';

export default function ControllingVisibilityWithState() {
  const [open, setOpen] = useState(false);
  const showSnackbar = () => {
    setOpen(true);
  };
  const hideSnackbar = () => {
    setOpen(false);
  };

  return (
    <Fragment>
```

```
      <Button variant="contained" onClick={showSnackbar}>
        Show Snackbar
      </Button>
      <Snackbar
        open={open}
        onClose={hideSnackbar}
        autoHideDuration={5000}
        message="Visible Snackbar!"
      />
    </Fragment>
  );
}
```

새로운 hideSnackbar() 함수가 구성 요소에 추가됐다. 이것은 Snackbar의 onClose 속성에 전달된다. autoHideDuration 구성 요소는 스낵바가 보여지는 시간을 밀리초로 지정한다. 이 예제에서는 5초 후에 Snackbar 구성 요소가 onClose 속성에 전달된 함수를 호출한다. 이 함수는 open 상태를 false로 설정하고, 결국 Snackbar의 open 속성에 전달된다.

참고 사항

- Snackbar 데모: https://material-ui.com/demos/snackbars/
- Snackbar API 문서: https://material-ui.com/api/snackbar/
- Button API 문서: https://material-ui.com/api/button/

스낵바 전환

스낵바가 표시되고 사라질 때 Snackbar 구성 요소에서 사용하는 전환을 제어할 수 있다. Snackbar 구성 요소의 속성으로 사용자 정의 전환을 직접 지정할 수 있다. 따라서 스낵바 전환을 구현하는 데 많은 시간을 소비하지 않아도 된다.

애플리케이션 전체에서 스낵바가 사용하는 전환을 더 쉽게 변경해보자. Snackbar에 적절한 속성을 설정하는 씬 래퍼^{thin wrapper} 구성 요소를 작성한다. 코드는 다음과 같다.

```
import React, { Fragment, useState } from 'react';

import Grid from '@material-ui/core/Grid';
import Button from '@material-ui/core/Button';
import Snackbar from '@material-ui/core/Snackbar';
import Slide from '@material-ui/core/Slide';
import Grow from '@material-ui/core/Grow';
import Fade from '@material-ui/core/Fade';

const MySnackbar = ({ transition, direction, ...rest }) => (
  <Snackbar
    TransitionComponent={
      { slide: Slide, grow: Grow, fade: Fade }[transition]
    }
    TransitionProps={{ direction }}
    {...rest}
  />
);

export default function SnackbarTransitions() {
  const [first, setFirst] = useState(false);
  const [second, setSecond] = useState(false);
  const [third, setThird] = useState(false);
  const [fourth, setFourth] = useState(false);

  return (
    <Fragment>
      <Grid container spacing={8}>
        <Grid item>
          <Button variant="contained" onClick={() => setFirst(true)}>
            Slide Down
          </Button>
        </Grid>
```

```
    <Grid item>
      <Button variant="contained" onClick={() => setSecond(true)}>
        Slide Up
      </Button>
    </Grid>
    <Grid item>
      <Button variant="contained" onClick={() => setThird(true)}>
        Grow
      </Button>
    </Grid>
    <Grid item>
      <Button variant="contained" onClick={() => setFourth(true)}>
        Fade
      </Button>
    </Grid>
  </Grid>
  <MySnackbar
    open={first}
    onClose={() => setFirst(false)}
    autoHideDuration={5000}
    message="Slide Down"
    transition="slide"
    direction="down"
  />
  <MySnackbar
    open={second}
    onClose={() => setSecond(false)}
    autoHideDuration={5000}
    message="Slide Up"
    transition="slide"
    direction="up"
  />
  <MySnackbar
    open={third}
    onClose={() => setThird(false)}
    autoHideDuration={5000}
    message="Grow"
    transition="grow"
  />
  <MySnackbar
```

```
      open={fourth}
      onClose={() => setFourth(false)}
      autoHideDuration={5000}
      message="Fade"
      transition="fade"
    />
  </Fragment>
  );
}
```

코드는 네 개의 버튼과 네 개의 스낵바를 렌더링한다. 화면을 처음 로드하면 버튼만
보인다.

버튼을 클릭하면 버튼에 대응하는 Snackbar 구성 요소가 화면의 하단에 표시된다. 누
르는 버튼에 따라 각각의 스낵바가 표시될 때의 전환이 달라지는 것을 볼 수 있다. 예
를 들어, Fade 버튼을 클릭하면 다음 스낵바가 fade 전환으로 표시된다.

예제 분석

이 예제에서 작성한 MySnackbar 구성 요소부터 살펴보자.

```
const MySnackbar = ({ transition, direction, ...rest }) => (
  <Snackbar
    TransitionComponent={
      { slide: Slide, grow: Grow, fade: Fade }[transition]
    }
    TransitionProps={{ direction }}
```

```
    {...rest}
  />
);
```

관심을 가질 만한 속성이 두 개 있다. 먼저 transition 문자열이다. 이것은 사용할 전환 구성 요소를 찾는 데 사용된다. 예를 들어 문자열 slide는 Slide 구성 요소를 사용한다. 결과 구성 요소는 TransitionComponent 속성에 의해 사용된다. Snackbar 구성 요소는 내부적으로 이 구성 요소를 사용해 스낵바에 원하는 전환을 적용한다. direction 속성이 Slide 전환에 사용되므로 이 속성이 TransitionProps에 전달된다. 이런 속성 값은 TransitionComponent에 전달된 구성 요소로 직접 전달된다.

TransitionProps를 사용하는 대신 자체 속성 사용자 지정 값을 래핑하는 고차원 구성 요소를 만드는 방법도 있다. 그러나 Snackbar는 이미 속성을 전달할 수 있도록 설정돼 있으므로 굳이 다른 구성 요소를 작성할 필요는 없다.

다음으로 구성 요소 상태와 이를 변경하는 함수를 살펴보자.

```
const [first, setFirst] = useState(false);
const [second, setSecond] = useState(false);
const [third, setThird] = useState(false);
const [fourth, setFourth] = useState(false);
```

first, second, third, fourth 상태는 자체 Snackbar 구성 요소에 해당한다. 이 상태 값은 각 함수의 가시성을 제어하며, 해당 설정 함수는 스낵바를 표시하거나 숨긴다.

마지막으로 렌더링되는 MySnackbar 구성 요소를 살펴보자.

```
<MySnackbar
  open={first}
  onClose={() => setFirst(false)}
  autoHideDuration={5000}
  message="Slide Down"
```

```
  transition="slide"
  direction="down"
/>
<MySnackbar
  open={second}
  onClose={() => setSecond(false)}
  autoHideDuration={5000}
  message="Slide Up"
  transition="slide"
  direction="up"
/>
```

두 인스턴스 모두 slide 전환을 사용한다. 하지만 direction 속성은 서로 다르다. My Snackbar 추상화를 사용하면 전환 및 전환 인수를 지정하는 것이 더 간단해진다.

참고 사항

- Snackbar 데모: https://material-ui.com/demos/snackbars/
- Snackbar API 문서: https://material-ui.com/api/snackbar/
- Slide API 문서: https://material-ui.com/api/slide/
- Grow API 문서: https://material-ui.com/api/grow/
- Fade API 문서: https://material-ui.com/api/fade/

스낵바 위치 지정

머티리얼 UI 스낵바 구성 요소는 스낵바가 나타날 때 위치를 변경할 수 있는 anchor Origin 속성을 갖고 있다. 스낵바의 디폴트 위치를 사용해도 잘 동작하지만, 애플리케이션의 다른 부분과 일관성을 유지하기 위해 사용자 정의가 필요할 수도 있다.

스낵바를 화면의 임의의 위치에 배치할 수는 없지만, 스낵바의 위치를 변경할 수 있는
여러 가지 옵션이 있다. 다음은 anchorOrigin 속성 값을 변경할 수 있는 코드다.

```
import React, { Fragment, useState } from 'react';

import { makeStyles } from '@material-ui/styles';

import Snackbar from '@material-ui/core/Snackbar';
import Radio from '@material-ui/core/Radio';
import RadioGroup from '@material-ui/core/RadioGroup';
import FormControlLabel from '@material-ui/core/FormControlLabel';
import FormControl from '@material-ui/core/FormControl';
import FormLabel from '@material-ui/core/FormLabel';

const useStyles = makeStyles(theme => ({
  formControl: {
    margin: theme.spacing(3)
  }
}));

export default function PositioningSnackbars() {
  const classes = useStyles();
  const [vertical, setVertical] = useState('bottom');
  const [horizontal, setHorizontal] = useState('left');

  const onVerticalChange = event => {
    setVertical(event.target.value);
  };

  const onHorizontalChange = event => {
    setHorizontal(event.target.value);
  };

  return (
    <Fragment>
      <FormControl
```

```
        component="fieldset"
        className={classes.formControl}
      >
        <FormLabel component="legend">Vertical</FormLabel>
        <RadioGroup
          name="vertical"
          className={classes.group}
          value={vertical}
          onChange={onVerticalChange}
        >
          <FormControlLabel
            value="top"
            control={<Radio />}
            label="Top"
          />
          <FormControlLabel
            value="bottom"
            control={<Radio />}
            label="Bottom"
          />
        </RadioGroup>
      </FormControl>
      <FormControl
        component="fieldset"
        className={classes.formControl}
      >
        <FormLabel component="legend">Horizontal</FormLabel>
        <RadioGroup
          name="horizontal"
          className={classes.group}
          value={horizontal}
          onChange={onHorizontalChange}
        >
          <FormControlLabel
            value="left"
            control={<Radio />}
            label="Left"
          />
          <FormControlLabel
            value="center"
```

```
          control={<Radio />}
          label="Center"
        />
        <FormControlLabel
          value="right"
          control={<Radio />}
          label="Right"
        />
      </RadioGroup>
    </FormControl>
    <Snackbar
      anchorOrigin={{
        vertical,
        horizontal
      }}
      open={true}
      message="Positioned Snackbar"
    />
  </Fragment>
);
}
```

화면이 처음 로드되면, 스낵바의 위치를 변경할 수 있는 제어와 디폴트 위치에 있는
Snackbar 구성 요소를 볼 수 있다.

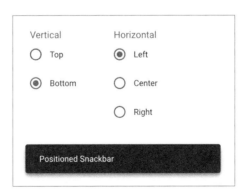

위치 제어 값을 변경하면 스낵바가 새로운 위치로 이동한다. 예를 들어, 수직 앵커를 위로 변경하고 수평 앵커를 오른쪽으로 변경하면 결과는 다음과 같다.

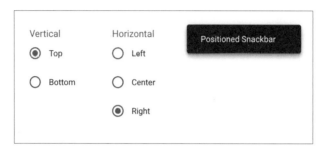

예제 분석

이 예제에서 두 라디오 버튼 그룹은 사용 가능한 다른 위치 값의 조합을 보여주는 데 사용된다. 스낵바를 보여주는 실제 애플리케이션에서는 스낵바의 위치를 변경하는 구성 가능한 상태가 없다. 그 대신 시작 중에 한 번 설정되는 anchorOrigin 구성 값을 속성에 전달된 값으로 생각해야 한다.

이 예제처럼 상태 값에 의존하는 것은 좋지 않다.

```
<Snackbar
  anchorOrigin={{
    vertical,
    horizontal
  }}
  open={true}
  message="Positioned Snackbar"
/>
```

대신 anchorOrigin 값을 정적으로 설정한다.

```
<Snackbar
  anchorOrigin={{
    vertical: 'top'
    horizontal: 'right'
  }}
  open={true}
  message="Positioned Snackbar"
/>
```

부연 설명

스낵바의 위치가 정해지면 anchorOrigin 값이 정의된 Snackbar 구성 요소를 만들 수 있다. 예제는 다음과 같다.

```
const MySnackbar = props => (
  <Snackbar
    anchorOrigin={{
      vertical: 'top',
      horizontal: 'right'
    }}
    {...props}
  />
);
```

앱의 어느 곳에서 MySnackbar를 사용해도 스낵바는 화면의 오른쪽 상단에 표시된다. 그렇지 않으면 MySnackbar는 일반 Snackbar와 같이 표시된다.

참고 사항

- Snackbar 데모: https://material-ui.com/demos/snackbars/
- Snackbar API 문서: https://material-ui.com/api/snackbar/

오류 경계와 오류 스낵바

리액트의 오류 경계[error boundary]는 구성 요소가 렌더링을 시도할 때 발생하는 오류를 수집한다. 오류 경계에서 Snackbar 구성 요소를 사용해 수집한 오류를 표시할 수 있으며, 또한 스낵바에 스타일을 적용해 오류를 일반 메시지와 시각적으로 구분되게 할 수 있다.

예제 구현

애플리케이션이 최상위 수준의 오류 경계를 갖고 있으며 Snackbar 구성 요소를 사용해 사용자에게 오류 메시지를 표시하길 원한다고 가정해보자. 다음은 이 코드를 보여준다.

```
import React, { Fragment, Component } from 'react';

import { withStyles } from '@material-ui/core/styles';
import Snackbar from '@material-ui/core/Snackbar';
import Button from '@material-ui/core/Button';

const styles = theme => ({
  error: {
    backgroundColor: theme.palette.error.main,
    color: theme.palette.error.contrastText
  }
});

const ErrorBoundary = withStyles(styles)(
  class extends Component {
    state = { error: null };

    onClose = () => {
      this.setState({ error: null });
    };

    componentDidCatch(error) {
      this.setState({ error });
    }
```

300

```
  render() {
    const { classes } = this.props;

    return (
      <Fragment>
        {this.state.error === null && this.props.children}
        <Snackbar
          open={Boolean(this.state.error)}
          message={
            this.state.error !== null && this.state.error.toString()
          }
          ContentProps={{ classes: { root: classes.error } }}
        />
      </Fragment>
    );
  }
}
);

const MyButton = () => {
  throw new Error('Random error');
};

export default () => (
  <ErrorBoundary>
    <MyButton />
  </ErrorBoundary>
);
```

이 화면을 로드하면 MyButton 구성 요소가 렌더링될 때 오류를 발생시킨다. 화면은 다음과 같다.

명시적으로 오류를 발생시켜 오류 경계 메커니즘이 동작하는 것을 확인할 수 있다. 실제 애플리케이션에서 오류는 렌더링 프로세스 중에 호출되는 모든 함수에 의해 트리거될 수 있다.

예제 분석

ErrorBoundary 구성 요소를 살펴보는 것으로 시작한다. 이 구성 요소는 초기값이 null인 error 상태를 갖는다. 오류가 발생하면 componentDidCatch() 라이프사이클 메서드가 이 상태를 변경한다.

```
componentDidCatch(error) {
  this.setState({ error });
}
```

다음으로 render() 메서드를 살펴보자.

```
render() {
  const { classes } = this.props;

  return (
    <Fragment>
      {this.state.error === null && this.props.children}
      <Snackbar
        open={Boolean(this.state.error)}
        message={
          this.state.error !== null && this.state.error.toString()
        }
        ContentProps={{ classes: { root: classes.error } }}
      />
    </Fragment>
  );
}
```

error 상태를 사용해 자식이 렌더링돼야 하는지를 판단한다. error 상태가 null이 아닌 경우 무한 루프의 오류가 발생해 처리되므로 하위 구성 요소를 렌더링하는 것은 의미가 없다. error 상태는 스낵바와 메시지 텍스트가 표시돼야 하는지 여부를 결정하는 open 속성으로 사용된다.

ContentProps 속성은 스낵바에 스타일을 줘서 오류처럼 보이게 하는 데 사용된다. error 클래스는 theme 값을 사용해 배경과 텍스트 색상을 변경한다.

```
const styles = theme => ({
  error: {
    backgroundColor: theme.palette.error.main,
    color: theme.palette.error.contrastText
  }
});
```

부연 설명

이 예제에서 사용된 오류 경계는 전체 애플리케이션에 적용된다. 이는 한 번의 오류 처리로 전체 애플리케이션을 포괄할 수 있다는 점에서 유용하다. 그러나 오류 경계는 어떤 구성 요소에서 오류가 발생했는지 모르기 때문에 전체 사용자 인터페이스가 사라지는 문제가 있다.

오류 경계는 구성 요소이므로 구성 요소 트리의 어떤 레벨에도 얼마든지 사용할 수 있다. 이런 방식으로 실패한 UI 부분을 화면에 표시하면서 머티리얼 UI error 스낵바를 표시할 수 있다.

이 예제에서 사용된 오류 경계의 범위를 변경해보자. 먼저 MyButton 구현을 변경해 부울 속성이 true인 경우에만 오류를 발생시키도록 할 수 있다.

```
const MyButton = ({ label, throwError }) => {
  if (throwError) {
    throw new Error('Random error');
  }
  return <Button>{label}</Button>;
};
```

이제 주어진 레이블로 버튼을 렌더링할 수 있다. throwError가 true이면 오류 때문에
아무것도 렌더링되지 않는다. 다음으로 복수의 버튼과 복수의 error 경계를 포함하도
록 예제의 마크업을 변경해보자.

```
export default () => (
  <Fragment>
    <ErrorBoundary>
      <MyButton label="First Button" />
    </ErrorBoundary>
    <ErrorBoundary>
      <MyButton label="Second Button" throwError />
    </ErrorBoundary>
  </Fragment>
);
```

첫 번째 버튼은 아무런 문제 없이 렌더링된다. 그러나 이전의 경우처럼 오류 경계가
모두 포함된 경우 이 버튼은 표시되지 않는다. 두 번째 버튼은 throwError 속성이 true
이므로 오류를 발생시킨다. 이 버튼은 자체 오류 경계를 갖고 있기 때문에 다른 UI의
부분들이 렌더링하는 것을 방해하지 않는다. 이제 예제는 다음과 같이 보인다.

- 리액트 error 경계: https://reactjs.org/docs/error-boundaries.html
- Snackbar 데모: https://material-ui.com/demos/snackbars/
- Snackbar API 문서: https://material-ui.com/api/snackbar/

스낵바 동작

머티리얼 UI 스낵바의 목적은 사용자에게 간단한 메시지를 표시하는 데 있다. 추가적으로 사용자를 위해 스낵바에 다음 동작을 포함시킬 수 있다.

예제 구현

스낵바에 스낵바를 닫는 간단한 버튼을 추가한다고 가정해보자. 스낵바가 자동으로 닫히기 전에 스낵바를 닫을 때 유용하다. 이는 또한 사용자가 메시지를 수동으로 닫으면서 메시지를 명시적으로 확인하게 만드는 데도 유용하다. Snackbar 구성 요소에 닫기 버튼을 추가한 코드는 다음과 같다.

```
import React, { Fragment, useState } from 'react';
import { Route, Link } from 'react-router-dom';

import Snackbar from '@material-ui/core/Snackbar';
import Button from '@material-ui/core/Button';
import IconButton from '@material-ui/core/IconButton';
import Typography from '@material-ui/core/Typography';

import CloseIcon from '@material-ui/icons/Close';

export default function Snackbars() {
  const [open, setOpen] = useState(false);
```

```
    return (
      <Fragment>
        <Button onClick={() => setOpen(true)}>Do Something</Button>
        <Snackbar
          open={open}
          onClose={() => setOpen(false)}
          message="All done doing the thing"
          action={[
            <IconButton color="inherit" onClick={() => setOpen(false)}>
              <CloseIcon />
            </IconButton>
          ]}
        />
      </Fragment>
    );
}
```

화면이 처음 로드되면 버튼만 보인다.

DO SOMETHING

이 버튼을 클릭하면 스낵바가 나타난다.

스낵바의 오른쪽에 있는 닫는 아이콘 버튼을 클릭하면 스낵바가 닫힌다.

예제 분석

닫는 버튼은 노드 또는 노드의 배열을 받는 action 속성을 통해 Snackbar 구성 요소에
추가된다. SnackbarContent 구성 요소는 스낵바 내의 동작을 정렬하기 위해 스타일을
적용한다.

사용자가 애플리케이션에서 새로운 자원을 생성하면 자원이 성공적으로 생성됐는지를 알릴 필요가 있다. 스낵바는 사용자와 가깝게 동작하기 때문에 이 기능을 위한 좋은 도구가 될 수 있다. 새로 생성된 자원에 연결된 동작 버튼을 스낵바에 포함시키면 좋다.

사용자가 **CREATE** 버튼을 클릭하면 다음 스낵바를 볼 수 있도록 이 예제를 수정해보자.

- 간단한 메시지
- 닫는 동작
- 새 자원에 연결 링크

react-router-dom의 경로를 추가하고 스낵바에 링크를 추가해보자. 새로운 마크업은 다음과 같다.

```
<Fragment>
  <Route
    exact
    path="/"
    render={() => (
      <Button onClick={() => setOpen(true)}>create thing</Button>
    )}
  />
  <Route
    exact
    path="/thing"
    render={() => <Typography>The Thing</Typography>}
  />
  <Snackbar
    open={open}
    onClose={() => setOpen(false)}
    message="Finished creating thing"
    action={[
      <Button
```

```
          color="secondary"
          component={Link}
          to="/thing"
          onClick={() => setOpen(false)}
        >
          The Thing
        </Button>,
        <IconButton color="inherit" onClick={() => setOpen(false)}>
          <CloseIcon />
        </IconButton>
      ]}
    />
</Fragment>
```

첫 번째 경로는 인덱스 페이지다. 따라서 화면이 처음 로드되면 사용자는 이 경로에
의해 렌더링된 버튼을 볼 수 있다.

이 버튼을 클릭하면 새로 생성된 자원의 링크를 포함한 스낵바를 볼 수 있다.

이제 사용자의 현재 작업을 방해하지 않으면서 자원을 검색할 수 있는 쉬운 방법을 제
공할 수 있게 됐다.

참고 사항

- **리액트 라우터 가이드**: https://reactrouter.com/web/guides/quick-start
- **Snackbar 데모**: https://material-ui.com/demos/snackbars/
- **Snackbar API 문서**: https://material-ui.com/api/snackbar/

- Button API 문서: https://material-ui.com/api/button/
- IconButton API 문서: https://material-ui.com/api/icon-button/

스낵바 큐

규모가 큰 머티리얼 UI 애플리케이션에서는 짧은 시간에 하나 이상의 스낵바 메시지가 발생하는 상황이 있을 수 있다. 이런 경우에는 스낵바 메시지를 위한 큐를 생성해 가장 최근의 통지[notification]만 표시되도록 만들어 전환이 올바르게 처리되도록 할 수 있다.

예제 구현

애플리케이션이 사용자에게 스낵바 메시지를 보내는 여러 개의 구성 요소를 갖고 있다고 가정해보자. 모든 Snackbar 구성 요소를 수동으로 렌더링하는 것은 (특히 간단한 텍스트 스낵바를 표시하는 경우라면) 여간 번거로운 일이 아니다.

한 가지 대안은 고차원 구성 요소를 구현해 함수를 호출한 다음 텍스트를 인수로 전달해 메시지를 표시하는 기능으로 구성 요소를 래핑하는 것이다. 그러면 스낵바 기능이 필요한 모든 구성 요소를 래핑할 수 있다. 코드는 다음과 같다.

```
import React, { Fragment, useState } from 'react';

import Snackbar from '@material-ui/core/Snackbar';
import Button from '@material-ui/core/Button';
import IconButton from '@material-ui/core/IconButton';

import CloseIcon from '@material-ui/icons/Close';

const withMessage = Wrapped =>
  function WithMessage(props) {
    const [queue, setQueue] = useState([]);
    const [open, setOpen] = useState(false);
```

```
    const [message, setMessage] = useState('');

    const sendMessage = msg => {
      const newQueue = [...queue, msg];
      if (newQueue.length === 1) {
        setOpen(true);
        setMessage(msg);
      }
    };

    const onClose = () => {
      setOpen(false);
    };

    const onExit = () => {
      const [msg, ...rest] = queue;

      if (msg) {
        setQueue(rest);
        setOpen(true);
        setMessage(msg);
      }
    };

    return (
      <Fragment>
        <Wrapped message={sendMessage} {...props} />
        <Snackbar
          key={message}
          open={open}
          message={message}
          autoHideDuration={4000}
          onClose={onClose}
          onExit={onExit}
        />
      </Fragment>
    );
  };

const QueuingSnackbars = withMessage(({ message }) => {
```

310

```
  const [counter, setCounter] = useState(0);

  const onClick = () => {
    const newCounter = counter + 1;
    setCounter(newCounter);
    message(`Message ${newCounter}`);
  };

  return <Button onClick={onClick}>Message</Button>;
});

export default QueuingSnackbars;
```

화면을 처음 로드하면 메시지 버튼이 보인다. 이 버튼을 클릭하면 다음과 같은 스낵바
메시지를 볼 수 있다.

메시지 버튼을 다시 클릭하면 현재 스낵바를 지우고 새 스낵바 화면으로 전환된다. 버
튼을 연속으로 여러 번 빠르게 클릭해도 부드럽게 동작하며 마지막 메시지를 볼 수
있다.

예제 분석

클릭됐을 때 메시지를 보내는 버튼을 렌더링하는 QueuingSnackbars 구성 요소부터 살
펴보자.

```
const QueuingSnackbars = withMessage(({ message }) => {
  const [counter, setCounter] = useState(0);

  const onClick = () => {
    const newCounter = counter + 1;
    setCounter(newCounter);
    message(`Message ${newCounter}`);
  };

  return <Button onClick={onClick}>Message</Button>;
});
```

withMessage() 래퍼는 message() 구성 요소에 함수를 속성으로 제공한다. onClick() 핸들러를 살펴보면 message() 함수가 동작하고 있는 것을 볼 수 있다.

다음으로 withMessage() 고차원 구성 요소를 마크업부터 시작해 상세히 알아본다.

```
<Fragment>
  <Wrapped message={sendMessage} {...props} />
  <Snackbar
    key={message}
    open={open}
    message={message}
    autoHideDuration={4000}
    onClose={onClose}
    onExit={onExit}
  />
</Fragment>
```

Wrapped 구성 요소가 withMessage()가 호출된 구성 요소다. 이것은 호출될 일반적인 속성과 함께 message() 함수를 전달한다. 다음으로 Snackbar 구성 요소는 눈여겨봐야 할 두 가지 속성을 갖고 있다.

- key: 이 값은 새 메시지가 표시되는지 여부를 판별하기 위해 Snackbar에서 내부적으로 사용된다. 고유한 값이어야 한다.

- onExit: 닫는 스낵바의 전환이 완료될 때 호출된다.

다음으로 sendMessage() 함수다.

```
const sendMessage = msg => {
  const newQueue = [...queue, msg];
  if (newQueue.length === 1) {
    setOpen(true);
    setMessage(msg);
  }
};
```

이 함수는 구성 요소가 스낵바 메시지를 표시하고자 할 때 호출된다. 이 함수는 message 문자열을 큐에 집어넣는다. 메시지가 큐에 남은 유일한 항목이라면 open과 message 상태가 곧바로 업데이트된다.

다음으로 onClose() 함수를 살펴보자. 이 함수는 스낵바가 닫힐 때 호출된다.

```
const onClose = () => {
  setOpen(false);
};
```

이 함수의 유일한 역할은 open 상태가 false인지 확인하는 것이다.

마지막으로 스낵바가 종료 전환을 마쳤을 때 호출되는 onExit() 함수를 살펴보자.

```
const onExit = () => {
  const [msg, ...rest] = queue;

  if (msg) {
    setQueue(rest);
    setOpen(true);
    setMessage(msg);
  }
};
```

큐의 첫 번째 메시지는 message 상수에 할당된다. 메시지가 있다면, 활성 메시지 상태가 되고 다음 스낵바가 열린다. 이 시점에 항목도 큐에서 삭제된다.

참고 사항

- Snackbar 데모: https://material-ui.com/demos/snackbars/
- Snackbar API 문서: https://material-ui.com/api/snackbar/
- Button API 문서: https://material-ui.com/api/button/
- IconButton API 문서: https://material-ui.com/api/icon-button/

10

버튼 - 동작 시작하기

10장에서 배우는 주제는 다음과 같다.

- 버튼 변형
- 버튼 강조
- 링크 버튼
- 플로팅 동작
- 아이콘 버튼
- 버튼 크기

머티리얼 UI의 버튼은 동작을 시작하는 데 사용된다. 사용자가 버튼을 클릭하면 어떤 일이 일어난다. 버튼이 활성화됐을 때 무슨 일이 일어날지는 전적으로 여러분에게 달렸다. 머티리얼 UI 버튼은 간단한 텍스트 버튼부터 플로팅 동작 버튼까지 광범위하게 지원된다.

버튼 변형

머티리얼 UI Button 구성 요소는 다음 세 가지 중 하나의 변형으로 존재한다.

- Text
- Outlined
- Contained

예제 구현

다음은 세 개의 Button 구성 요소를 렌더링하는 코드를 보여준다. 각 구성 요소는 명시적으로 variant 속성을 설정하고 있다.

```
import React from 'react';

import { withStyles } from '@material-ui/core/styles';
import Button from '@material-ui/core/Button';
import Grid from '@material-ui/core/Grid';

const styles = theme => ({
  container: {
    margin: theme.spacing(1)
  }
});
```

```
const ButtonVariants = withStyles(styles)(({ classes }) => (
  <Grid
    container
    direction="column"
    spacing={2}
    className={classes.container}
  >
    <Grid item>
      <Button variant="text">Text</Button>
    </Grid>
    <Grid item>
      <Button variant="outlined">Outlined</Button>
    </Grid>
    <Grid item>
      <Button variant="contained">Contained</Button>
    </Grid>
  </Grid>
));

export default ButtonVariants;
```

화면을 로드하면 다음과 같다.

예제 분석

variant 속성은 렌더링될 버튼의 타입을 제어한다. 여러 시나리오 또는 상황에 맞게 세
가지 변형을 사용할 수 있다. 예를 들어, TEXT 버튼은 주의를 덜 끄는 반면에 CONTAINED
버튼은 명확한 상호작용 지점으로서 사용자의 눈에 띈다.

variant의 디폴트는 text다. 변형을 명시적으로 포함시키면 마크업을 더 쉽게 읽는 데 도움이
된다. 이렇게 하면 디폴트 variant가 무엇인지 기억할 필요가 없다.

참고 사항

- Button 데모: https://material-ui.com/demos/buttons/
- Button API 문서: https://material-ui.com/api/button/

버튼 강조

Button의 color와 disabled 속성으로 버튼의 강조를 제어할 수 있다. 예를 들어 버튼에
서 색상 값 primary를 사용하도록 지정할 수 있다. 버튼의 강조는 variant와 color 속성
이 누적된 결과다. 두 속성으로 버튼의 강조를 적정하게 조정할 수 있다.

강조의 올바른 수준이란 없다. 애플리케이션의 컨텍스트에 따라 의미가 있는 것을 사용한다.

예제 구현

다음 코드는 Button 구성 요소에 적용할 수 있는 다양한 색상 값을 보여준다.

```
import React from 'react';

import { withStyles } from '@material-ui/core/styles';
import Button from '@material-ui/core/Button';
import Grid from '@material-ui/core/Grid';
```

```
import Typography from '@material-ui/core/Typography';

const styles = theme => ({
  container: {
    margin: theme.spacing(1)
  }
});

const ButtonEmphasis = withStyles(styles)(({ classes, disabled }) => (
  <Grid
    container
    direction="column"
    spacing={16}
    className={classes.container}
  >
    <Grid item>
      <Typography variant="h6">Default</Typography>
    </Grid>
    <Grid item>
      <Grid container spacing={16}>
        <Grid item>
          <Button variant="text" disabled={disabled}>
            Text
          </Button>
        </Grid>
        <Grid item>
          <Button variant="outlined" disabled={disabled}>
            Outlined
          </Button>
        </Grid>
        <Grid item>
          <Button variant="contained" disabled={disabled}>
            Contained
          </Button>
        </Grid>
      </Grid>
    </Grid>
    <Grid item>
      <Typography variant="h6">Primary</Typography>
    </Grid>
```

```
<Grid item>
  <Grid container spacing={16}>
    <Grid item>
      <Button variant="text" color="primary" disabled={disabled}>
        Text
      </Button>
    </Grid>
    <Grid item>
      <Button
        variant="outlined"
        color="primary"
        disabled={disabled}
      >
        Outlined
      </Button>
    </Grid>
    <Grid item>
      <Button
        variant="contained"
        color="primary"
        disabled={disabled}
      >
        Contained
      </Button>
    </Grid>
  </Grid>
</Grid>
<Grid item>
  <Typography variant="h6">Secondary</Typography>
</Grid>
<Grid item>
  <Grid container spacing={16}>
    <Grid item>
      <Button
        variant="text"
        color="secondary"
        disabled={disabled}
      >
        Text
      </Button>
```

```
      </Grid>
      <Grid item>
        <Button
          variant="outlined"
          color="secondary"
          disabled={disabled}
        >
          Outlined
        </Button>
      </Grid>
      <Grid item>
        <Button
          variant="contained"
          color="secondary"
          disabled={disabled}
        >
          Contained
        </Button>
      </Grid>
    </Grid>
  </Grid>
  </Grid>
));

export default ButtonEmphasis;
```

화면이 처음 로드되면 다음과 같이 보인다.

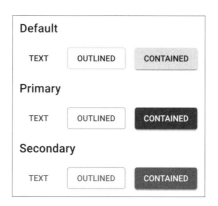

disabled 속성이 true이면, 다음과 같이 보인다.

예제 분석

이 예제는 variant와 color 속성의 조합 결과를 보여준다. 또한 버튼을 완전히 비활성화하고 강조(color 속성은 비활성화된 버튼에 영향을 미치지 않음)의 **variant** 측면을 제어할 수 있다.

variant 값의 강조 순서는 다음과 같다.

1. contained
2. outlined
3. text

color 값의 강조 순서는 다음과 같다.

1. primary
2. secondary
3. default

이 두 속성 값을 결합해 버튼의 강조를 제어할 수 있다. 정말로 눈에 띄는 버튼이 필요하다면 contained와 primary를 결합해 사용한다.

CONTAINED

버튼이 전혀 눈에 띄지 않게 하고 싶다면 text 변형과 default 색상을 결합한다.

TEXT

부연 설명

버튼이 다른 머티리얼 UI 구성 요소 내에 있다면 정확한 색상을 결정하기 어렵다. 예를 들어, 다음과 같이 AppBar에 버튼이 있다고 가정해보자.

```
<AppBar color={appBarColor}>
  <Toolbar>
    <Grid container spacing={16}>
      <Grid item>
        <Button variant="text" disabled={disabled}>
          Text
        </Button>
      </Grid>
      <Grid item>
        <Button variant="outlined" disabled={disabled}>
          Outlined
        </Button>
      </Grid>
      <Grid item>
        <Button variant="contained" disabled={disabled}>
          Contained
        </Button>
      </Grid>
    </Grid>
  </Toolbar>
</AppBar>
```

AppBar 색상 값이 default일 때 다음과 같이 보인다.

버튼 자체도 디폴트 색상을 사용하고 있기 때문에 아주 나빠 보이지는 않는다. 그러나
AppBar 색상을 primary로 바꾸면 어떻게 될까?

contained 변형만 유일하게 앱바에 있는 버튼처럼 보인다. 다음과 같이 모두 inherit
색상 속성을 사용하도록 버튼을 수정해보자.

```
<AppBar color={appBarColor}>
  <Toolbar>
    <Grid container spacing={16}>
      <Grid item>
        <Button
          variant="text"
          disabled={disabled}
          color="inherit"
        >
          Text
        </Button>
      </Grid>
      <Grid item>
        <Button
          variant="outlined"
          disabled={disabled}
          color="inherit"
        >
          Outlined
        </Button>
      </Grid>
```

```
      <Grid item>
        <Button
          variant="contained"
          disabled={disabled}
          color="inherit"
        >
          Contained
        </Button>
      </Grid>
    </Grid>
  </Toolbar>
</AppBar>
```

이제 앱바와 버튼은 다음과 같이 보인다.

이제 TEXT와 OUTLINE 버튼이 훨씬 나아 보이며, 부모parent 구성 요소로부터 테마 폰트 색상을 상속받았다. CONTAINED는 이제 폰트 색상으로 inherited를 사용하고 있기 때문에 오히려 나빠 보인다. 이는 CONTAINED 버튼의 배경 색상이 색상을 상속할 때 변경되지 않았기 때문이다. 따라서 여러분이 직접 CONTAINED 버튼의 색상을 변경해야 한다.

사용할 색상을 반환하는 함수를 구현해 부모의 색상에 따라 CONTAINED 버튼의 색상을 자동으로 설정할 수 있는지 알아보자.

```
function buttonColor(parentColor) {
  if (parentColor === 'primary') {
    return 'secondary';
  }

  if (parentColor === 'secondary') {
    return 'primary';
```

```
  }

  return 'default';
}
```

이제 contained 버튼의 color를 설정할 때 이 function을 사용할 수 있다. 다음과 같이 부모의 color를 인수로 전달하면 된다.

```
<Button
  variant="contained"
  disabled={disabled}
  color={buttonColor(appBarColor)}
>
  Contained
</Button>
```

이제 앱바의 색상을 primary로 변경하면 CONTAINED 버튼이 붉은색으로 보인다.

앱바 색상을 secondary로 변경하면 붉은색과 푸른색이 뒤바뀐다.

요약하자면, TEXT와 OUTLINED 버튼은 inherit를 안전하게 색상으로 사용할 수 있다. CONTAINED 버튼을 사용한다면, buttonColor() 함수에서 했던 것처럼 올바른 색상을 사용하기 위해 추가 단계가 필요하다.

링크 버튼

머티리얼 UI Button 구성 요소는 앱의 다른 곳으로 연결되는 링크로도 사용할 수 있다. 가장 일반적인 예제는 버튼을 react-router로 선언된 경로의 링크로 사용하는 것이다.

예제 구현

애플리케이션에 세 개의 페이지가 있고 각 페이지로 연결되는 세 버튼이 필요하다고 가정해보자. 애플리케이션이 확장되면 임의의 위치에서도 연결할 수 있는 버튼 또한 필요해진다. 코드는 다음과 같다.

```
import React from 'react';
import { Switch, Route, Link } from 'react-router-dom';

import { withStyles } from '@material-ui/core/styles';
import Grid from '@material-ui/core/Grid';
import Button from '@material-ui/core/Button';
import Typography from '@material-ui/core/Typography';

const styles = theme => ({
  content: {
    margin: theme.spacing(2)
  }
});
```

```
const LinkButtons = withStyles(styles)(({ classes }) => (
  <Grid container direction="column" className={classes.container}>
    <Grid item>
      <Grid container>
        <Grid item>
          <Button component={Link} to="/">
            Home
          </Button>
        </Grid>
        <Grid item>
          <Button component={Link} to="/page1">
            Page 1
          </Button>
        </Grid>
        <Grid item>
          <Button component={Link} to="/page2">
            Page 2
          </Button>
        </Grid>
      </Grid>
    </Grid>
    <Grid item className={classes.content}>
      <Switch>
        <Route
          exact
          path="/"
          render={() => <Typography>home content</Typography>}
        />
        <Route
          path="/page1"
          render={() => <Typography>page 1 content</Typography>}
        />
        <Route
          path="/page2"
          render={() => <Typography>page 2 content</Typography>}
        />
      </Switch>
    </Grid>
  </Grid>
));
```

```
export default LinkButtons;
```

화면을 처음 로드하면 다음과 같이 보인다.

HOME	PAGE 1	PAGE 2
home content		

Page 2 버튼을 클릭하면 /page2로 이동하고, 이에 따라 콘텐츠가 업데이트된다.

HOME	PAGE 1	PAGE 2
page 2 content		

예제 분석

react-router를 애플리케이션의 라우터로 사용하면 react-router-dom의 Link 구성 요소를 사용해 링크를 렌더링할 수 있다. 머티리얼 UI 버튼이 머티리얼 UI 테마 및 사용자 상호작용 동작과 일관성을 유지하게 하려면 Link 구성 요소를 직접 렌더링하면 안된다. 그 대신 다음과 같이 기본 Button 구성 요소를 Link 구성 요소로 만든다.

```
<Button component={Link} to="/">
  Home
</Button>
```

component 속성을 사용해 이 구성 요소에 디폴트 대신 스타일과 이벤트 처리 로직을 적용하도록 Button 구성 요소에 알릴 수 있다. 그런 다음, 추가 속성이 Button 구성 요소에 설정되고 Link로 전달된다. 예를 들어, to 속성은 Button 속성이 아니므로 동작을 위해 필요로 하는 Link로 전달된다.

부연 설명

이 예제의 한 가지 문제는 현재 URL로 연결되는 버튼에 시각적 표시가 없다는 것이다. 예를 들어, 앱이 / URL을 처음 로드하면 **Home** 버튼이 다른 버튼에 비해 잘 보여야 한다. 한 가지 방법은 버튼이 활성화될 때 color 속성을 primary로 변경하는 것이다.

react-router-dom의 NavLink 구성 요소를 사용할 수 있다. 이 구성 요소는 링크가 활성화될 때만 적용되는 스타일 또는 클래스 이름을 설정할 수 있게 해준다. 이 과정에서의 어려움은 활성 상태일 때는 간단한 Button 속성만 변경해야 한다는 것이다. 활성화된 버튼의 스타일을 유지하는 것은 좀 더 어렵다. 특히 UI를 쉽게 테마로 만들려면 더욱 그렇다.

대신 다음과 같이 활성화될 때 적절한 Button 속성을 render하는 react-router 도구를 사용하는 버튼 추상화를 만들 수 있다.

```
const NavButton = ({ color, ...props }) => (
  <Switch>
    <Route
      exact
      path={props.to}
      render={() => (
        <Button color="primary" component={Link} {...props} />
      )}
    />
    <Route
      path="/"
      render={() => <Button component={Link} {...props} />}
    />
  </Switch>
```

```
);
```

NavButton 구성 요소는 Switch와 Route 구성 요소를 사용해 활성화 경로를 판단한다. NavButton에 전달된 to 속성을 현재 URL과 비교해 이를 수행한다. 일치하면 color 속성이 primary로 설정된 Button 구성 요소가 렌더링된다. 그렇지 않으면 색상이 지정되지 않는다. Switch의 첫 번째 Route가 일치하지 않으면, 두 번째 Route가 나머지와 일치된다. 새 구성 요소가 동작하는 모습은 다음과 같다.

```
<Grid container>
  <Grid item>
    <NavButton to="/">Home</NavButton>
  </Grid>
  <Grid item>
    <NavButton to="/page1">Page 1</NavButton>
  </Grid>
  <Grid item>
    <NavButton to="/page2">Page 2</NavButton>
  </Grid>
</Grid>
```

처음 화면이 로드되면 다음과 같다.

초기 URL이 /이므로 첫 번째 NavButton 구성 요소는 /의 to 구성 요소를 갖고, Home 버튼 색상은 primary다.

참고 사항

- Button 데모: https://material-ui.com/demos/buttons/

- Button API 문서: https://material-ui.com/api/button/
- 리액트 라우터 가이드: https://reactrouter.com/web/guides/quick-start

플로팅 동작

애플리케이션의 화면은 하나의 기본 동작을 갖는다. 예를 들어 항목을 나열하는 화면에서는 새 항목의 추가가 기본 동작이다. 항목의 세부 페이지에서는 항목의 수정이 기본 동작일 것이다. 머티리얼 UI는 화면의 기본 동작을 눈에 띄게 표시해주는 Fab 구성 요소(플로팅^{floating} 동작 버튼)를 제공한다.

예제 구현

일반적으로 플로팅 동작 버튼은 사용자에게 수행할 동작을 나타내는 아이콘이 있는 둥근 버튼을 화면 오른쪽 하단에 표시하는 데 사용된다. 플로팅 동작 버튼의 위치는 fixed돼서 사용자가 페이지를 아래로 스크롤해도 기본 동작이 페이지에 항상 표시된다.

다음과 같이 '추가^{add}' 동작을 나타내는 플로팅 동작 버튼을 화면의 오른쪽 하단에 position하는 코드를 작성한다.

```
import React, { Fragment } from 'react';

import { withStyles } from '@material-ui/core/styles';
import Fab from '@material-ui/core/Fab';
import AddIcon from '@material-ui/icons/Add';

const styles = theme => ({
  fab: {
    margin: 0,
    top: 'auto',
    left: 'auto',
    bottom: 20,
```

```
    right: 20,
    position: 'fixed'
  }
});

const FloatingActions = withStyles(styles)(({ classes, fabColor }) => (
  <Fragment>
    <Fab className={classes.fab} color={fabColor}>
      <AddIcon />
    </Fab>
  </Fragment>
));

export default FloatingActions;
```

화면을 로드하면 오른쪽 구석에서 다음과 같은 버튼을 볼 수 있다.

이 화면의 구성 요소는 Fab 구성 요소의 색상을 설정하는 데 사용되는 fabColor 속성을 갖고 있다. primary 색상은 푸른색으로 보인다.

마지막으로 플로팅 동작 버튼의 색상이 secondary일 때는 붉은색으로 보인다.

Fab 구성 요소는 Button 구성 요소와 매우 유사하다. Button을 사용해 실제로 fab 변형을 사용함으로써 플로팅 버튼을 렌더링한다. 버튼의 둥근 스타일은 Fab에서 처리된다. 따라서 여러분은 아이콘과 onClick 핸들러 같은 다른 버튼 속성만 지원하면 된다. 또한 플로팅 작업 버튼에 텍스트를 포함할 수도 있다. 이 경우에는 버튼의 스타일이 올바르게 표시되도록 extended 변형을 사용해야 한다(둥근 형태가 아니라 위아래가 평평한).

fab 스타일을 적용하고 올바른 변형을 사용할 수 있도록 Fab 구성 요소의 추상화를 만들어보자. extended 변형은 버튼에 텍스트가 있는 경우에만 유용하기 때문에 사용할 때마다 설정하는 것을 잊으면 안 된다. 애플리케이션에 아이콘과 텍스트 플로팅 동작 버튼을 가진 아이콘이 둘 다 있는 경우에는 특히 혼란스러울 수 있다.

새 Fab 구성 요소를 구현한 코드는 다음과 같다.

```
const ExtendedFab = withStyles(styles)(({ classes, ...props }) => {
  const isExtended = React.Children.toArray(props.children).find(
    child => typeof child === 'string'
  );

  return (
    <Fab
      className={classes.fab}
      variant={isExtended && 'extended'}
      {...props}
    />
  );
});
```

className 속성은 이전과 동일하게 설정됐다. variant 속성은 isExtended가 true일 때 확장으로 설정된다. 이를 알아내기 위해 React.Children.toArray() 함수를 사용해 children 속성을 일반 배열로 변환한다. 그런 다음 find() 메서드는 텍스트 요소를 찾는다. 요소가 발견되면 isExtended는 true이고 extended 변형이 사용된다.

다음은 새로운 ExtendedFab 버튼이 어떻게 사용되는지 보여준다.

```
export default ({ fabColor }) => (
  <ExtendedFab color={fabColor}>
    Add
    <AddIcon />
  </ExtendedFab>
);
```

Add 텍스트가 AddIcon 구성 요소 앞에 위치한다. 이 ExtendedFab 구성 요소는 두 개의 자식을 가지는데, 그중 하나가 extended 변형이 사용된다는 것을 의미하는 텍스트다. 결과는 다음과 같다.

참고 사항

- Button 데모: https://material-ui.com/demos/buttons/
- Fab API 문서: https://material-ui.com/api/fab/

아이콘 버튼

때로는 아이콘만 있는 버튼이 필요할 때도 있다. 이런 경우 IconButton 구성 요소가 유용하다. 아이콘 구성 요소를 자식으로 전달하기만 하면 아이콘 버튼이 만들어진다.

아이콘 버튼은 제한된 화면 공간에서 작업하거나 토글된 상태를 시각적으로 표시하려는 경우에 특히 유용하다. 예를 들어, 마이크의 활성화/비활성화 상태가 실제 마이크와 동일하다면 사용자의 마이크 상태 전환이 더 쉬워질 수 있다.

이 아이디어를 토대로 아이콘 버튼을 사용해 앱에서 마이크와 볼륨의 토글 컨트롤을 구현해보자. 코드는 다음과 같다.

```
import React, { useState } from 'react';

import IconButton from '@material-ui/core/IconButton';
import Grid from '@material-ui/core/Grid';

import MicIcon from '@material-ui/icons/Mic';
import MicOffIcon from '@material-ui/icons/MicOff';
import VolumeUpIcon from '@material-ui/icons/VolumeUp';
import VolumeOffIcon from '@material-ui/icons/VolumeOff';

export default function IconButtons({ iconColor }) {
  const [mic, setMic] = useState(true);
  const [volume, setVolume] = useState(true);

  return (
    <Grid container>
      <Grid item>
        <IconButton color={iconColor} onClick={() => setMic(!mic)}>
          {mic ? <MicIcon /> : <MicOffIcon />}
        </IconButton>
      </Grid>
      <Grid item>
        <IconButton
          color={iconColor}
          onClick={() => setVolume(!volume)}
        >
          {volume ? <VolumeUpIcon /> : <VolumeOffIcon />}
        </IconButton>
```

```
      </Grid>
    </Grid>
  );
}
```

화면을 처음 로드하면 다음과 같다.

두 아이콘 버튼을 클릭하면 다음과 같이 변경된다.

마이크와 볼륨의 상태가 무엇이든지 사용자는 항목과 상태를 시각적으로 알 수 있다.

예제 분석

이 화면의 구성 요소는 mic와 volume이라는 두 가지 상태를 유지한다. 둘 다 부울이며
IconButton 구성 요소에서 표시되는 아이콘을 제어한다.

```
const [mic, setMic] = useState(true);
const [volume, setVolume] = useState(true);
```

그런 다음, 이 상태를 기반으로 state가 변경될 때 아이콘이 스왑돼서 사용자에게 유
용한 시각적 피드백을 제공한다.

```
<Grid item>
  <IconButton color={iconColor} onClick={() => setMic(!mic)}>
    {mic ? <MicIcon /> : <MicOffIcon />}
  </IconButton>
</Grid>
```

```
<Grid item>
  <IconButton
    color={iconColor}
    onClick={() => setVolume(!volume)}
  >
    {volume ? <VolumeUpIcon /> : <VolumeOffIcon />}
  </IconButton>
</Grid>
```

또한 이 화면의 구성 요소는 iconColor 속성을 가지며 default, primary, secondary 값 중 하나가 된다. primary 색상은 다음과 같이 보인다.

참고 사항

- Button 데모: https://material-ui.com/demos/buttons/
- IconButton API 문서: https://material-ui.com/api/icon-button/

버튼 크기

머티리얼 UI 버튼은 티셔츠 스타일의 크기 조정을 지원한다. 즉, 버튼에 정확히 맞는 크기를 찾을 필요 없이 미리 정의된 크기 중에서 원하는 크기에 가장 가까운 것을 선택해 사용하면 된다.

예제 구현

버튼의 크기를 조정할 때는 small, medium(디폴트) 또는 large를 사용할 수 있다. 다음은 Button 구성 요소의 size를 설정하는 방법을 보여주는 예제다.

```
import React from 'react';

import Button from '@material-ui/core/Button';

export default function ButtonSizes({ size, color }) {
  return (
    <Button variant="contained" size={size} color={color}>
      Add
    </Button>
  );
}
```

이런 다양한 크기는 다음과 같이 나타난다.

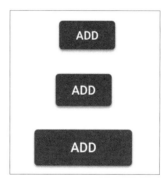

예제 분석

중간 크기의 버튼과 큰 버튼이 가장 뚜렷한 차이를 보여준다. color와 Icons 같은 다른
Button 속성과 함께 큰 버튼을 사용하면 버튼을 눈에 띄게 만들 수 있다.

부연 설명

버튼에서 미리 정해진 크기를 사용하는 방식의 단점은 텍스트와 아이콘 이미지를 결합할 경우에 나타난다. 아이콘은 텍스트와 동일하게 크기가 변경되지 않으므로 중간 크기인 디폴트 크기가 사용되지 않는다면 올바르게 표시되지 않는다.

크기가 일관되게 조절되는 텍스트 버튼과 아이콘 버튼을 쉽게 사용할 수 있도록 버튼의 추상화를 구현해보자. 코드는 다음과 같다.

```
import React from 'react';

import Grid from '@material-ui/core/Grid';
import Button from '@material-ui/core/Button';
import IconButton from '@material-ui/core/IconButton';
import Fab from '@material-ui/core/Fab';

import AddIcon from '@material-ui/icons/Add';

const MyButton = ({ fab, ...props }) => {
  const [child] = React.Children.toArray(props.children);
  let ButtonComponent;

  if (React.isValidElement(child) && fab) {
    ButtonComponent = Fab;
  } else if (React.isValidElement(child)) {
    ButtonComponent = IconButton;
  } else {
    ButtonComponent = Button;
  }

  return <ButtonComponent {...props} />;
};

export default function ButtonSizes({ size, color }) {
  return (
    <Grid container spacing={16} alignItems="center">
      <Grid item>
        <MyButton variant="contained" size={size} color={color}>
          Add
        </MyButton>
      </Grid>
```

```
      <Grid item>
        <MyButton size={size} color={color}>
          <AddIcon />
        </MyButton>
      </Grid>
      <Grid item>
        <MyButton fab size={size} color={color}>
          <AddIcon />
        </MyButton>
      </Grid>
    </Grid>
  );
}
```

size 속성이 small로 설정됐을 때 화면의 세 개 버튼은 다음과 같이 보인다.

다음은 large 크기일 때의 모습이다.

MyButton 구성 요소에서 어떤 일이 일어나는지 자세히 알아보자. 이 구성 요소는
children 속성을 배열로 바꾸고 첫 번째 요소를 child 상수에 할당해 얻어지는 하나의
child 노드를 받는다.

```
const [child] = React.Children.toArray(props.children);
```

여기서 아이디어는 child 요소와 fab 속성에 따라 적절한 Button 요소를 렌더링하는 것
이다. ButtonComponent에 올바른 구성 요소가 지정되는 방법은 다음과 같다.

```
if (React.isValidElement(child) && fab) {
  ButtonComponent = Fab;
} else if (React.isValidElement(child)) {
  ButtonComponent = IconButton;
} else {
  ButtonComponent = Button;
}
```

child가 요소이고 fab 속성이 true이면, Fab 구성 요소가 사용된다. child가 요소이고 fab 속성이 false이면, IconButton 구성 요소가 사용된다. 그 외에는 Button이 사용된다. 즉, 유효한 아이콘 요소나 텍스트 중 하나를 MyButton에 전달하면 된다. 이 구성 요소로 렌더링된 버튼의 크기를 설정하면 일관성이 유지된다.

참고 사항

- Button 데모: https://material-ui.com/demos/buttons/
- Button API 문서: https://material-ui.com/api/button/
- IconButton API 문서: https://material-ui.com/api/icon-button/
- Fab API 문서: https://material-ui.com/api/fab/

11

텍스트 – 텍스트 입력 수집

11장에서 배우는 주제는 다음과 같다.

- 상태로 입력 제어하기
- 자리표시자와 헬퍼 텍스트
- 유효성 검사 및 오류 표시
- 패스워드 필드
- 멀티라인 입력
- 입력 꾸미기
- 입력 마스킹

머티리얼 UI는 다양한 방법으로 사용자 입력을 수집할 수 있는 유연한 텍스트 입력 구성 요소를 지원한다. 간단한 한 줄짜리 텍스트 입력부터 아이콘으로 장식된 마스크 입력까지 사용법이 다양하다.

상태로 입력 제어하기

TextField 구성 요소는 일반 HTML 텍스트 입력 요소와 마찬가지로 리액트 구성 요소인 state로 제어할 수 있다. 다른 유형의 양식 컨트롤과 마찬가지로 시작 값이 종종 실제 값이 되고, 더 많은 기능이 추가될수록 양식 컨트롤의 상태는 더 복잡해진다.

예제 구현

다른 텍스트 입력 요소와 마찬가지로 TextField 구성 요소와 함께 입력 상태를 업데이트하는 onChange 이벤트 핸들러를 제공해야 한다. 이 핸들러가 없으면 사용자 입력이 있어도 입력 값이 바뀌지 않는다. 세 개의 텍스트 필드가 렌더링되고 각각의 필드가 자신의 상태에 따라 제어되는 예제를 살펴보자.

```
import React, { useState } from 'react';

import { makeStyles } from '@material-ui/styles';
import TextField from '@material-ui/core/TextField';
import Grid from '@material-ui/core/Grid';

const useStyles = makeStyles(theme => ({
  container: { margin: theme.spacing.unit * 2 }
}));

export default function ControllingInputWithState() {
  const classes = useStyles();
```

```
const [first, setFirst] = useState('');
const [second, setSecond] = useState('');
const [third, setThird] = useState('');

return (
  <Grid container spacing={4} className={classes.container}>
    <Grid item>
      <TextField
        id="first"
        label="First"
        value={first}
        onChange={e => setFirst(e.target.value)}
      />
    </Grid>
    <Grid item>
      <TextField
        id="second"
        label="Second"
        value={second}
        onChange={e => setSecond(e.target.value)}
      />
    </Grid>
    <Grid item>
      <TextField
        id="third"
        label="Third"
        value={third}
        onChange={e => setThird(e.target.value)}
      />
    </Grid>
  </Grid>
);
}
```

화면을 처음 로드하면 다음과 같이 보인다.

First	Second	Third

각 텍스트 필드에 입력하면, 화면의 구성 요소의 상태가 업데이트된다.

First	Second	Third
abc	efg	hij

예제 분석

useState(): setFirst(), setSecond(), setThird()로 작성된 세터^setter 함수는 onChange 이벤트에서 구성 요소가 사용하는 상태를 변경해 TextField 구성 요소의 값을 변경한다.

 TextField 구성 요소는 FormControl과 Input 같은 다른 머티리얼 UI 구성 요소 위에 구축된 편리한 추상화다. TextField를 이런 각각의 구성 요소로 바꿔도 똑같은 결과를 얻을 수 있다. 그러나 유지 보수에 더 많은 코드가 필요하다.

부연 설명

구성 요소 상태에서 TextField 값만 유지하는 것 대신에 id와 label 정보도 유지하면 어떨까? 상태로 절대 변하지 않는 값을 저장한다는 것이 다소 혼란스러울 수 있지만, 동일한 TextField 구성 요소를 반복하지 않아도 구성 요소가 렌더링한 내용을 상태 데이터로 가져올 수 있다는 장점이 있다.

먼저 다음과 같이 구성 요소 상태의 모양을 변경해보자.

```
const [inputs, setInputs] = useState([
  { id: 'first', label: 'First', value: '' },
  { id: 'second', label: 'Second', value: '' },
  { id: 'third', label: 'Third', value: '' }
]);
```

텍스트 필드 값을 갖고 있는 문자열 속성의 객체를 사용하는 대신 객체의 배열인 inputs 상태를 사용한다. 배열이므로 구성 요소에서 순서를 유지하면서 값을 반복할 수 있다. 각 객체는 TextField를 렌더링하는 데 필요한 모든 것을 포함한다. 업데이트된 마크업을 살펴보자.

```
<Grid container spacing={4} className={classes.container}>
  {inputs.map(input => (
    <Grid item key={input.id}>
      <TextField
        id={input.id}
        label={input.label}
        value={input.value}
        onChange={onChange}
      />
    </Grid>
  ))}
</Grid>
```

각 Grid 항목은 이제 inputs 배열의 요소에 매핑된다. 텍스트 필드를 추가, 삭제, 변경하고 싶다면 상태를 업데이트하면 된다. 마지막으로 onChange() 구현을 살펴보자.

```
const onChange = ({ target: { id, value } }) => {
  const newInputs = [...inputs];
  const index = inputs.findIndex(input => input.id === id);

  newInputs[index] = { ...inputs[index], value };

  setInputs(newInputs);
};
```

onChange() 함수는 배열의 항목인 inputs 배열을 업데이트한다. 먼저 텍스트 필드 id를 기반으로 업데이트할 항목의 index를 찾는다. 그런 다음 텍스트 필드의 값으로 value 속성을 업데이트한다.

이 방법의 경우 기능은 이전과 동일하지만 더 적은 JSX 마크업이 필요하다.

참고 사항

- TextField 데모: https://material-ui.com/demos/text-fields/
- TextField API 문서: https://material-ui.com/api/text-field/

자리표시자와 헬퍼 텍스트

텍스트 필드는 사용자가 무엇을 입력해야 하는지 알 수 있도록 최소한의 레이블을 갖고 있어야 한다. 그러나 레이블 자체가 혼란스러울 수 있다. 특히 동일한 화면에 여러 개의 텍스트 필드가 있다면 더욱 그렇다. 사용자가 입력할 내용을 이해하도록 돕고자 label 외에 placeholder와 helperText를 활용할 수 있다.

예제 구현

TextField 구성 요소와 함께 사용할 수 있는 다양한 label, placeholder, helperText 구성을 보여주는 코드를 작성해보자.

```
import React from 'react';

import { withStyles } from '@material-ui/core/styles';
import Grid from '@material-ui/core/Grid';
import TextField from '@material-ui/core/TextField';

const styles = theme => ({
  container: { margin: theme.spacing(2) }
});

const PlaceholderAndHelperText = withStyles(styles)(({ classes }) => (
  <Grid container spacing={4} className={classes.container}>
```

```
      <Grid item>
        <TextField label="The Value" />
      </Grid>
      <Grid item>
        <TextField placeholder="Example Value" />
      </Grid>
      <Grid item>
        <TextField helperText="Brief explanation of the value" />
      </Grid>
      <Grid item>
        <TextField
          label="The Value"
          placeholder="Example Value"
          helperText="Brief explanation of the value"
        />
      </Grid>
    </Grid>
  ));

export default PlaceholderAndHelperText;
```

네 개의 텍스트 필드는 다음과 같이 표시된다.

	Example Value		The Value
The Value		Brief explanation of the value	Brief explanation of the value

예제 분석

각 텍스트 필드를 살펴보고 각각의 장단점을 분석해보자.

먼저 label 구성 요소만 있는 텍스트 필드는 다음과 같다.

```
<TextField label="The Value" />
```

label만 있으면 사용자가 텍스트를 입력할 위치에 표시된다.

> The Value

사용자가 텍스트 필드로 이동하고 포커스를 받으면 label은 축소돼 옮겨진다.

> The Value
> some value|

다음 텍스트 필드는 placeholder 속성을 이용하는 자리표시자[placeholder]다.

```
<TextField placeholder="Example Value" />
```

placeholder 텍스트는 사용자에게 사용 가능한 유효한 값의 예를 제공한다.

> Example Value

사용자가 텍스트 입력을 시작하면 placeholder는 사라진다.

> some value|

다음 텍스트 필드는 helperText 속성 값을 제공한다.

> Brief explanation of the value

텍스트 필드의 헬퍼 텍스트[helper text]는 사용자가 입력을 시작한 후에도 항상 보이며 밖으로 옮겨지지 않는다는 점에서 정적이다. 텍스트 필드는 사용자가 입력한 값을 파악하는 데 도움이 되는 세 가지 속성을 모두 가질 수 있다.

- 값을 사용자에게 알려주는 레이블
- 예제 값을 제공하는 자리표시자 텍스트
- 값이 필요한 이유를 자세히 설명하는 헬퍼 텍스트

이들 세 가지 속성을 조합하면 사용자가 무엇을 입력해야 하는지 이해하기 쉽다. 텍스트 필드가 포커스를 받지 않으면 레이블과 헬퍼 텍스트가 표시된다.

```
The Value

Brief explanation of the value
```

텍스트 필드가 포커스를 받으면 레이블이 축소되고 자리표시자 값이 표시된다.

```
The Value
Example Value

Brief explanation of the value
```

참고 사항

- TextField 데모: https://material-ui.com/demos/text-fields/
- TextField API 문서: https://material-ui.com/api/text-field/

유효성 검사 및 오류 표시

헬퍼 텍스트와 자리표시자, 레이블을 제공하더라도 여전히 사용자가 올바르지 않은 값을 입력할 가능성이 있다. 또한 의도하지 않은 실수가 발생할 수도 있다. 실수가 발생하면 텍스트 입력 필드는 오류 상태로 표시돼야 한다.

전화번호와 이메일 주소라는 두 입력 필드를 가진 페이지에서 사용자가 입력하는 값이 올바른지 확인하려 한다고 가정해보자.

 유효성 검사는 완벽하지 않다. 고맙게도 효과가 있을 수 있지만, 여전히 UI의 모든 부분이 필요하다.

코드는 다음과 같다.

```
import React, { useState } from 'react';

import { makeStyles } from '@material-ui/styles';
import Grid from '@material-ui/core/Grid';
import TextField from '@material-ui/core/TextField';

const useStyles = makeStyles(theme => ({
  container: { margin: theme.spacing(2) }
}));

export default function ValidationAndErrorDisplay() {
  const classes = useStyles();
  const [inputs, setInputs] = useState([
    {
      id: 'phone',
      label: 'Phone',
      placeholder: '999-999-9999',
      value: '',
      error: false,
      helperText: 'Any valid phone number will do',
      getHelperText: error =>
        error
          ? 'Woops. Not a valid phone number'
          : 'Any valid phone number will do',
    isValid: value =>
```

```
          /^[\+]?[(]?[0-9]{3}[)]?[-\s\.]?[0-9]{3}[-\s\.]?[0-9]{4,6}$/.test(
            value
          )
  },
  {
    id: 'email',
    label: 'Email',
    placeholder: 'john@acme.com',
    value: '',
    error: false,
    helperText: 'Any valid email address will do',
    getHelperText: error =>
      error
        ? 'Woops. Not a valid email address'
        : 'Any valid email address will do',
    isValid: value => /\S+@\S+\.\S+/.test(value)
  }
]);

const onChange = ({ target: { id, value } }) => {
  const newInputs = [...inputs];
  const index = inputs.findIndex(input => input.id === id);
  const input = inputs[index];
  const isValid = input.isValid(value);

  newInputs[index] = {
    ...input,
    value: value,
    error: !isValid,
    helperText: input.getHelperText(!isValid)
  };

  setInputs(newInputs);
};

return (
  <Grid container spacing={4} className={classes.container}>
    {inputs.map(input => (
      <Grid item key={input.id}>
        <TextField
```

```
        id={input.id}
        label={input.label}
        placeholder={input.placeholder}
        helperText={input.helperText}
        value={input.value}
        onChange={onChange}
        error={input.error}
      />
    </Grid>
  ))}
  </Grid>
  );
}
```

ValidationAndErrorDisplay 구성 요소는 화면에 두 개의 TextField 구성 요소를 렌더링한다. 화면이 처음 로드되면 다음과 같이 보인다.

Phone	Email
Any valid phone number will do	Any valid email address will do

Phone과 Email 텍스트 필드는 레이블과 헬퍼 텍스트, 자리표시자를 가진 일반적인 텍스트 필드다. 예를 들어 Phone 필드가 포커스를 받으면 다음과 같이 보인다.

입력을 시작하면, 전화번호 형식 정규 표현식에 따라 텍스트 필드의 값의 유효성을 검사한다. 유효하지 않은 전화번호 값이 입력됐다면 필드는 다음과 같이 보인다.

354

유효한 전화번호 값이 입력되면 텍스트 필드의 상태는 정상으로 돌아온다.

```
Phone
999-999-9999|
Any valid phone number will do
```

Email 필드도 동일하게 동작한다. 유일한 차이점은 값의 형식을 검증하는 데 사용하는
정규 표현식이 다르다는 것이다.

예제 분석

ValidationAndErrorDisplay 구성 요소의 상태를 살펴보는 것으로 시작한다.

```
const [inputs, setInputs] = useState([
  {
    id: 'phone',
    label: 'Phone',
    placeholder: '999-999-9999',
    value: '',
    error: false,
    helperText: 'Any valid phone number will do',
    getHelperText: error =>
      error
        ? 'Woops. Not a valid phone number'
        : 'Any valid phone number will do',
      isValid: value =>
        /^[\+]?[(]?[0-9]{3}[)]?[-\s\.]?[0-9]{3}[-\s\.]?[0-9]{4,6}$/.test(
          value
        )
  },
  {
    id: 'email',
    label: 'Email',
    placeholder: 'john@acme.com',
    value: '',
    error: false,
```

```
    helperText: 'Any valid email address will do',
    getHelperText: error =>
      error
        ? 'Woops. Not a valid email address'
        : 'Any valid email address will do',
      isValid: value => /\S+@\S+\.\S+/.test(value)
  }
]);
```

render() 메서드에 의해 inputs 배열이 TextField 구성 요소에 매핑된다. 이 배열의 각
객체에는 TextField 구성 요소에 직접 매핑되는 속성이 있다. 예를 들어 id, label,
placeholder는 모두 TextField 속성이다. 객체에는 텍스트 필드 값의 유효성을 검사하
는 데 도움이 되는 두 개의 함수가 있다. 첫 번째 getHelperText()는 디폴트 헬퍼 텍스
트 또는 error 인수가 true인 경우 헬퍼 텍스트를 대체하는 오류 텍스트를 반환한다.
isValid() 함수는 정규 표현식에 따라 value 인수의 유효성을 검사하고 일치하는 경우
true를 반환한다.

다음으로 onChange() 핸들러를 살펴보자.

```
const onChange = ({ target: { id, value } }) => {
  const newInputs = [...inputs];
  const index = inputs.findIndex(input => input.id === id);
  const input = inputs[index];
  const isValid = input.isValid(value);

  newInputs[index] = {
    ...input,
    value: value,
    error: !isValid,
    helperText: input.getHelperText(!isValid)
  };

  setInputs(newInputs);
};
```

사용자가 값을 입력하면 이 함수는 주어진 텍스트 필드의 값 상태를 업데이트한다. 또한 이 함수는 isValid() 함수를 호출해 업데이트된 값을 전달한다. 값이 유효하지 않으면 error 상태는 true로 설정된다. helperText 상태는 getHelperText()를 사용해 업데이트되며 값의 유효성에 의존한다.

부연 설명

오류 메시지를 상태로 저장할 필요가 없도록 하거나, 또는 텍스트 필드의 헬퍼 텍스트를 변경하는 함수가 필요하지 않도록 이 예제를 수정하면 어떨까? 이를 위해 error 속성 설정을 처리하는 새 TextField 추상화를 도입하고, 값이 invalid인 경우 helperText 구성 요소를 변경한다. 새로운 구성 요소는 다음과 같다.

```
const MyTextField = ({ isInvalid, ...props }) => {
  const invalid = isInvalid(props.value);

  return (
    <TextField
      {...props}
      error={invalid}
      helperText={invalid || props.helperText}
    />
  );
};
```

데이터가 유효한 경우 true를 반환하는 함수 대신, MyTextField 구성 요소는 데이터가 유효하면 false를 반환하고 유효하지 않으면 error 메시지를 반환하는 isInvalid() 속성을 필요로 한다. 그런 다음 error 속성은 이 값을 사용해 텍스트 필드의 색상을 변경함으로써 오류 상태임을 나타내며, helperText 속성은 isInvalid() 함수에서 반환된 문자열이나 구성 요소에 전달된 helperText 속성을 사용할 수 있다.

다음으로 이제 ValidationAndErrorDisplay 구성 요소가 사용하는 상태를 살펴보자.

```
const [inputs, setInputs] = useState([
  {
    id: 'phone',
    label: 'Phone',
    placeholder: '999-999-9999',
    value: '',
    helperText: 'Any valid phone number will do',
    isInvalid: value =>
      value === '' ||
      /^[\+]?[(]?[0-9]{3}[)]?[-\s\.]?[0-9]{3}[-\s\.]?[0-9]{4,6}$/.test(
        value
      )
        ? false
        : 'Woops. Not a valid phone number'
  },
  {
    id: 'email',
    label: 'Email',
    placeholder: 'john@acme.com',
    value: '',
    helperText: 'Any valid email address will do',
    isInvalid: value =>
      value === '' || /\S+@\S+\.\S+/.test(value)
        ? false
        : 'Woops. Not a valid email address'
  }
]);
```

더 이상은 입력에 getHelperText() 함수나 error 상태가 필요하지 않다. isInvalid() 함수는 값이 유효하지 않은 경우 오류 헬퍼 텍스트를 반환한다. 다음으로 onChange() 핸들러를 살펴보자.

```
const onChange = ({ target: { id, value } }) => {
  const newInputs = [...inputs];
  const index = inputs.findIndex(input => input.id === id);

  newInputs[index] = {
```

```
    ...inputs[index],
    value: value
  };

  setInputs(newInputs);
};
```

이제 더 이상 error 상태를 건드리거나 헬퍼 텍스트를 업데이트하거나 또는 유효성 검사 함수를 호출하지 않아도 된다. 이제 MyTextField가 이 모두를 처리한다.

참고 사항

- TextField 데모: https://material-ui.com/demos/text-fields/
- TextField API 문서: https://material-ui.com/api/text-field/

패스워드 필드

패스워드 필드는 입력되는 개별 문자를 화면에서 숨기는 특수한 텍스트 입력 형식이다. 이 필드 형식은 머티리얼 UI TextField 구성 요소에서 type 속성 값을 변경해 지원할 수 있다.

예제 구현

다음은 값이 화면에 표시되지 않도록 일반적인 텍스트 입력을 password 입력으로 바꾸는 예제를 보여준다.

```
import React, { useState } from 'react';

import TextField from '@material-ui/core/TextField';
```

```
export default function PasswordFields() {
  const [password, setPassword] = useState('12345');

  const onChange = e => {
    setPassword(e.target.value);
  };

  return (
    <TextField
      type="password"
      label="Password"
      value={password}
      onChange={onChange}
    />
  );
}
```

화면이 처음 로드되면 다음과 같이 보인다.

Password 필드의 값을 변경하면 새 입력 문자가 숨겨지지만, 실제 입력 값은 Password Fields 구성 요소의 password 상태에 저장된다.

예제 분석

type 속성은 TextField 구성 요소가 패스워드 HTML input 요소를 사용하도록 알린다. 이런 방법으로 사용자가 값을 입력하거나 필드에 값이 미리 채워져 있는 경우에는 값이 숨겨진다. 경우에 따라 패스워드 필드를 자동으로 채울 수도 있다.

autoComplete 속성으로 브라우저가 자동으로 채우는 패스워드 값을 제어할 수 있다. 일반적으로 이 값은 Username 필드가 입력됐을 때 Password 필드를 자동으로 채우는 데 사용된다. 다음은 화면에 Username과 Password 필드가 있을 때 이 속성을 어떻게 사용하는지 보여주는 예제다.

```jsx
import React, { useState } from 'react';

import { makeStyles } from '@material-ui/styles';
import Grid from '@material-ui/core/Grid';
import TextField from '@material-ui/core/TextField';

const useStyles = makeStyles(theme => ({
  container: { margin: theme.spacing(2) }
}));

export default function PasswordFields() {
  const classes = useStyles();
  const [username, setUsername] = useState('');
  const [password, setPassword] = useState('');

  return (
    <Grid container spacing={4} className={classes.container}>
      <Grid item>
        <TextField
          id="username"
          label="Username"
          autoComplete="username"
          InputProps={{ name: 'username' }}
          value={username}
          onChange={e => setUsername(e.target.value)}
        />
      </Grid>
      <Grid item>
        <TextField
          id="password"
```

```
        type="password"
        label="Password"
        autoComplete="current-password"
        value={password}
        onChange={e => setPassword(e.target.value)}
      />
    </Grid>
  </Grid>
);
}
```

첫 번째 TextField 구성 요소는 username의 autoComplete 값을 사용한다. 또한 { name: 'username' }을 InputProps에 전달해 name 속성이 <input> 요소에 설정된다. 이렇게 하는 이유는 두 번째 TextField 구성 요소에서 current-password의 autoComplete 값이 브라우저에게 username 필드 값을 기반으로 패스워드를 조회하도록 지시하기 위해서다.

 모든 브라우저에서 이 기능을 동일하게 구현하고 있지는 않다. 텍스트 필드에 자격증명 (credential)을 자동으로 채우려면 브라우저의 자체 저장 도구를 사용해 자격증명을 저장해야 한다.

참고 사항

- TextField 데모: https://material-ui.com/demos/text-fields/
- TextField API 문서: https://material-ui.com/api/text-field/

멀티라인 입력

일부 필드의 경우 사용자가 여러 줄에 걸친 텍스트 값을 입력할 수 있는 기능이 필요하다. multiline 속성이 이 목적을 달성하는 데 도움이 된다.

예제 구현

사용자가 멀티라인 텍스트를 입력할 수 있는 필드를 제공한다고 가정해보자. 이를 위해서는 multiline 속성을 지정하면 된다.

```javascript
import React, { useState } from 'react';

import TextField from '@material-ui/core/TextField';

export default function MultilineInput() {
  const [multiline, setMultiline] = useState('');

  return (
    <TextField
      multiline
      value={multiline}
      onChange={e => setMultiline(e.target.value)}
    />
  );
}
```

디폴트는 한 줄이므로 화면이 처음 로드될 때 텍스트 필드는 일반 필드처럼 보인다.

이 텍스트 필드에 필요한 만큼 여러 줄을 입력할 수 있다. Enter 키를 누르면 새로운 줄이 시작된다.

```
multi
line
input
with
no
limit
on
how
many
rows
```

multiline 부울 속성은 필드에 multiline 지원이 필요하다는 것을 TextField 구성 요소에 알리는 데 사용된다. 앞의 예제에서 화면에 다른 필드나 대화상자가 많이 있는 경우에는 multiline 입력을 사용할 때 몇 가지 문제가 발생할 수 있다.

- 사용자가 **Enter** 키를 누르면, 구성 요소에 행이 추가돼 필드의 높이가 달라진다. 이로 인해 다른 요소가 이동해 레이아웃에 문제가 발생할 수 있다.
- 필드가 한 줄로 돼 있어 일반적인 한 줄 텍스트 입력처럼 보이면, 사용자가 멀티라인 텍스트 입력이 가능한 필드인지 알지 못할 수 있다.

부연 설명

동적으로 크기가 달라지는 텍스트 multiline 필드의 문제를 방지하려면 multiline 텍스트 필드가 사용하는 줄의 숫자를 지정하면 된다. 다음은 rows 속성을 사용하는 방법을 보여주는 예제다.

```
<TextField
  multiline
  rows={5}
  label="Address"
  value={multiline}
```

```
  onChange={e => setMultiline(e.target.value)}
/>
```

이제 텍스트 필드는 정확히 다섯 줄을 갖는다.

```
Address

123 Fake Street
Bolton, Ontario
L1F 2Y1
Fake data
More fake data
```

사용자가 다섯 줄 이상의 텍스트를 입력하면 수직 스크롤바가 나타난다. 텍스트 높이가 변하지 않으므로 다른 구성 요소의 레이아웃에는 영향을 미치지 않는다. TextField 구성 요소에서는 rows 대신 rowsMax 속성을 사용해 동일한 높이 제한을 가할 수 있다. 텍스트 필드가 한 줄로 시작해 사용자가 새 줄을 추가하면 늘어난다는 점이 다르다. 그러나 rowsMax를 5로 설정하면 텍스트 필드는 다섯 줄을 넘지 않는다.

참고 사항

- TextField 데모: https://material-ui.com/demos/text-fields/
- TextField API 문서: https://material-ui.com/api/text-field/

입력 꾸미기

머티리얼 UI Input 구성 요소는 모양과 동작을 사용자 정의할 수 있는 속성을 제공한다. 여기서 아이디어는 다른 머티리얼 UI 구성 요소로 입력을 장식해 사용자가 이해할 수 있도록 기본 텍스트 입력 기능을 확장하는 것이다.

앱이 패스워드 입력이 필요한 화면을 여러 개 갖고 있다. 사용자가 패스워드를 입력할 때 이를 확인하고 싶어 한다고 가정해보자. 디폴트는 값을 숨기는 것이지만, 입력 구성 요소 자체에 값의 가시성을 토글하는 버튼이 있다면 이런 사용자의 요구를 만족시킬 수 있을 것이다.

다음은 가시성 토글 버튼으로 패스워드 필드를 꾸미는 구성 요소의 예제를 보여준다.

```
import React, { useState } from 'react';

import TextField from '@material-ui/core/TextField';
import IconButton from '@material-ui/core/IconButton';
import InputAdornment from '@material-ui/core/InputAdornment';

import VisibilityIcon from '@material-ui/icons/Visibility';
import VisibilityOffIcon from '@material-ui/icons/VisibilityOff';

function PasswordField() {
  const [visible, setVisible] = useState(false);

  const toggleVisibility = () => {
    setVisible(!visible);
  };

  return (
    <TextField
      type={visible ? 'text' : 'password'}
      InputProps={{
        endAdornment: (
          <InputAdornment position="end">
            <IconButton onClick={toggleVisibility}>
              {visible ? <VisibilityIcon /> : <VisibilityOffIcon />}
            </IconButton>
          </InputAdornment>
        )
      }}
```

```
      />
   );
}

export default function InputAdornments() {
  const [password, setPassword] = useState('');

  return (
    <PasswordField
      value={password}
      onChange={e => setPassword(e.target.value)}
    />
  );
}
```

가시성 토글 버튼을 클릭하지 않고 입력을 시작하면 다음과 같이 보인다.

가시성 토글 버튼을 클릭하면 Password 필드는 다음과 같이 보인다.

예제 분석

PasswordField 구성 요소를 자세히 살펴보자.

```
function PasswordField() {
  const [visible, setVisible] = useState(false);

  const toggleVisibility = () => {
    setVisible(!visible);
  };
```

```
  return (
    <TextField
      type={visible ? 'text' : 'password'}
      InputProps={{
        endAdornment: (
          <InputAdornment position="end">
            <IconButton onClick={toggleVisibility}>
              {visible ? <VisibilityIcon /> : <VisibilityOffIcon />}
            </IconButton>
          </InputAdornment>
        )
      }}
    />
  );
}
```

이 구성 요소는 visible이라는 상태를 유지한다. PasswordField가 부모 구성 요소 대신
이 상태를 유지하는 것은 관심 분리의 원칙^{separation of concerns principle} 때문이다. 예를 들어
부모 구성 요소는 패스워드 필드 값에 접근해야 한다. 이 값은 PasswordField에 속성으
로 전달된다. 그러나 PasswordField만이 visibility 상태에 관심을 갖는다. 따라서 이
구성 요소 내에 캡슐화해 보관하면 PasswordField를 사용하는 모든 코드가 단순화된다.

이 추상화의 다른 중요한 측면은 자체 꾸미기다. visible 상태가 변경되면 type 속성도
변경된다. 이것이 패스워드 값을 표시하거나 숨기는 메커니즘이다. endAdornment 속성
은 InputProps를 통해 TextField를 렌더링하는 Input 구성 요소에 전달된다. 이것이 필
드에 구성 요소를 추가하는 방법이다. 이 예제에서는 입력의 오른쪽(끝)에 아이콘 버튼
을 추가한다. 여기서 아이콘은 가시성 상태에 따라 변경되며, 클릭하면 toggleVisible()
메서드가 호출돼 실제로 가시성 상태가 변경된다.

입력 꾸미기는 패스워드 값을 표시하는 버튼 외에서도 사용할 수 있다. 예를 들어, 유효성 검사가 완료된 필드에서 입력 꾸미기를 통해 필드의 유효성을 사용자에게 시각적으로 보여줄 수 있다. 사용자가 입력할 때 이메일 필드의 유효성을 확인해야 한다고 가정해보자. 사용자의 입력 내용을 검증한 결과에 따라 구성 요소의 색상과 장식을 변경하는 구성 요소 형태로 추상화를 만들 수 있다. 구성 요소는 다음과 같다.

```jsx
const ValidationField = props => {
  const { isValid, ...rest } = props;
  const empty = props.value === '';
  const valid = isValid(props.value);
  let startAdornment;

  if (empty) {
    startAdornment = null;
  } else if (valid) {
    startAdornment = (
      <InputAdornment position="start">
        <CheckCircleIcon color="primary" />
      </InputAdornment>
    );
  } else {
    startAdornment = (
      <InputAdornment position="start">
        <ErrorIcon color="error" />
      </InputAdornment>
    );
  }

  return (
    <TextField
      {...rest}
      error={!empty && !valid}
      InputProps={{ startAdornment }}
    />
```

```
  );
};
```

ValidationField에서의 아이디어는 isValid() 함수 속성을 받아 값 속성을 테스트하는
데 사용하는 것이다. true를 반환하면 startAdornment는 체크 표시다. isValid()가
false를 반환하면 startAdornment는 빨간색 *x*다. 다음은 이 구성 요소를 어떻게 사용하
는지 보여준다.

```
<ValidationField
  label="Email"
  value={this.state.email}
  onChange={this.onEmailChange}
  isValid={v => /\S+@\S+\.\S+/.test(v)}
/>
```

ValidationField 구성 요소는 TextField와 거의 동일하게 사용할 수 있으며, isValid 속
성이 추가됐다. 모든 상태는 ValidationField 외부에서 처리된다. 즉, 값이 변경될 때
마다 isValid()가 호출되고 데이터의 유효성을 반영하도록 구성 요소의 모양이 업데이
트된다. 추가로 ValidationField는 값과 isValid 속성에서 필요한 모든 정보를 가져오
기 때문에 어떤 오류 정보도 저장할 필요가 없다.

유효하지 않은 이메일 주소가 입력되면 필드는 다음과 같이 보인다.

유효한 이메일 주소가 입력됐을 때 필드의 모습은 다음과 같다.

입력 마스킹

어떤 텍스트 입력에서는 특별한 형식의 값이 필요할 수 있다. 머티리얼 UI TextField 구성 요소를 사용하면 사용자가 올바른 형식으로 입력하도록 안내하는 마스킹^{masking} 기능을 추가할 수 있다.

예제 구현

페이지에 전화번호 필드와 이메일 필드가 있고 각각에 대해 입력 마스크를 제공하려 한다고 가정해보자. 다음은 react-text-mask의 MaskedInput 구성 요소와 TextField 구성 요소를 사용해 마스킹 기능을 추가하는 방법을 보여준다.

```
import React, { Fragment, useState } from 'react';
import MaskedInput from 'react-text-mask';
import emailMask from 'text-mask-addons/dist/emailMask';

import { makeStyles } from '@material-ui/styles';
import TextField from '@material-ui/core/TextField';

const useStyles = makeStyles(theme => ({
  input: { margin: theme.spacing.unit * 3 }
}));

const PhoneInput = ({ inputRef, ...props }) => (
```

```
    <MaskedInput
      {...props}
      ref={ref => {
        inputRef(ref ? ref.inputElement : null);
      }}
      mask={[
        '(',
        /[1-9]/,
        /\d/,
        /\d/,
        ')',
        ' ',
        /\d/,
        /\d/,
        /\d/,
        '-',
        /\d/,
        /\d/,
        /\d/,
        /\d/
      ]}
      placeholderChar={'\u2000'}
    />
);

const EmailInput = ({ inputRef, ...props }) => (
  <MaskedInput
    {...props}
    ref={ref => {
      inputRef(ref ? ref.inputElement : null);
    }}
    mask={emailMask}
    placeholderChar={'\u2000'}
  />
);

export default function InputMasking() {
  const classes = useStyles();
  const [phone, setPhone] = useState('');
  const [email, setEmail] = useState('');
```

```
  return (
    <Fragment>
      <TextField
        label="Phone"
        className={classes.input}
        value={phone}
        onChange={e => setPhone(e.target.value)}
        InputProps={{ inputComponent: PhoneInput }}
      />
      <TextField
        label="Email"
        className={classes.input}
        value={email}
        onChange={e => setEmail(e.target.value)}
        InputProps={{ inputComponent: EmailInput }}
      />
    </Fragment>
  );
}
```

화면이 처음 로드되면 다음과 같이 보인다.

Phone 필드에 값을 입력하기 시작하면 형식 마스크가 나타난다.

완성된 값은 다음과 같다. 사용자는 (,), 또는 -를 입력할 필요가 없다.

완성된 Email 값은 다음과 같다.

Email
john@gmail.com

이메일을 입력할 때는 이메일 주소에 몇 개의 문자가 있는지 알 수 없으므로 사용자가 직접 @과 .를 입력해야 한다. 그러나 마스크는 사용자가 이러한 문자 중 하나를 잘못된 위치에 입력하는 것을 방지해준다.

예제 분석

이 동작을 위해 PhoneInput 구성 요소와 EmailInput 구성 요소를 작성한다. 여기서 아이디어는 두 구성 요소 모두에서 MaskedInput 구성 요소에 기본 추상화를 제공하는 것이다. 각각을 자세히 살펴보자. PhoneInput부터 시작한다.

```
const PhoneInput = ({ inputRef, ...props }) => (
  <MaskedInput
    {...props}
    ref={ref => {
      inputRef(ref ? ref.inputElement : null);
    }}
    mask={[
      '(',
      /[1-9]/,
      /\d/,
      /\d/,
      ')',
      ' ',
      /\d/,
      /\d/,
      /\d/,
      '-',
      /\d/,
      /\d/,
```

```
      /\d/,
      /\d/
    ]}
    placeholderChar={'\u2000'}
  />
);
```

PhoneInput에 전달된 속성은 대부분 MaskedInput에 전달된다. ref 속성은 이름이 다르기 때문에 명시적으로 설정해야 한다. placeholder 속성은 공백으로 설정된다. mask 속성이 가장 중요하다. 이 속성은 사용자가 타이핑을 시작할 때 보게 되는 패턴을 결정한다. mask에 전달된 값은 정규 표현식과 문자열 문자^string character를 가진 배열이다. 문자열 문자는 사용자가 입력을 시작할 때 표시되는 것으로, 전화번호의 경우 (,), - 문자다. 정규 표현식은 사용자 입력을 동적으로 매칭한다. 전화번호에는 어떤 숫자도 사용할 수 있지만, 기호와 문자는 허용되지 않는다.

이제 EmailInput 구성 요소를 살펴보자.

```
const EmailInput = ({ inputRef, ...props }) => (
  <MaskedInput
    {...props}
    ref={ref => {
      inputRef(ref ? ref.inputElement : null);
    }}
    mask={emailMask}
    placeholderChar={'\u2000'}
  />
);
```

PhoneInput과 동일한 접근 방식을 따른다. 중요한 차이점은 문자열 배열과 정규 표현식을 전달하는 대신 emailMask 함수(react-text-mask에서 가져온)가 사용된다는 것이다.

이제 두 개의 마스킹된 입력이 만들어졌으므로 inputComponent 속성에 전달해 사용하면 된다.

```
<TextField
  label="Phone"
  className={classes.input}
  value={phone}
  onChange={e => setPhone(e.target.value)}
  InputProps={{ inputComponent: PhoneInput }}
/>
<TextField
  label="Email"
  className={classes.input}
  value={email}
  onChange={e => setEmail(e.target.value)}
  InputProps={{ inputComponent: EmailInput }}
/>
```

참고 사항

- TextField 데모: https://material-ui.com/demos/text-fields/
- TextField API 문서: https://material-ui.com/api/text-field/
- 리액트 텍스트 마스크: https://github.com/text-mask/text-mask

12

자동 완성과 칩 - 여러 항목에 대한 텍스트 입력 제안

12장에서 배우는 주제는 다음과 같다.

- 자동 완성 구성 요소 만들기
- 자동 완성 제안 선택
- API 기반 자동 완성
- 검색 결과 강조
- 독립형 칩chip 입력

소개

일반적으로 너무 많은 선택이 가능한 경우에는 웹 애플리케이션에서 자동 완성 입력 필드를 제공한다. 자동 완성 필드는 텍스트 입력 필드와 비슷하며, 사용자가 입력을 시작하면 입력 값에 기반해 선택 가능한 리스트를 제공한다. 사용자가 선택을 완료하면 실제 입력이 Chips라는 구성 요소로 채워진다. 이는 특히 사용자가 여러 항목을 선택할 수 있어야 하는 경우에 적합하다.

자동 완성 구성 요소 만들기

머티리얼 UI는 실제로는 Autocomplete 구성 요소를 제공하지 않는다. 이미 리액트 생태계에서 다양한 자동 완성 선택 구성 요소를 제공하고 있기 때문에 또 다른 구현을 제공하는 것이 합리적이지 않기 때문이다. 대신에 이미 존재하는 구현을 하나 선택해 여러분의 머티리얼 UI 애플리케이션과 잘 통합되도록 머티리얼 UI 구성 요소와 증강시키는 것이 좋다.

예제 구현

하키 팀을 선택하는 선택기^{selector}가 있다고 가정해보자. 하지만 팀이 너무 많아 간단한 선택 구성 요소는 적합하지 않고 자동 완성 기능이 필요하다. react-select 패키지의 Select 구성 요소로 필요한 자동 완성 기능을 제공할 수 있다. 자동 완성이 앱의 나머지 룩앤필과 일치하도록 Select 속성을 사용해 핵심 자동 완성 구성 요소를 머티리얼 UI 구성 요소로 대체한다.

재사용 가능한 Autocomplete 구성 요소를 만들어보자. Select 구성 요소로 일부 자동 완성 경험을 대체할 수 있다. 구체적으로 다음과 같은 구성 요소를 대체할 수 있다.

- Control: 사용할 텍스트 입력 구성 요소
- Menu: 추천 메뉴. 사용자가 타이핑을 시작할 때 표시된다.
- NoOptionsMessage: 표시할 추천이 없을 때 표시되는 메시지
- Option: Menu의 각 추천에 사용되는 구성 요소
- Placeholder: 텍스트 입력을 위한 자리표시자 텍스트 구성 요소

- SingleValue: 선택될 때 값을 보여주기 위한 구성 요소

- ValueContainer: SingleValue를 래핑하는 구성 요소

- IndicatorSeparator: 자동 완성의 오른쪽에 나타나는 구분 버튼

- ClearIndicator: 현재 값을 취소하는 버튼에 사용되는 구성 요소

- DropdownIndicator: Menu를 보여주는 버튼에 사용되는 구성 요소

각 구성 요소는 자동 완성의 룩앤필을 변경하는 머티리얼 구성 요소로 대체된다. 또한 이 구성 요소들을 앱 전체에서 재사용할 수 있는 새로운 Autocomplete 구성 요소로 사용할 수 있다.

각 대체 구성 요소의 구현을 자세히 분석하기 전에 먼저 결과부터 살펴보자. 다음은 처음 로드될 때 보여지는 화면이다.

아래쪽 화살표를 클릭하면 다음과 같이 메뉴의 모든 값을 볼 수 있다.

다음과 같이 자동 완성 텍스트 필드에 tor를 입력해보자.

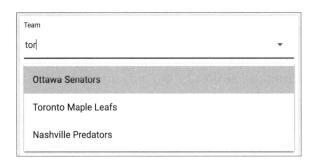

선택을 완료하면 메뉴가 닫히고, 다음과 같이 선택된 값으로 채워진 텍스트 필드가 나타난다.

메뉴를 열고 다른 값을 선택해 선택을 변경하거나 텍스트 오른쪽에 있는 취소 버튼을 클릭해 값을 취소할 수 있다.

예제 분석

Autocomplete 구성 요소를 구성하는 개별 구성 요소를 살펴보고 Select 구성 요소를 교체해 소스 코드를 분석해보자. 그런 다음 마지막으로 Autocomplete 구성 요소를 살펴본다.

텍스트 입력 제어

Control 구성 요소의 소스 코드는 다음과 같다.

```
const inputComponent = ({ inputRef, ...props }) => (
  <div ref={inputRef} {...props} />
);

const Control = props => (
  <TextField
    fullWidth
    InputProps={{
      inputComponent,
      inputProps: {
        className: props.selectProps.classes.input,
        inputRef: props.innerRef,
        children: props.children,
        ...props.innerProps
      }
    }}
    {...props.selectProps.textFieldProps}
  />
);
```

inputComponent() 함수는 하위 입력의 참조인 inputRef 값을 ref 속성으로 전달하는 구성 요소다. 그런 다음 inputComponent는 InputProps로 전달돼 TextField가 사용하는 입력 구성 요소를 설정한다. 이 구성 요소는 참조를 전달하고 이를 위해 helper 구성 요소를 사용하기 때문에 다소 혼란스럽다. 여기서 중요한 점은 Control의 역할은 머티리얼 UI TextField 구성 요소를 사용하도록 Select 구성 요소를 설정한다는 것이다.

옵션 메뉴

사용자가 입력을 시작하거나 아래쪽 화살표를 클릭할 때 자동 완성 옵션을 표시하는 구성 요소는 다음과 같다.

```
const Menu = props => (
  <Paper
    square
```

```
        className={props.selectProps.classes.paper}
        {...props.innerProps}
    >
        {props.children}
    </Paper>
);
```

Menu 구성 요소는 머티리얼 UI Paper 구성 요소를 렌더링하고, 그에 따라 옵션을 둘러
싼 요소가 테마가 된다.

가능한 옵션 없음

다음은 NoOptionsMessage 구성 요소를 보여준다. 이 구성 요소는 다음과 같이 표시할
옵션이 없을 때 렌더링된다.

```
const NoOptionsMessage = props => (
  <Typography
    color="textSecondary"
    className={props.selectProps.classes.noOptionsMessage}
    {...props.innerProps}
  >
    {props.children}
  </Typography>
);
```

이것은 textSecondary를 color 속성 값으로 사용해 Typography 구성 요소를 렌더링한다.

개별 옵션

자동 완성 메뉴에 표시되는 개별 옵션은 다음과 같이 MenuItem 구성 요소를 사용해 렌
더링된다.

382

```
const Option = props => (
  <MenuItem
    buttonRef={props.innerRef}
    selected={props.isFocused}
    component="div"
    style={{
      fontWeight: props.isSelected ? 500 : 400
    }}
    {...props.innerProps}
  >
    {props.children}
  </MenuItem>
);
```

selected와 style 속성은 isSelected와 isFocused 속성에 따라 항목이 표시되는 방법을
바꾼다. children 속성은 항목의 값을 설정한다.

자리표시자 텍스트

사용자가 입력하거나 무언가를 선택하기 전에 보여지는 Autocomplete 구성 요소의
Placeholder 텍스트는 다음과 같다.

```
const Placeholder = props => (
  <Typography
    color="textSecondary"
    className={props.selectProps.classes.placeholder}
    {...props.innerProps}
  >
    {props.children}
  </Typography>
);
```

머티리얼 UI Typography 구성 요소가 자리표시자 텍스트의 테마로 사용된다.

SingleValue

머티리얼 UI Typography 구성 요소는 다음과 같이 자동 완성 입력 내의 메뉴에서 선택한 값을 렌더링하는 데 사용된다.

```
const SingleValue = props => (
 <Typography
    className={props.selectProps.classes.singleValue}
    {...props.innerProps}
  >
    {props.children}
  </Typography>
);
```

ValueContainer

ValueContainer 구성 요소는 다음과 같이 SingleValue 구성 요소를 div와 valueContainer CSS 클래스로 래핑하는 데 사용된다.

```
const ValueContainer = props => (
  <div className={props.selectProps.classes.valueContainer}>
    props.children}
  </div>
);
```

IndicatorSeparator

Select 구성 요소는 디폴트로 파이프 문자를 자동 완성 메뉴 오른쪽에 있는 버튼의 구분자separator로 사용한다. 머티리얼 UI 버튼 구성 요소로 대체될 것이므로 구분자는 다음과 같이 더 이상 필요하지 않다.

```
const IndicatorSeparator = () => null;
```

구성 요소가 null을 반환하므로 아무것도 렌더링되지 않는다.

취소 옵션 표시기

이 버튼은 다음과 같이 사용자의 선택을 취소하는 데 사용된다.

```
const ClearIndicator = props => (
  <IconButton {...props.innerProps}>
    <CancelIcon />
  </IconButton>
);
```

이 구성 요소의 목적은 머티리얼 UI IconButton 구성 요소를 사용하고 머티리얼 UI 아이콘을 렌더링하는 것이다. 클릭 핸들러는 innerProps를 통해 전달된다.

메뉴 표시자 표시

ClearIndicator 구성 요소와 마찬가지로 DropdownIndicator 구성 요소는 다음과 같이 머티리얼 UI의 아이콘과 자동 완성 메뉴를 보여주는 버튼을 대체한다.

```
const DropdownIndicator = props => (
  <IconButton {...props.innerProps}>
    <ArrowDropDownIcon />
  </IconButton>
);
```

스타일

다음은 자동 완성의 다양한 하위 구성 요소가 사용하는 스타일을 보여준다.

```
const useStyles = makeStyles(theme => ({
  root: {
```

```
    flexGrow: 1,
    height: 250
  },
  input: {
    display: 'flex',
    padding: 0
  },
  valueContainer: {
    display: 'flex',
    flexWrap: 'wrap',
    flex: 1,
    alignItems: 'center',
    overflow: 'hidden'
  },
  noOptionsMessage: {
    padding: `${theme.spacing(1)}px ${theme.spacing(2)}px`
  },
  singleValue: {
    fontSize: 16
  },
  placeholder: {
    position: 'absolute',
    left: 2,
    fontSize: 16
  },
  paper: {
    position: 'absolute',
    zIndex: 1,
    marginTop: theme.spacing(1),
    left: 0,
    right: 0
  }
}));
```

자동 완성

마지막으로 애플리케이션 전반에서 재사용할 수 있는 Autocomplete 구성 요소를 살펴
보면 다음과 같다.

```
export default function Autocomplete(props) {
  const classes = useStyles();
  const [value, setValue] = useState(null);

  return (
    <div className={classes.root}>
      <Select
        value={value}
        onChange={v => setValue(v)}
        textFieldProps={{
          label: 'Team',
          InputLabelProps: {
            shrink: true
          }
        }}
        {...{ ...props, classes }}
      />
    </div>
  );
}

Autocomplete.defaultProps = {
  isClearable: true,
  components: {
    Control,
    Menu,
    NoOptionsMessage,
    Option,
    Placeholder,
    SingleValue,
    ValueContainer,
    IndicatorSeparator,
    ClearIndicator,
    DropdownIndicator
  },
  options: [
    { label: 'Boston Bruins', value: 'BOS' },
    { label: 'Buffalo Sabres', value: 'BUF' },
    { label: 'Detroit Red Wings', value: 'DET' },
```

```
      { label: 'Florida Panthers', value: 'FLA' },
      { label: 'Montreal Canadiens', value: 'MTL' },
      { label: 'Ottawa Senators', value: 'OTT' },
      { label: 'Tampa Bay Lightning', value: 'TBL' },
      { label: 'Toronto Maple Leafs', value: 'TOR' },
      { label: 'Carolina Hurricanes', value: 'CAR' },
      { label: 'Columbus Blue Jackets', value: 'CBJ' },
      { label: 'New Jersey Devils', value: 'NJD' },
      { label: 'New York Islanders', value: 'NYI' },
      { label: 'New York Rangers', value: 'NYR' },
      { label: 'Philadelphia Flyers', value: 'PHI' },
      { label: 'Pittsburgh Penguins', value: 'PIT' },
      { label: 'Washington Capitals', value: 'WSH' },
      { label: 'Chicago Blackhawks', value: 'CHI' },
      { label: 'Colorado Avalanche', value: 'COL' },
      { label: 'Dallas Stars', value: 'DAL' },
      { label: 'Minnesota Wild', value: 'MIN' },
      { label: 'Nashville Predators', value: 'NSH' },
      { label: 'St. Louis Blues', value: 'STL' },
      { label: 'Winnipeg Jets', value: 'WPG' },
      { label: 'Anaheim Ducks', value: 'ANA' },
      { label: 'Arizona Coyotes', value: 'ARI' },
      { label: 'Calgary Flames', value: 'CGY' },
      { label: 'Edmonton Oilers', value: 'EDM' },
      { label: 'Los Angeles Kings', value: 'LAK' },
      { label: 'San Jose Sharks', value: 'SJS' },
      { label: 'Vancouver Canucks', value: 'VAN' },
      { label: 'Vegas Golden Knights', value: 'VGK' }
   ]
};
```

이전의 모든 구성 요소를 한데 묶는 것은 Select에 전달된 components 속성이다. 이것은 실제로 Autocomplete의 default 속성으로 설정돼 더 오버라이드^{override}될 수 있다. components에 전달된 값은 구성 요소 이름을 구현으로 매핑하는 간단한 객체다.

자동 완성 제안 선택

이전 절에서 하나의 값을 선택하는 Autocomplete 구성 요소를 만들었다. 때로는 Autocomplete 구성 요소 내에서 복수의 값을 선택할 필요가 있다. 여기서 좋은 소식은 이전 절에서 만든 구성 요소에서 이미 대부분의 기능을 지원해 몇 가지 작은 사항만 추가하면 된다는 것이다.

예제 구현

Autocomplete 구성 요소에서 복수의 값을 지원하기 위해 필요한 추가 사항을 자세히 살펴보자. 다음과 같이 새로운 MultiValue 구성 요소부터 시작한다.

```
const MultiValue = props => (
  <Chip
    tabIndex={-1}
    label={props.children}
    className={clsx(props.selectProps.classes.chip, {
      [props.selectProps.classes.chipFocused]: props.isFocused
    })}
```

```
    onDelete={props.removeProps.onClick}
    deleteIcon={<CancelIcon {...props.removeProps} />}
  />
);
```

MultiValue 구성 요소는 머티리얼 UI Chip 구성 요소를 사용해 선택된 값을 렌더링한
다. Multivalue를 Select에 전달하려면 Select에 전달되는 components 객체에 추가한다.

```
components: {
  Control,
  Menu,
  NoOptionsMessage,
  Option,
  Placeholder,
  SingleValue,
  MultiValue,
  ValueContainer,
  IndicatorSeparator,
  ClearIndicator,
  DropdownIndicator
},
```

이제 Autocomplete 구성 요소를 단일 값 선택이나 복수 값 선택 모두에 사용할 수 있다.
다음과 같이 isMulti 속성을 defaultProps에 true의 디폴트 값으로 추가할 수 있다.

```
isMulti: true,
```

이제 자동 완성에서 복수의 값을 선택할 수 있다.

예제 분석

처음 로드되거나 메뉴를 표시했을 때는 자동 완성에 차이가 없다. 항목을 선택하면
Chip 구성 요소가 값을 표시하는 데 사용된다. 칩은 이와 같은 작은 정보를 표시하는

데 이상적이다. 더욱이 닫는 버튼이 잘 통합돼서 사용자가 선택한 후에 개별 선택을 삭제하기 쉽게 해준다.

다음은 복수 값 선택 후에 자동 완성이 어떻게 보이는지 나타낸다.

 TIP 선택한 값은 메뉴에서 삭제된다.

참고 사항

- 리액트의 Select 구성 요소: https://react-select.com/
- Autocomplete 데모: https://material-ui.com/demos/autocomplete/
- TextField API 문서: https://material-ui.com/api/text-field/
- Typography API 문서: https://material-ui.com/api/typography/
- Paper API 문서: https://material-ui.com/api/paper/
- MenuItem API 문서: https://material-ui.com/api/menu-item/
- IconButton API 문서: https://material-ui.com/api/icon-button/
- Chip API 문서: https://material-ui.com/api/chip/

API 기반 자동 완성

초기 페이지 로드 시에 항상 모든 자동 완성 데이터를 렌더링할 준비가 돼 있지는 않다. 사용자와 상호작용하기 전에 수백 또는 수천 개의 항목을 로드해야 한다고 가정해보자. 이보다 좋은 방법은 서버에 데이터를 보관하고 사용자가 입력할 때 자동 완성 텍스트를 API 종단점에서 제공하는 것이다. 이렇게 하면 API가 반환하는 작은 데이터만 읽어들이면 된다.

예제 구현

이전 절의 예제를 수정해보자. options 속성에 배열을 전달하는 대신 Promise를 반환하는 API 함수를 전달한다는 점을 제외하고는 자동 완성 기능을 동일하게 모두 유지한다. Promise를 해결하는 API 호출을 모의로 만드는 API는 다음과 같다.

```
const someAPI = searchText =>
  new Promise(resolve => {
    setTimeout(() => {
      const teams = [
        { label: 'Boston Bruins', value: 'BOS' },
        { label: 'Buffalo Sabres', value: 'BUF' },
        { label: 'Detroit Red Wings', value: 'DET' },
        ...
      ];

      resolve(
        teams.filter(
          team =>
            searchText &&
            team.label
              .toLowerCase()
              .includes(searchText.toLowerCase())
        )
      );
    }, 1000);
  });
```

이 함수는 검색 문자열 인수를 받아 Promise를 반환한다. 그렇지 않으면 Select 구성 요소의 options 속성으로 전달되는 것과 동일한 데이터가 여기서 필터링된다. 이 함수에서 일어나는 일들을 실제 앱의 API에서 일어나는 일들로 가정해보자. 그런 다음 반환된 Promise는 1초의 대기 시간 후에 일치하는 항목의 배열로 해결^{resolve}된다.

또한 다음과 같이 Select 구성 요소의 구성에 몇 개의 구성 요소를 추가해야 한다.

```
const LoadingIndicator = () => <CircularProgress size={20} />;

const LoadingMessage = props => (
  <Typography
    color="textSecondary"
    className={props.selectProps.classes.noOptionsMessage}
    {...props.innerProps}
  >
    {props.children}
  </Typography>
);
```

LoadingIndicator 구성 요소는 자동 완성 텍스트 입력 오른쪽에 표시된다. 머티리얼 UI 의 CircularProgress 구성 요소를 사용해 자동 완성이 동작하고 있음을 표시한다. LoadingMessage 구성 요소는 이 예제에서 Select와 함께 사용되는 다른 텍스트 대체 구 성 요소와 동일한 패턴을 따른다. 메뉴가 표시될 때 로딩 텍스트가 표시되지만 options 를 해결하는 Promise는 아직 보류 중이다.

마지막으로 Select 구성 요소다. Select를 사용하는 대신 다음과 같이 AsyncSelect 버 전을 사용해야 한다.

```
import AsyncSelect from 'react-select/lib/Async';
```

그렇지 않으면 AsyncSelect는 다음과 같이 Select와 동일하게 동작한다.

```
<AsyncSelect
  value={value}
  onChange={value => setValue(value)}
  textFieldProps={{
```

```
    label: 'Team',
    InputLabelProps: {
      shrink: true
    }
  }}
  {...{ ...props, classes }}
/>
```

예제 분석

Select 자동 완성과 AsyncSelect 자동 완성 간의 유일한 차이점은 API로의 요청이 보류 중일 때 어떤 일이 일어나는지다. 다음은 자동 완성이 어떻게 보이는지 나타낸다.

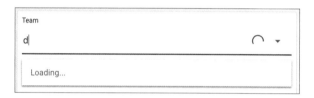

사용자가 입력할 때 CircularProgress 구성 요소는 오른쪽에 렌더링되는 반면, 로딩 메시지는 Typography 구성 요소를 사용해 메뉴에 렌더링된다.

참고 사항

- 리액트 Select 구성 요소: https://react-select.com/
- Autocomplete 데모: https://material-ui.com/demos/autocomplete/
- TextField API 문서: https://material-ui.com/api/text-field/
- Typography API 문서: https://material-ui.com/api/typography/
- Paper API 문서: https://material-ui.com/api/paper/
- MenuItem API 문서: https://material-ui.com/api/menu-item/
- IconButton API 문서: https://material-ui.com/api/icon-button/

- Chip API 문서: https://material-ui.com/api/chip/

검색 결과 강조

사용자가 자동 완성에서 입력을 시작하고 결과가 드롭다운에 표시될 때, 결과 항목이 검색 기준과 얼마나 일치하는지가 항상 명확하지는 않다. 문자열 값의 일치하는 부분을 강조 표시하면 사용자가 결과를 더 잘 이해할 수 있다.

예제 구현

다음과 같이 autosuggest-highlight 패키지의 두 함수를 사용해 자동 완성 드롭다운에 표시되는 텍스트를 highlight한다.

```
import match from 'autosuggest-highlight/match';
import parse from 'autosuggest-highlight/parse';
```

이제 다음과 같이 필요시 항목의 텍스트를 강조 표시해 렌더링하는 새로운 구성 요소를 만들 수 있다.

```
const ValueLabel = ({ label, search }) => {
  const matches = match(label, search);
  const parts = parse(label, matches);

  return parts.map((part, index) =>
    part.highlight ? (
      <span key={index} style={{ fontWeight: 500 }}>
        {part.text}
      </span>
    ) : (
      <span key={index}>{part.text}</span>
    )
```

```
  );
};
```

결과로 ValueLabel은 parse()와 match() 함수로 결정된 span 요소의 배열을 렌더링한다. part.highlight가 true이면 span 중 하나가 굵은체가 된다. 이제 다음과 같이 Option 구성 요소의 ValueLabel을 사용할 수 있다.

```
const Option = props => (
  <MenuItem
    buttonRef={props.innerRef}
    selected={props.isFocused}
    component="div"
    style={{
      fontWeight: props.isSelected ? 500 : 400
    }}
    {...props.innerProps}
  >
    <ValueLabel
      label={props.children}
      search={props.selectProps.inputValue}
    />
  </MenuItem>
);
```

예제 분석

이제 자동 완성 텍스트 입력에서 값을 검색하면, 다음과 같이 결과에서 각 항목의 검색 조건이 강조 표시된다.

- **리액트 자동 제안**: https://github.com/moroshko/autosuggest-highlight
- **리액트 Select 구성 요소**: https://react-select.com/
- **Autocomplete 데모**: https://material-ui.com/demos/autocomplete/
- **TextField API 문서**: https://material-ui.com/api/text-field/
- **Typography API 문서**: https://material-ui.com/api/typography/
- **Paper API 문서**: https://material-ui.com/api/paper/
- **MenuItem API 문서**: https://material-ui.com/api/menu-item/
- **IconButton API 문서**: https://material-ui.com/api/icon-button/
- **Chip API 문서**: https://material-ui.com/api/chip/

독립형 칩 입력

어떤 애플리케이션은 복수 값 입력을 필요로 하지만 사용자가 선택할 수 있는 사전에 정의된 리스트를 제공하지 않는다. 예를 들어, 사용자에게 이름의 리스트를 요청하는 경우에는 자동 완성 또는 select 구성 요소를 사용할 수 없다.

예제 구현

material-ui-chip-input 패키지를 설치해 ChipInput 구성 요소를 사용한다. 이 구성 요소는 머티리얼 UI에서 Chip과 TextInput 구성 요소를 가져온다.

```
import React, { useState } from 'react';

import { makeStyles } from '@material-ui/styles';
import ChipInput from 'material-ui-chip-input';

const useStyles = makeStyles(theme => ({
```

```
  chipInput: { minWidth: 300 }
}));

export default function StandaloneChipInput() {
  const classes = useStyles();
  const [values, setValues] = useState([]);

  const onAdd = chip => {
    setValues([...values, chip]);
  };

  const onDelete = (chip, index) => {
    setValues(values.slice(0, index).concat(values.slice(index + 1)));
  };

  return (
    <ChipInput
      className={classes.chipInput}
      helperText="Type name, hit enter to type another"
      value={values}
      onAdd={onAdd}
      onDelete={onDelete}
    />
  );
}
```

화면이 처음 로드되면 필드는 다음과 같이 입력할 수 있는 일반 텍스트 필드처럼 보인다.

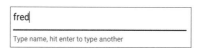

도움말이 알려주듯이 다음과 같이 **Enter** 키를 눌러 항목을 추가하고 더 많은 텍스트를 입력할 수 있다.

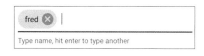

다음과 같이 원하는 대로 필드에 항목을 계속 추가할 수 있다.

 TIP 도움말에서 Enter 키를 언급하는 것이 중요하다. 그렇지 않으면 사용자는 복수 값을 입력할 수 있는지 알 수 없다.

예제 분석

복수 값이기 때문에 chip 입력 필드의 값을 갖고 있는 상태는 배열이다. chip 입력 상태는 이 배열에서 문자열을 추가하고 삭제하는 두 가지 동작을 포함한다. 다음 onAdd()와 onDelete() 함수를 자세히 살펴보자.

```
const onAdd = chip => {
  setValues([...values, chip]);
};

const onDelete = (chip, index) => {
  setValues(values.slice(0, index).concat(values.slice(index + 1)));
};
```

onAdd() 함수는 chip을 배열에 추가하고, onDelete() 함수는 주어진 index의 chip을 삭제한다. 칩은 사용자에 의해 칩의 Delete 아이콘이 클릭될 때 삭제된다. 마지막으로 다음 ChipInput 구성 요소 자체를 살펴보자.

```
<ChipInput
  className={classes.chipInput}
  helperText="Type name, hit enter to type another"
  value={values}
  onAdd={onAdd}
  onDelete={onDelete}
/>
```

TextInput 구성 요소와 매우 유사하며, 실제로 helperText 같은 동일한 속성을 사용한다. 또한 onAdd나 onDelete처럼 TextInput에 없는 추가 속성도 사용한다.

참고 사항

- **머티리얼 UI ChipInput 구성 요소**: https://www.npmjs.com/package/material-ui-chip-input

13

선택 – 선택 사항의 결정

13장에서는 다음 주제를 다룬다.

- 체크박스 그룹 추상화
- 체크박스 항목 사용자 정의
- 라디오 버튼 그룹 추상화
- 라디오 버튼 유형 사용
- 체크박스를 스위치로 바꾸기
- 상태로 선택 제어하기
- 여러 항목 선택

소개

사용자와 상호작용하는 애플리케이션은 사용자의 선택을 지원한다. 여기에는 간단한 ON/OFF 스위치부터 여러 항목의 선택까지 다양한 형태가 포함된다. 머티리얼 UI는 주어진 사용자 시나리오에 가장 잘 맞는 다양한 선택 구성 요소를 갖고 있다.

체크박스 그룹 추상화

체크박스는 선택/선택 취소를 할 수 있는 관련 옵션 그룹을 사용자에게 제공한다. 머티리얼 UI Checkbox 구성 요소에서 기본 기능을 제공하고 있지만, 애플리케이션 전체에서 재사용할 수 있는 좀 더 높은 수준의 기능이 필요할 수 있다.

예제 구현

체크박스 옵션 그룹의 추상화를 만들어보자. CheckboxGroup 구성 요소의 코드는 다음과 같다.

```
import React, { useState } from 'react';

import FormLabel from '@material-ui/core/FormLabel';
import FormControl from '@material-ui/core/FormControl';
import FormGroup from '@material-ui/core/FormGroup';
import FormControlLabel from '@material-ui/core/FormControlLabel';
import FormHelperText from '@material-ui/core/FormHelperText';
import Checkbox from '@material-ui/core/Checkbox';

const CheckboxGroup = ({ values, label, onChange }) => (
  <FormControl component="fieldset">
    <FormLabel component="legend">{label}</FormLabel>
    <FormGroup>
      {values.map((value, index) => (
        <FormControlLabel
```

```
          key={index}
          control={
            <Checkbox
              checked={value.checked}
              onChange={onChange(index)}
            />
          }
          label={value.label}
        />
      ))}
    </FormGroup>
  </FormControl>
);

export default function AbstractingCheckboxGroups() {
  const [values, setValues] = useState([
    { label: 'First', checked: false },
    { label: 'Second', checked: false },
    { label: 'Third', checked: false }
  ]);

  const onChange = index => ({ target: { checked } }) => {
    const newValues = [...values];
    const value = values[index];

    newValues[index] = { ...value, checked };

    setValues(newValues);
  };

  return (
    <CheckboxGroup
      label="Choices"
      values={values}
      onChange={onChange}
    />
  );
}
```

화면을 처음 로드하면 다음과 같이 보인다.

처음 두 가지 옵션을 선택하면 다음과 같이 표시된다.

예제 분석

CheckboxGroup 구성 요소를 자세히 살펴보자.

```
const CheckboxGroup = ({ values, label, onChange }) => (
  <FormControl component="fieldset">
    <FormLabel component="legend">{label}</FormLabel>
    <FormGroup>
      {values.map((value, index) => (
        <FormControlLabel
          key={index}
          control={
            <Checkbox
              checked={value.checked}
              onChange={onChange(index)}
            />
          }
          label={value.label}
```

```
      />
    ))}
  </FormGroup>
</FormControl>
);
```

이 추상화는 앱 전체의 여러 화면에서 체크박스 옵션의 그룹을 렌더링할 수 있게 해준다. 체크박스 그룹을 렌더링하는 데는 여러 머티리얼 UI 구성 요소가 관련돼 있다. CheckboxGroup이 이를 모두 처리하므로 개발자는 values, lable 배열과 onChange 핸들러를 전달하는 데만 신경 쓰면 된다.

다음으로 애플리케이션 구성 요소에서 CheckboxGroup이 어떻게 렌더링되는지 살펴보자.

```
<CheckboxGroup
  label="Choices"
  values={values}
  onChange={onChange}
/>
```

애플리케이션에서 관련된 체크박스 옵션의 렌더링이 필요할 때는 값 배열을 만들고 이를 CheckboxGroup 구성 요소에 전달하는 것만 유의하면 된다. 마지막으로 값의 체크 상태를 토글하는 데 사용되는 state와 onChange() 핸들러를 살펴보자.

```
const [values, setValues] = useState([
  { label: 'First', checked: false },
  { label: 'Second', checked: false },
  { label: 'Third', checked: false }
]);

const onChange = index => ({ target: { checked } }) => {
  const newValues = [...values];
  const value = values[index];

  newValues[index] = { ...value, checked };
```

```
    setValues(newValues);
};
```

checked 속성이 인덱스 인수와 target.checked 값에 따라 바뀐다.

체크박스가 체크/해제됐을 때 상태의 변경을 더 잘 시각화할 수 있도록 이 예제에서
List 구성 요소를 추가해보자. 추가로 가져오기를 해야 할 머티리얼 UI 구성 요소는
다음과 같다.

```
import List from '@material-ui/core/List';
import ListItem from '@material-ui/core/ListItem';
import ListItemIcon from '@material-ui/core/ListItemIcon';
import ListItemText from '@material-ui/core/ListItemText';
import Typography from '@material-ui/core/Typography';
```

여기서 아이디어는 이 리스트에 체크된 항목의 레이블을 렌더링하는 것이다. 이 리스
트를 CheckboxGroup 구성 요소의 바로 아래에 렌더링한다.

```
<Fragment>
  <CheckboxGroup
    label="Choices"
    values={values}
    onChange={onChange}
  />
  <Typography variant="h6">Selection</Typography>
  <List>
    {values
      .filter(value => value.checked)
      .map((value, index) => (
        <ListItem key={index}>
          <ListItemText>{value.label}</ListItemText>
```

```
        </ListItem>
      ))}
  </List>
</Fragment>
```

values의 filter() 호출에는 checked 속성이 true인 값만 포함된다. 디폴트로 아무것도
체크되지 않았으므로 화면을 처음 로드하면 빈 리스트가 표시된다.

선택을 시작하면 선택된 리스트가 애플리케이션 상태 변화를 반영해 변경되는 것을
볼 수 있다.

참고 사항

- Selection 데모: https://material-ui.com/demos/selection-controls/

- Checkbox API 문서: https://material-ui.com/api/checkbox/
- FormHelperText API 문서: ttps://material-ui.com/api/form-helper-text/
- FormControlLabel API 문서: https://material-ui.com/api/form-control-label/
- FormGroup API 문서: https://material-ui.com/api/form-group/
- FormControl API 문서: https://material-ui.com/api/form-control/
- FormLabel API 문서: https://material-ui.com/api/form-label/

체크박스 항목 사용자 정의

머티리얼 UI Checkbox 구성 요소의 기본 모양은 네이티브 브라우저 체크박스 입력 요소와 비슷하다. 구성 요소의 선택과 비선택 상태에서 사용되는 아이콘을 변경할 수 있으며, Checkbox에서 사용되는 아이콘을 변경해도 색상 변경 사항은 계속 적용된다.

예제 구현

다음은 몇 가지 머티리얼 UI 아이콘을 가져와서 Checkbox 구성 요소가 사용하는 아이콘을 구성하는 데 활용하는 예제 코드를 보여준다.

```
import React, { useState, useEffect } from 'react';

import FormGroup from '@material-ui/core/FormGroup';
import FormControlLabel from '@material-ui/core/FormControlLabel';
import Checkbox from '@material-ui/core/Checkbox';

import AccountBalance from '@material-ui/icons/AccountBalance';
import AccountBalanceOutlined from '@material-ui/icons/AccountBalanceOutlined';
import Backup from '@material-ui/icons/Backup';
import BackupOutlined from '@material-ui/icons/BackupOutlined';
import Build from '@material-ui/icons/Build';
import BuildOutlined from '@material-ui/icons/BuildOutlined';
```

```
const initialItems = [
  {
    name: 'AccountBalance',
    Icon: AccountBalanceOutlined,
    CheckedIcon: AccountBalance
  },
  {
    name: 'Backup',
    Icon: BackupOutlined,
    CheckedIcon: Backup
  },
  {
    name: 'Build',
    Icon: BuildOutlined,
    CheckedIcon: Build
  }
];

export default function CustomizingCheckboxItems() {
  const [items, setItems] = useState({});

  useEffect(() => {
    setItems(
      initialItems.reduce(
        (state, item) => ({ ...state, [item.name]: false }),
        {}
      )
    );
  }, []);

  const onChange = e => {
    setItems({ [e.target.name]: e.target.checked });
  };

  return (
    <FormGroup>
      {initialItems.map(({ name, Icon, CheckedIcon }, index) => (
        <FormControlLabel
          key={index}
          control={
```

```
      <Checkbox
        checked={items[name]}
        onChange={onChange}
        inputProps={{ name }}
        icon={<Icon fontSize="small" />}
        checkedIcon={<CheckedIcon fontSize="small" />}
      />
    }
    label={name}
  />
))}
  </FormGroup>
  );
}
```

화면이 처음 로드되면 다음과 같이 보인다.

체크박스가 선택되지 않았다. 선택됐을 때의 모습은 다음과 같이 아이콘이 붉은색으로 바뀐다.

예제 분석

코드에서 어떤 일이 일어나는지 살펴보자. initialItems 배열이 체크박스를 생성하는 시작점이다.

```
const initialItems = [
  {
    name: 'AccountBalance',
    Icon: AccountBalanceOutlined,
    CheckedIcon: AccountBalance
  },
  {
    name: 'Backup',
    Icon: BackupOutlined,
    CheckedIcon: Backup
  },
  {
    name: 'Build',
    Icon: BuildOutlined,
    CheckedIcon: Build
  }
];
```

각 항목은 선택/비선택 Icon 구성 요소뿐만 아니라 체크박스를 식별하는 name 구성 요소도 갖고 있다. 다음으로 CustomizingCheckboxItems 구성 요소 상태가 어떻게 초기화되는지 살펴보자.

```
const [items, setItems] = useState({});


useEffect(() => {
  setItems(
    initialItems.reduce(
      (state, item) => ({ ...state, [item.name]: false }),
      {}
    )
  );
}, []);
```

상태는 initialItems 배열을 축소함으로써 객체로 초기화된다. 배열의 각 항목에서 이 구성 요소의 상태는 false로 초기화되는 속성을 갖는다. 속성의 이름은 항목의 name 속성을 기반으로 한다. 예를 들어 축소된 후 구성 요소의 상태는 다음과 같다.

```
{
  AccountBalance: false,
  Backup: false,
  Build: false
}
```

이 속성들은 각 체크박스의 체크 상태를 저장하는 데 사용된다. 다음으로 각 Checkbox 구성 요소가 initialItems 배열을 기반으로 어떻게 렌더링되는지 살펴보자.

```
<FormGroup>
  {initialItems.map(({ name, Icon, CheckedIcon }, index) => (
    <FormControlLabel
      key={index}
      control={
        <Checkbox
          checked={items[name]}
          onChange={onChange}
          inputProps={{ name }}
          icon={<Icon fontSize="small" />}
          checkedIcon={<CheckedIcon fontSize="small" />}
        />
      }
      label={name}
    />
  ))}
</FormGroup>
```

각 체크박스를 사용자 정의하는 핵심 속성은 icon과 checkedIcon이다. 이들 속성은 각각 항목 배열의 Icon과 CheckIcon 속성을 사용한다.

Checkbox 구성 요소를 사용자 정의하는 데 사용하는 아이콘이 머티리얼 UI의 구성 요소이므로, 체크박스의 색상을 변경할 수 있으며 사용자 정의 아이콘 없이도 동일하게 동작한다. 예를 들어 이 예제의 체크박스 색상을 디폴트로 설정할 수 있다.

```
<Checkbox
  color="default"
  checked={items[name]}
  onChange={onChange}
  inputProps={{ name }}
  icon={<Icon fontSize="small" />}
  checkedIcon={<CheckedIcon fontSize="small" />}
/>
```

모든 체크박스가 선택됐을 때 다음과 같이 보인다.

색상이 디폴트로 설정됐기 때문에 체크박스가 해제에서 체크로 바뀌어도 색상은 변경되지 않는다. 아이콘이 외곽선[outline] 테마에서 채워진[filled] 테마로 바뀌기 때문에 상관없다. 모양 변경만으로도 항목이 선택됐다는 것을 충분히 나타낼 수 있다.

재미 삼아 이번에는 primary로 변경해보자.

```
<Checkbox
  color="primary"
  checked={items[name]}
  onChange={onChange}
  inputProps={{ name }}
```

```
  icon={<Icon fontSize="small" />}
  checkedIcon={<CheckedIcon fontSize="small" />}
/>
```

모든 항목이 선택됐을 때는 아이콘이 푸른색으로 바뀐다.

참고 사항

- Selection 데모: https://material-ui.com/demos/selection-controls/
- Checkbox API 문서: https://material-ui.com/api/checkbox/
- FormControlLabel API 문서: https://material-ui.com/api/form-control-label/
- FormGroup API 문서: https://material-ui.com/api/form-group/

라디오 버튼 그룹 추상화

라디오 버튼 그룹은 체크박스 그룹과 비슷하다. 중요한 차이점은 라디오의 경우 하나의 값만 선택할 때 사용한다는 것이다. 체크박스 그룹과 마찬가지로, 라디오 버튼 그룹도 캡슐화하고 애플리케이션 전체에서 재사용하려면 몇 가지 머티리얼 UI 구성 요소가 필요하다.

라디오 버튼 그룹을 하나의 구성 요소로 모으는 데 필요한 코드는 다음과 같다.

```javascript
import React, { useState } from 'react';

import Radio from '@material-ui/core/Radio';
import { default as MaterialRadioGroup } from '@material-ui/core/RadioGroup';

import FormControlLabel from '@material-ui/core/FormControlLabel';
import FormControl from '@material-ui/core/FormControl';
import FormLabel from '@material-ui/core/FormLabel';

const options = [
  { label: 'First', value: 'first' },
  { label: 'Second', value: 'second' },
  { label: 'Third', value: 'third' }
];

const RadioGroup = ({ value, options, name, label, onChange }) => (
  <FormControl component="fieldset">
    <FormLabel component="legend">{label}</FormLabel>
    <MaterialRadioGroup
      name={name}
      value={value}
      onChange={onChange}
      disabled
    >
      {options.map((option, index) => (
        <FormControlLabel
          key={index}
          control={<Radio />}
          value={option.value}
          label={option.label}
        />
      ))}
    </MaterialRadioGroup>
  </FormControl>
```

```
  );

export default function AbstractingRadioButtonGroups() {
  const [value, setValue] = useState('first');

  const onChange = e => {
    setValue(e.target.value);
};

  return (
    <RadioGroup
      value={value}
      options={options}
      name="radio1"
      label="Pick One"
      onChange={onChange}
    />
  );
}
```

처음 화면을 로드하면 다음과 같이 보인다.

세 번째 옵션을 선택하면 **Pick One**이 푸른색으로 바뀐다.

세 옵션 모두 동일한 라디오 그룹에 속하기 때문에 한 번에 하나의 옵션만 선택된다.

예제 분석

예제의 RadioGroup 구성 요소를 자세히 살펴보자.

```
const RadioGroup = ({ value, options, name, label, onChange }) => (
  <FormControl component="fieldset">
    <FormLabel component="legend">{label}</FormLabel>
    <MaterialRadioGroup name={name} value={value} onChange={onChange}>
      {options.map((option, index) => (
        <FormControlLabel
          key={index}
          control={<Radio />}
          value={option.value}
          label={option.label}
        />
      ))}
    </MaterialRadioGroup>
  </FormControl>
);
```

options 속성은 FormControlLabel 구성 요소로 매핑되는 배열 값을 갖는다. control 속성은 Radio 구성 요소를 사용해 각 라디오 컨트롤을 렌더링한다. 체크박스 그룹과 달리 onChange 속성은 각 개별 Radio 대신 MaterialRadioGroup 구성 요소에 있다. 이것은 MaterialRadioGroup에 의해 관리되는 활성 값이 하나뿐이기 때문이다.

 동일한 이름의 구성 요소를 생성하기 때문에 MaterialRadioGroup 별칭으로 머티리얼 UI RadioGroup 구성 요소를 가져온다. 어떤 패키지가 어떤 구성 요소를 갖고 있는지가 명확하다면 이렇게 하는 것이 좋다.

다음으로 RadioGroup 구성 요소가 어떻게 렌더링되는지 알아보자.

```
<RadioGroup
  value={value}
  options={options}
  name="radio1"
  label="Pick One"
  onChange={onChange}
/>
```

name 속성으로 모든 것을 서로 연결한다. 같은 그룹의 라디오 버튼들은 동일한 이름을 갖게 하는 것이 중요하다. 이 추상화는 하나의 이름으로 사용자를 대신해 나머지 작업을 처리한다. 다음은 options 배열을 보여준다.

```
const options = [
  { label: 'First', value: 'first' },
  { label: 'Second', value: 'second' },
  { label: 'Third', value: 'third' }
];
```

여기서 아이디어는 라디오 그룹이 하나의 값만을 갖는다는 것이다. options 배열의 값 속성은 여러 값을 허용하지만 활성화되는 것은 하나다. 이 예제에서 마지막으로 눈여겨봐야 할 것은 onChange 핸들러와 애플리케이션 구성 요소의 상태 구조다.

```
const [value, setValue] = useState('first');

const onChange = e => {
  setValue(e.target.value);
};
```

초기 라디오 선택이 어떻게 설정되는지 보여준다. 변경되면 값 상태는 선택된 라디오 값으로 업데이트된다.

FormControl 구성 요소의 disabled 속성을 설정하면 전체 라디오 버튼 그룹을 비활성화할 수 있다.

```
<FormControl component="fieldset" disabled>
  ...
</FormControl>
```

컨트롤을 비활성화하면 상호작용을 전혀 할 수 없다. 결과는 다음과 같이 보인다.

다른 시나리오에서는 옵션 중 하나만 사용하지 않도록 설정하려고 한다. RadioGroup 구성 요소의 options 배열에서 disabled 속성을 체크하면 이를 지원할 수 있다.

```
<FormControlLabel
  key={index}
  control={<Radio disabled={option.disabled} />}
  value={option.value}
  label={option.label}
/>
```

options 배열에서 옵션을 비활성화하는 방법은 다음과 같다.

```
const options = [
  { label: 'First', value: 'first' },
  { label: 'Second', value: 'second', disabled: true },
```

```
    { label: 'Third', value: 'third' }
];
```

Second 옵션이 비활성화됐을 때 라디오 그룹은 다음과 같이 보인다.

Second 옵션이 비활성화되면 사용자가 상호작용할 수 있는 방법이 없으므로 이를 활
성화할 수 없다.

 디폴트로 활성화돼 있는 옵션을 비활성화할 때는 주의해야 한다. 이는 사용자에게 혼란을 줄
수 있기 때문이다. 그룹의 다른 옵션을 활성화할 수는 있지만, 처음부터 옵션을 활성화할 수는
없다.

참고 사항

- Selection 데모: https://material-ui.com/demos/selection-controls/
- Radio API 문서: https://material-ui.com/api/radio/
- RadioGroup API 문서: https://material-ui.com/api/radio-group/
- FormControlLabel API 문서: https://material-ui.com/api/form-control-label/
- FormControl API 문서: https://material-ui.com/api/form-control/
- FormLabel API 문서: https://material-ui.com/api/form-label/

라디오 버튼 유형

자신만의 유형을 가진 라디오 버튼 그룹을 만드는 데 사용할 수 있는 다양한 라디오 버튼 요소가 있다. 여러 옵션에서 하나의 값만 선택하는 기본 원칙은 변경되지 않지만, 다양한 애플리케이션에 맞는 라디오 버튼 그룹 디자인을 만들 수 있다.

예제 구현

화면 레이아웃을 기반으로 하면서 앱의 다른 화면과도 일관성을 유지하도록 다음과 같은 디자인 특성을 가진 라디오 그룹을 만들어야 한다고 가정해보자.

- 한 줄에 옵션을 표시
- 각 옵션에 아이콘과 텍스트를 사용
- 선택된 옵션에 기본 테마 사용

이를 위한 코드는 다음과 같다.

```
import React, { Fragment, useState } from 'react';

import Radio from '@material-ui/core/Radio';
import RadioGroup from '@material-ui/core/RadioGroup';
import FormControlLabel from '@material-ui/core/FormControlLabel';
import FormControl from '@material-ui/core/FormControl';
import FormLabel from '@material-ui/core/FormLabel';

import Car from '@material-ui/icons/DirectionsCar';
import CarOutlined from '@material-ui/icons/DirectionsCarOutlined';
import Bus from '@material-ui/icons/DirectionsBus';
import BusOutlined from '@material-ui/icons/DirectionsBusOutlined';
import Train from '@material-ui/icons/Train';
import TrainOutlined from '@material-ui/icons/TrainOutlined';

export default function RadioButtonTypes() {
  const [value, setValue] = useState('train');
```

```
const onChange = e => {
  setValue(e.target.value);
};


return (
  <FormControl component="fieldset">
    <FormLabel component="legend">Travel Mode</FormLabel>
    <RadioGroup name="travel" value={value} onChange={onChange} row>
      <FormControlLabel
        value="car"
        control={
          <Radio
            color="primary"
            icon={<CarOutlined />}
            checkedIcon={<Car />}
          />
        }
        label="Car"
        labelPlacement="bottom"
      />
      <FormControlLabel
        value="bus"
        control={
          <Radio
            color="primary"
            icon={<BusOutlined />}
            checkedIcon={<Bus />}
          />
        }
        label="Bus"
        labelPlacement="bottom"
      />
      <FormControlLabel
        value="train"
        control={
          <Radio
            color="primary"
            icon={<TrainOutlined />}
            checkedIcon={<Train />}
          />
        }
```

```
      }
      label="Train"
      labelPlacement="bottom"
    />
  </RadioGroup>
</FormControl>
  );
}
```

화면이 처음 로드될 때 라디오 그룹은 다음과 같이 Train 아이콘만 푸른색으로 바뀐다.

다른 아이콘이나 레이블을 클릭해 기본 선택을 바꿀 수 있다. 이 변경을 반영해서 아이콘 상태가 업데이트된다.

예제 분석

앞에서 가정한 라디오 버튼 그룹의 기준을 충족시킨다. 코드를 살펴보고 각 요구 사항이 어떻게 충족되는지 살펴보자. 먼저 동일한 행에서 각 라디오 버튼을 사용해 가로 방향으로 그룹을 렌더링한다. 이 작업은 row 속성을 RadioGroup 구성 요소에 전달해 수행할 수 있다.

```
<RadioGroup
  name="travel"
  value={value}
  onChange={onChange}
  row
>
```

각 라디오의 레이블은 그룹의 행 레이아웃에서 더 잘 동작하기 때문에 각 라디오 버튼 아래에 표시된다. 이 작업은 FormControlLabel의 labelPlacement 속성 값을 설정해 수행한다. 선택된 경우에는 기본 색상으로 라디오 색상을 설정한다. 또한 선택/선택 취소 상태에 대해 사용자 정의 아이콘을 사용한다.

```
<Radio
  color="primary"
  icon={<BusOutlined />}
  checkedIcon={<Bus />}
/>
```

이 향상된 기능들은 모두 Radio 구성 요소에서 처리된다.

참고 사항

- Selection 데모: https://material-ui.com/demos/selection-controls/
- Radio API 문서: https://material-ui.com/api/radio/
- RadioGroup API 문서: https://material-ui.com/api/radio-group/
- FormControlLabel API 문서: https://material-ui.com/api/form-control-label/
- FormControl API 문서: https://material-ui.com/api/form-control/
- FormLabel API 문서: https://material-ui.com/api/form-label/

체크박스를 스위치로 바꾸기

머티리얼 UI에는 체크박스와 매우 유사한 스위치^{switch}라는 컨트롤이 있다. 두 구성 요소 간의 가장 큰 차이점은 스위치가 ON/OFF 동작을 더욱 강조한다는 것이다. 모바일 환경의 사용자는 Switch 구성 요소에 더 익숙할 것이다. 다른 환경에서는 일반 Checkbox 구성 요소를 사용하는 것이 더 좋다.

예제 구현

Checkbox 구성 요소의 그룹을 추상화하는 구성 요소를 만드는 대신 Switch 구성 요소로 동일한 작업을 한다고 가정해보자. 코드는 다음과 같다.

```
import React, { Fragment, useState } from 'react';

import FormLabel from '@material-ui/core/FormLabel';
import FormControl from '@material-ui/core/FormControl';
import FormGroup from '@material-ui/core/FormGroup';
import FormControlLabel from '@material-ui/core/FormControlLabel';
import FormHelperText from '@material-ui/core/FormHelperText';
import Switch from '@material-ui/core/Switch';

const SwitchGroup = ({ values, label, onChange }) => (
  <FormControl component="fieldset">
    <FormLabel component="legend">{label}</FormLabel>
    <FormGroup>
      {values.map((value, index) => (
        <FormControlLabel
          key={index}
          control={
            <Switch
              checked={value.checked}
              onChange={onChange(index)}
            />
          }
          label={value.label}
```

```
        />
      ))}
    </FormGroup>
  </FormControl>
);

export default function ReplacingCheckboxesWithSwitches() {
  const [values, setValues] = useState([
    { label: 'First', checked: false },
    { label: 'Second', checked: false },
    { label: 'Third', checked: false }
  ]);

  const onChange = index => ({ target: { checked } }) => {
    const newValues = [...values];
    const value = values[index];

    newValues[index] = { ...value, checked };
    setValues(newValues);
  };

  return (
    <SwitchGroup
      label="Choices"
      values={values}
      onChange={onChange}
    />
  );
}
```

화면이 처음 로드되면 스위치 그룹은 다음과 같이 보인다.

모든 스위치가 켜진 스위치 그룹의 모습이다.

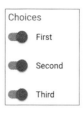

예제 분석

Checkbox 구성 요소를 사용할 수 있는 곳이라면 어디서나 Switch 구성 요소를 사용할 수 있다. 이 코드는 이번 장의 '체크박스 그룹 추상화' 절에서 가져온 것이다. Checkbox 구성 요소가 Switch 구성 요소로 대체됐다.

부연 설명

Checkbox와 Switch 구성 요소를 처리하는 별도의 코드를 작성하는 것보다 부울 속성으로 이 속성이 true일 때는 컨트롤로 Switch 대신 Checkbox를 사용하도록 SwitchGroup을 개선하는 것이 좋다. 새로운 SwitchGroup은 다음과 같다.

```
const SwitchGroup = ({ values, label, onChange }) => (
  <FormControl component="fieldset">
    <FormLabel component="legend">{label}</FormLabel>
    <FormGroup>
      {values.map((value, index) => (
        <FormControlLabel
          key={index}
          control={
            <Switch
              checked={value.checked}
              onChange={onChange(index)}
            />
```

```
        }
        label={value.label}
      />
    ))}
    </FormGroup>
  </FormControl>
);
```

다음은 컨트롤의 두 버전을 나란히 렌더링하는 예제다.

```
<Fragment>
  <SwitchGroup
    label="Switch Choices"
    values={values}
    onChange={this.onChange}
  />
  <SwitchGroup
    label="Switch Choices"
    values={values}
    onChange={onChange}
    checkbox
  />
</Fragment>
```

두 번째 SwitchGroup 구성 요소는 checkbox 속성을 사용해 Switch 구성 요소 대신 checkbox 구성 요소를 렌더링한다. 결과는 다음과 같다.

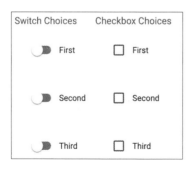

스위치 선택 그룹이나 체크박스 선택 그룹 중 하나에서 첫 번째 옵션을 선택하면 다음과 같이 보인다.

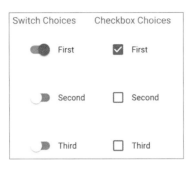

두 필드가 동일한 애플리케이션 상태를 공유하고 있기 때문에 둘 다 업데이트된다.

참고 사항

- Selection 데모: https://material-ui.com/demos/selection-controls/

상태로 선택 제어하기

어떤 양식에서는 값의 리스트에서 선택하는 경우도 있다. 이는 라디오 버튼 그룹에서 라디오 버튼 옵션을 선택하는 것과 비슷하다. 머티리얼 UI Select 구성 요소를 사용하면 전통적인 HTML 선택 요소와 비슷한 모양을 얻을 수 있다. 종종 웹 애플리케이션 양식에는 서로 의존적인 여러 선택 항목이 있을 수 있다. 리액트/머티리얼 UI 애플리케이션에서 이런 선택은 state 구성 요소를 통해 제어된다.

예제 구현

화면에 카테고리 선택과 제품 선택이라는 두 가지 선택이 있다고 가정해보자. 처음에는 카테고리 선택만 채워지고 활성화된다. 제품 선택은 카테고리 선택에 의존한다. 카테고리가 선택되면 제품 선택이 활성화되고, 이에 알맞은 제품으로 채워진다. 코드는 다음과 같다.

```
import React, { Fragment, useState } from 'react';

import { makeStyles } from '@material-ui/styles';
import InputLabel from '@material-ui/core/InputLabel';
import MenuItem from '@material-ui/core/MenuItem';
import FormHelperText from '@material-ui/core/FormHelperText';
import FormControl from '@material-ui/core/FormControl';
import Select from '@material-ui/core/Select';

const useStyles = makeStyles(theme => ({
  control: { margin: theme.spacing(2), minWidth: 200 }
}));

export default function ControllingSelectsWithState() {
  const classes = useStyles();

  const [categories, setCategories] = useState([
    { label: 'Category 1', id: 1 },
    { label: 'Category 2', id: 2 },
    { label: 'Category 3', id: 3 }
  ]);

  const [products, setProducts] = useState([
    { label: 'Product 1', id: 1, category: 1 },
    { label: 'Product 2', id: 2, category: 1 },
    { label: 'Product 3', id: 3, category: 1 },
    { label: 'Product 4', id: 4, category: 2 },
    { label: 'Product 5', id: 5, category: 2 },
    { label: 'Product 6', id: 6, category: 2 },
    { label: 'Product 7', id: 7, category: 3 },
    { label: 'Product 8', id: 8, category: 3 },
    { label: 'Product 9', id: 9, category: 3 }
  ]);
```

```
const setters = {
  categories: setCategories,
  products: setProducts
};
const collections = { categories, products };

const onChange = e => {
  const setCollection = setters[e.target.name];
  const collection = collections[e.target.name].map(item => ({
    ...item,
    selected: false
  }));
  const index = collection.findIndex(
    item => item.id === e.target.value
  );

  collection[index] = { ...collection[index], selected: true };
  setCollection(collection);
};

const category = categories.find(category => category.selected) || {
  id: ''
};
const product = products.find(product => product.selected) || {
  id: ''
};

return (
  <Fragment>
    <FormControl className={classes.control}>
      <InputLabel htmlFor="categories">Category</InputLabel>
      <Select
        value={category.id}
        onChange={onChange}
        inputProps={{
          name: 'categories',
          id: 'categories'
        }}
      >
        <MenuItem value="">
```

```jsx
              <em>None</em>
          </MenuItem>
          {categories.map(category => (
            <MenuItem key={category.id} value={category.id}>
              {category.label}
            </MenuItem>
          ))}
        </Select>
      </FormControl>
      <FormControl
        className={classes.control}
        disabled={category.id === ''}
      >
        <InputLabel htmlFor="Products">Product</InputLabel>
        <Select
          value={product.id}
          onChange={onChange}
          inputProps={{{
            name: 'products',
            id: 'values'
          }}
        >
          <MenuItem value="">
            <em>None</em>
          </MenuItem>
          {products
            .filter(product => product.category === category.id)
            .map(product => (
              <MenuItem key={product.id} value={product.id}>
                {product.label}
              </MenuItem>
            ))}
        </Select>
      </FormControl>
    </Fragment>
  );
}
```

화면이 처음 로드되면 다음과 같다.

카테고리 선택이 옵션으로 채워진다. 카테고리가 선택되지 않았기 때문에 제품 선택은 아직 활성화돼 있지 않다. 카테고리 선택이 열렸을 때의 모양은 다음과 같다.

카테고리를 선택하면, 제품 선택에서 제품을 선택할 수 있다.

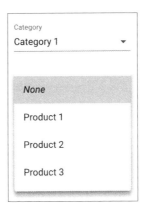

이 예제의 두 Select 구성 요소는 상태 의존성을 갖는다. 즉, 제품 선택의 상태는 카테고리 선택의 상태에 의존한다. 이것은 제품 선택에 표시되는 옵션이 선택된 카테고리에 따라 필터링되기 때문이다. 상태를 자세히 살펴보자.

```
const [categories, setCategories] = useState([
  { label: 'Category 1', id: 1 },
  { label: 'Category 2', id: 2 },
  { label: 'Category 3', id: 3 }
]);

const [products, setProducts] = useState([
  { label: 'Product 1', id: 1, category: 1 },
  { label: 'Product 2', id: 2, category: 1 },
  { label: 'Product 3', id: 3, category: 1 },
  { label: 'Product 4', id: 4, category: 2 },
  { label: 'Product 5', id: 5, category: 2 },
  { label: 'Product 6', id: 6, category: 2 },
  { label: 'Product 7', id: 7, category: 3 },
  { label: 'Product 8', id: 8, category: 3 },
  { label: 'Product 9', id: 9, category: 3 }
]);
```

categories와 products 배열은 화면의 두 가지 선택 옵션을 나타낸다. 선택된 옵션은 selected 부울 속성을 true로 설정해 표시한다. 디폴트로 선택된 옵션은 없으며, 두 선택 모두 동일한 onChange() 핸들러를 사용한다.

```
const setters = {
  categories: setCategories,
  products: setProducts
};
const collections = { categories, products };

const onChange = e => {
```

```
  const setCollection = setters[e.target.name];
  const collection = collections[e.target.name].map(item => ({
    ...item,
    selected: false
  }));
  const index = collection.findIndex(
    item => item.id === e.target.value
  );

  collection[index] = { ...collection[index], selected: true };
  setCollection(collection);
};
```

사용할 배열은 e.target.name 값에 따라 달라지며 카테고리 또는 제품이 된다. 컬렉션 값이 적절한 배열로 초기화되면 selected 속성은 모든 값에 대해 false로 설정된다. 그런 다음 선택한 값이 e.target.value를 기반으로 조회되고, 이 값에 대해 selected 속성이 true로 설정된다.

다음으로 ControllingSelectsWithState 구성 요소의 나머지 부분에서 어떤 일이 일어나는지 분석해보자. 먼저 구성 요소 상태에서 category와 product 선택이 조회된다.

```
const category = categories.find(category => category.selected) || {
  id: ''
};
const product = products.find(product => product.selected) || {
  id: ''
};
```

id 속성을 갖고 있는 객체는 항상 이 상수에 할당돼야 한다. 빈 문자열은 빈 값 옵션과 일치하므로 디폴트로 선택된다. 다음으로 카테고리 옵션이 어떻게 렌더링되는지 살펴보자.

```
{categories.map(category => (
  <MenuItem key={category.id} value={category.id}>
    {category.label}
  </MenuItem>
))}
```

이는 categories 배열의 값을 MenuItem 구성 요소에 직접 매핑한다는 것이다. category 선택의 옵션은 변경되지 않는다. 즉, 선택한 카테고리에 따라 제품 옵션이 변경된다. 이 작업이 어떻게 수행되는지 살펴보자.

```
{products
  .filter(product => product.category === category.id)
  .map(product => (
    <MenuItem key={product.id} value={product.id}>
      {product.label}
    </MenuItem>
  ))}
```

각 제품이 MenuItem 구성 요소에 매핑되기 전에 products 배열이 filter()를 사용해 선택된 카테고리를 기반으로 필터링된다.

참고 사항

- Selection 데모: https://material-ui.com/demos/selects/
- InputLabel API 문서: https://material-ui.com/api/input-label/
- MenuItem API 문서: https://material-ui.com/api/menu-item/
- FormHelperText API 문서: https://material-ui.com/api/form-helper-text/
- FormControl API 문서: https://material-ui.com/api/form-control/
- Select API 문서: https://material-ui.com/api/select/

여러 항목 선택

사용자가 Select 구성 요소에서 여러 값을 선택할 수도 있다. 여기에는 배열을 선택된 값 상태로 사용하는 것도 포함된다.

예제 구현

다음은 여러 값으로 Select를 렌더링하는 코드다. 원하는 만큼 값을 선택할 수 있다.

```
import React, { useState } from 'react';

import { makeStyles } from '@material-ui/styles';
import Select from '@material-ui/core/Select';
import Input from '@material-ui/core/Input';
import InputLabel from '@material-ui/core/InputLabel';
import MenuItem from '@material-ui/core/MenuItem';
import FormControl from '@material-ui/core/FormControl';

const options = [
  { id: 1, label: 'First' },
  { id: 2, label: 'Second' },
  { id: 3, label: 'Third' },
  { id: 4, label: 'Fourth' },
  { id: 5, label: 'Fifth' }
];

const useStyles = makeStyles(theme => ({
  formControl: {
    margin: theme.spacing(1),
    minWidth: 100,
    maxWidth: 280
  }
}));

export default function SelectingMultipleItems() {
  const classes = useStyles();
```

```
  const [selected, setSelected] = useState([]);

  const onChange = e => {
    setSelected(e.target.value);
  };

  return (
    <FormControl className={classes.formControl}>
    <InputLabel htmlFor="multi">Value</InputLabel>
    <Select
      multiple
      value={selected}
      onChange={onChange}
      input={<Input id="multi" />}
    >
      {options.map(option => (
        <MenuItem key={option.id} value={option.id}>
          {option.label}
        </MenuItem>
      ))}
    </Select>
  </FormControl>
  );
}
```

선택이 처음 열렸을 때의 모양은 다음과 같다.

첫 번째와 세 번째, 네 번째 옵션이 선택됐을 때의 모양은 다음과 같다.

이제 선택을 완료했으므로 화면의 다른 부분을 클릭하거나 Esc 키를 눌러 메뉴를 닫을 수 있다. 선택 사항은 텍스트 입력에서 확인할 수 있다.

예제 분석

Select 구성 요소가 어떻게 렌더링되는지 살펴보는 것으로 시작한다.

```
<Select
  multiple
  value={selected}
  onChange={onChange}
  input={<Input id="multi" />}
>
  {options.map(option => (
    <MenuItem key={option.id} value={option.id}>
      {option.label}
    </MenuItem>
  ))}
</Select>
```

options 배열 값은 다른 Select와 마찬가지로 MenuItem 구성 요소에 매핑된다. multiple 속성은 사용자가 여러 항목을 선택할 수 있도록 구성 요소에 지시한다. SelectingMulti pleItems 구성 요소의 selected 상태는 선택된 값을 갖고 있는 배열이다. 이 배열은 onChange 핸들러에 의해 채워진다.

```
const onChange = e => {
  setSelected(e.target.value);
};
```

multiple 속성이 사용됐으므로 e.target.value는 선택된 값의 배열이다. 이 값을 사용해 선택된 값을 업데이트할 수 있다.

부연 설명

선택된 항목을 콤마로 구분된 test의 배열로 보여주는 대신, 선택된 값을 Chip 구성 요소에 매핑해 항목이 눈에 띄게 만들 수도 있다. 이를 처리하는 구성 요소를 작성해보자.

```
function Selected({ selected }) {
  const classes = useStyles();

  return selected.map(value => (
    <Chip
      key={value}
      label={options.find(option => option.id === value).label}
      className={classes.chip}
    />
  ));
}
```

이 코드는 Select 구성 요소의 renderValue 속성에서 이 구성 요소를 어떻게 사용하는지 보여준다.

```
<Select
  multiple
  value={selected}
  onChange={onChange}
  input={<Input id="multi" />}
  renderValue={selected => <Selected selected={selected} />}
>
  {options.map(option => (
    <MenuItem key={option.id} value={option.id}>
      {option.label}
    </MenuItem>
  ))}
</Select>
```

이제 여러 항목을 선택하면 Chip 구성 요소로 렌더링된다.

참고 사항

- Selection 데모: https://material-ui.com/demos/selects/
- Select API 문서: https://material-ui.com/api/select/
- Input API 문서: https://material-ui.com/api/input/
- InputLabel API 문서: https://material-ui.com/api/input-label/
- MenuItem API 문서: https://material-ui.com/api/menu-item/
- FormControl API 문서: https://material-ui.com/api/form-control/
- Chip API 문서: https://material-ui.com/api/chip/

14

선택 도구
- 날짜와 시간 선택

14장에서는 다음 주제를 다룬다.

- 날짜 선택 도구 사용
- 시간 선택 도구 사용
- 초기 날짜 값과 시간 값 설정
- 날짜 및 시간 구성 요소 결합
- 다른 날짜 및 시간 패키지 통합

소개

대부분의 애플리케이션에서는 사용자가 날짜와 시간 값을 선택할 수 있도록 지원이
필요하다. 예를 들어, 양식에 스케줄이 포함돼 있다면 사용자는 직관적인 방법으로 날

짜와 시간을 선택할 수 있어야 한다. 머티리얼 UI 애플리케이션에서는 라이브러리로 지원되는 날짜와 시간 선택 도구picker 구성 요소를 사용할 수 있다.

날짜 선택 도구 사용

머티리얼 UI 애플리케이션에서 날짜 선택 도구를 사용하려면 TextField 구성 요소를 활용해야 한다. 이 구성 요소는 date로 설정할 수 있는 type 속성을 받는다. 그러나 텍스트 필드 유형의 변경 외에도 몇 가지 사항을 유의해야 한다.

예제 구현

다음은 날짜 선택 도구 텍스트 필드를 렌더링하고 날짜 선택이 변경되면 다른 텍스트 필드에 날짜를 표시하는 코드를 보여준다.

```
import React, { Fragment, useState } from 'react';

import { makeStyles } from '@material-ui/styles';
import TextField from '@material-ui/core/TextField';

const useStyles = makeStyles(theme => ({
  textField: { margin: theme.spacing(1) }
}));

export default function UsingDatePickers() {
  const classes = useStyles();
  const [date, setDate] = useState('');

  const onChange = e => {
    setDate(e.target.value);
  };
  const dateFormatted = date
    ? new Date(`${date}T00:00:00`).toLocaleDateString()
    : null;
```

```
    return (
      <Fragment>
        <TextField
          value={date}
          onChange={onChange}
          label="My Date"
          type="date"
          className={classes.textField}
          InputLabelProps={{
            shrink: true
          }}
        />
        <TextField
          value={dateFormatted}
          label="Updated Date Value"
          className={classes.textField}
          InputLabelProps={{
            shrink: true
          }}
          InputProps={{ readOnly: true }}
        />
      </Fragment>
    );
}
```

페이지가 처음 로드되면 다음과 같이 보인다.

왼쪽에 있는 My Date 필드가 날짜 선택 도구다. 오른쪽의 Updated Date Value 필드는
선택된 날짜를 다른 포맷으로 보여준다. 날짜 선택 도구에 포커스가 있을 때는 다음과
같이 보인다.

날짜의 년도 부분이 강조 표시됐으며, 년도를 직접 입력하거나 위쪽/아래쪽 화살표 버튼을 사용해 선택 값을 변경할 수 있다. **Tab** 키를 누르거나 마우스 포인터를 사용해 월 또는 일 부분으로 이동할 수 있다. 맨 오른쪽의 드롭다운 화살표를 클릭하면 다음과 같이 기본 브라우저 날짜 선택 도구가 표시된다.

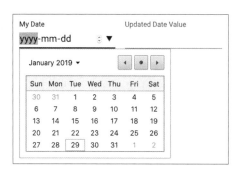

날짜 선택을 마치면 **My Date**와 **Updated Date Value** 필드는 다음과 같이 보인다.

예제 분석

날짜 선택 도구 TextField 구성 요소를 살펴보는 것으로 시작한다.

```
<TextField
  value={date}
  onChange={onChange}
  label="My Date"
  type="date"
  className={classes.textField}
  InputLabelProps={{
    shrink: true
  }}
/>
```

대부분의 날짜 선택 도구의 기능은 date로 설정된 type 속성에서 비롯되며, 입력 마스크와 기본 브라우저 날짜 선택 도구 컨트롤이 적용된다. 입력 마스크 값 때문에 겹쳐지는 것을 피하려면 shrink 입력 속성을 true로 설정해야 한다. value 속성은 UsingDate Pickers 구성 요소의 상태에서 가져온다. 이 값의 디폴트 값은 빈 문자열이지만 특정한 형식이어야 한다. 날짜 선택 도구 텍스트 필드는 날짜 값을 올바른 형식으로 지정하므로, date 상태를 설정하는 것 외에 onChange() 핸들러가 실제로 하는 일은 없다.

Updated Date Value 필드는 날짜에 다른 형식을 사용한다. 자세히 살펴보자.

```
const dateFormatted = date
  ? new Date(`${date}T00:00:00`).toLocaleDateString()
  : null;
```

먼저 구성 요소 상태에서 date 문자열을 가져온 후 이것으로 새로운 Date 인스턴스를 만든다. 이를 위해 시간 문자열을 날짜 문자열에 덧붙여야 한다. 이렇게 하면 유효한 ISO 문자열이 되고 문제없이 날짜를 구성할 수 있다. 이제 toLocaleDateString() 같은 date 인스턴스에 사용할 수 있다면 어떤 날짜 형식 함수도 사용할 수 있다.

이제 dateFormatted를 두 번째 텍스트 필드에 전달할 수 있다. 이 필드는 값을 표시하는 데만 사용되므로 읽기 전용이다.

```
<TextField
  value={dateFormatted}
  label="Updated Date Value"
  className={classes.textField}
  InputLabelProps={{
    shrink: true
  }}
  InputProps={{ readOnly: true }}
/>
```

앞의 예제에는 몇 가지 개선 사항이 있다. 먼저 DatePicker 구성 요소가 있다. 이 구성 요소는 TextField 구성 요소가 날짜를 선택할 때 몇 가지 세부 정보를 숨긴다. 다음으로 DatePicker 구성 요소가 실제 Date 인스턴스를 값으로 지원한다면 좋을 것이다.

먼저 TextField 구성 요소가 날짜 선택 도구로 사용될 때 Date 인스턴스를 TextField 구성 요소가 원하는 문자열 형식으로 지정할 수 있는 유틸리티 함수가 필요하다.

```
function formatDate(date) {
  const year = date.getFullYear();
  const month = date.getMonth() + 1;
  const day = date.getDate();

  return [
    year,
    month < 10 ? `0${month}` : month,
    day < 10 ? `0${day}` : day
  ].join('-');
}
```

formatDate() 함수는 Date 인스턴스를 받아 YYYY-MM-dd 형식의 문자열로 반환한다. 이제 DatePicker 구성 요소를 작성할 준비가 됐다.

```
const DatePicker = ({ date, ...props }) => (
  <TextField
    value={date instanceof Date ? formatDate(date) : date}
    type="date"
    InputLabelProps={{
      shrink: true
    }}
    {...props}
  />
);
```

DatePicker 구성 요소는 TextField 구성 요소를 렌더링한다. 이 구성 요소는 값이 date 로 설정된 type 속성과 값이 true로 설정된 shrink 입력 속성을 갖는다. 이 구성 요소는 또한 value를 설정한다. 먼저 date 속성이 Date 인스턴스인지 확인하고, 그렇다면 formatDate()를 호출한다. 그렇지 않다면 date 인수가 있는 그대로 사용된다.

이제 앞 예제의 TextField 구성 요소를 DatePicker 구성 요소로 바꿔보자.

```
<Fragment>
  <DatePicker
    date={date}
    onChange={onChange}
    label="My Date"
    className={classes.textField}
  />
  <TextField
    value={dateFormatted}
    label="Updated Date Value"
    className={classes.textField}
    InputLabelProps={{
      shrink: true
    }}
    InputProps={{ readOnly: true }}
  />
</Fragment>
```

이전과 마찬가지로 onChange, label, className 속성이 TextField 구성 요소로 전달된다. DatePicker 구성 요소와 비교해 가장 큰 차이점은 type 또는 InputProps를 전달할 필요 가 없으며 date 대신 value가 사용된다는 것이다.

참고 사항

- **선택 도구 데모**: https://material-ui.com/demos/pickers/
- **TextField API 문서**: https://material-ui.com/api/text-field/

시간 선택 도구 사용

날짜 선택 도구와 마찬가지로, 시간 선택 도구는 사용자가 시간 값을 입력하는 데 도움을 준다. 또한 날짜 선택 도구와 동일하게 머티리얼 UI 애플리케이션의 시간 선택 도구는 TextInput 구성 요소에서 파생됐다.

예제 구현

'날짜 선택 도구 사용' 절에서 사용된 동일한 추상화를 작성해보자. 다만 이번에는 time 선택 도구를 추상화한다.

```
import React, { Fragment, useState } from 'react';

import { makeStyles } from '@material-ui/styles';
import TextField from '@material-ui/core/TextField';

const useStyles = makeStyles(theme => ({
  textField: { margin: theme.spacing(1) }
}));

const TimePicker = ({ time, ...props }) => (
  <TextField
    value={time}
    type="time"
    InputLabelProps={{
      shrink: true
    }}
    inputProps={{
      step: 300
    }}
    {...props}
  />
);

export default function UsingTimePickers() {
```

```
    const classes = useStyles();
    const [time, setTime] = useState('');

    const onChange = e => {
      setTime(e.target.value);
    };

    return (
      <Fragment>
        <TimePicker
          time={time}
          onChange={onChange}
          label="My Time"
          className={classes.textField}
        />
        <TextField
          value={time}
          label="Updated Time Value"
          className={classes.textField}
          InputLabelProps={{
            shrink: true
          }}
          InputProps={{ readOnly: true }}
        />
      </Fragment>
    );
}
```

페이지가 처음 로드되면 다음과 같이 보인다.

My Time 필드가 포커스를 받으면 시간 값이 오른쪽에 표시되고, 위쪽/아래쪽 화살표
키 또는 위쪽/아래쪽 화살표 버튼을 사용해 개별 시간을 변경할 수 있다.

Updated Time Value 필드는 My Time 필드에서 전체 시간이 선택되기 전까지 업데이트 되지 않는다.

예제 분석

TimePicker 구성 요소는 이전 절의 DatePicker 구성 요소와 매우 유사하다. 이 두 구성 요소 간의 가장 큰 차이점은 TimePicker 구성 요소의 경우 시간만 다루기 때문에 Date 인스턴스를 지원하지 않는다는 것이다. 날짜 부분이 없기 때문에 Date 인스턴스로 시간을 표현하는 것은 날짜를 표현하는 것보다 어렵다.

```
const TimePicker = ({ time, ...props }) => (
  <TextField
    value={time}
    type="time"
    InputLabelProps={{
      shrink: true
    }}
    inputProps={{
      step: 300
    }}
    {...props}
  />
);
```

TimePicker 구성 요소는 TextField의 동일한 속성을 DatePicker 구성 요소처럼 설정한

452

다. 게다가 step 값 300은 시간에서 분 부분을 한 번에 5분씩 이동시킨다.

참고 사항

- **선택 도구 데모**: https://material-ui.com/demos/pickers/
- **TextField API 문서**: https://material-ui.com/api/text-field/

초기 날짜 값과 시간 값 설정

날짜와 시간 선택 도구는 각각 디폴트 날짜 값과 시간 값을 가질 수 있다. 예를 들어, 일반적으로는 애플리케이션에서 현재 날짜와 시간을 디폴트 값으로 갖는다.

예제 구현

앱의 화면에 날짜 선택 도구와 시간 선택 도구가 있다고 가정해보자. 디폴트로 date 필드는 현재 날짜를, time 필드는 현재 시간으로 지정하려고 한다. 이를 위해 Date 인스턴스를 사용해 초기 Date/Time 값을 설정하는 것이 가장 좋다. 그러나 기본적으로 Date 인스턴스를 TextField 구성 요소에 전달할 수 없기 때문에 약간의 작업이 필요하다. 다음은 이 예제를 보여준다.

```
import React, { Fragment, useState } from 'react';

import { makeStyles } from '@material-ui/styles';
import TextField from '@material-ui/core/TextField';

const useStyles = makeStyles(theme => ({
  textField: { margin: theme.spacing.unit }
}));

function formatDate(date) {
```

```
    const year = date.getFullYear();
    const month = date.getMonth() + 1;
    const day = date.getDate();

    return [
      year,
      month < 10 ? `0${month}` : month,
      day < 10 ? `0${day}` : day
    ].join('-');
}

function formatTime(date) {
  const hours = date.getHours();
  const minutes = date.getMinutes();

  return [
    hours < 10 ? `0${hours}` : hours,
    minutes < 10 ? `0${minutes}` : minutes
  ].join(':');
}

const DatePicker = ({ date, ...props }) => (
  <TextField
    value={date instanceof Date ? formatDate(date) : date}
    type="date"
    InputLabelProps={{
      shrink: true
    }}
    {...props}
  />
);

const TimePicker = ({ time, ...props }) => (
  <TextField
    value={time instanceof Date ? formatTime(time) : time}
    type="time"
    InputLabelProps={{
      shrink: true
    }}
    inputProps={{
```

```
      step: 300
    }}
    {...props}
  />
);

export default function SettingInitialDateAndTimeValues() {
  const classes = useStyles();
  const [datetime, setDatetime] = useState(new Date());

  const onChangeDate = e => {
    if (!e.target.value) {
      return;
    }

    const [year, month, day] = e.target.value
      .split('-')
      .map(n => Number(n));

    const newDatetime = new Date(datetime);
    newDatetime.setYear(year);
    newDatetime.setMonth(month - 1);
    newDatetime.setDate(day);

    setDatetime(newDatetime);
  };

  const onChangeTime = e => {
    const [hours, minutes] = e.target.value
      .split(':')
      .map(n => Number(n));

    const newDatetime = new Date(datetime);
    newDatetime.setHours(hours);
    newDatetime.setMinutes(minutes);

    setDatetime(newDatetime);
  };

  return (
```

```
    <Fragment>
      <DatePicker
        date={datetime}
        onChange={onChangeDate}
        label="My Date"
        className={classes.textField}
      />
      <TimePicker
        time={datetime}
        onChange={onChangeTime}
        label="My Time"
        className={classes.textField}
      />
    </Fragment>
  );
}
```

화면이 처음 로드되면 다음과 같이 보인다.

My Date	My Time
2019-02-01	02:22 PM

날짜와 시간이 화면을 로드한 시간에 따라 달라진다. 그 후에 날짜와 시간 값을 변경
할 수 있다.

예제 분석

이 접근법의 좋은 점은 Date 인스턴스인 datetime과 함께 작업할 state가 하나뿐이라는
것이다. UsingDatePickers 구성 요소의 초기 상태부터 시작해 코드를 단계별로 살펴
보자.

```
const [datetime, setDatetime] = useState(new Date());
```

현재 날짜와 시간이 datetime 상태에 할당됐다. 다음으로 Date 인스턴스가 TextField 구성 요소와 함께 동작하게 만들어주는 두 가지 형식 지정 함수를 살펴본다.

```javascript
function formatDate(date) {
  const year = date.getFullYear();

  const month = date.getMonth() + 1;
  const day = date.getDate();

  return [
    year,
    month < 10 ? `0${month}` : month,
    day < 10 ? `0${day}` : day
  ].join('-');
}

function formatTime(date) {
  const hours = date.getHours();
  const minutes = date.getMinutes();

  return [
    hours < 10 ? `0${hours}` : hours,
    minutes < 10 ? `0${minutes}` : minutes
  ].join(':');
}
```

두 함수 formatDate()와 formatTime()은 Date 인스턴스를 인수로 받고 TextField 구성 요소와 함께 동작하는 문자열 형식의 값을 return한다. 다음으로 onChangeDate() 핸들러를 살펴보자.

```javascript
const onChangeDate = e => {
  if (!e.target.value) {
    return;
  }

  const [year, month, day] = e.target.value
```

```
    .split('-')
    .map(n => Number(n));

  const newDatetime = new Date(datetime);
  newDatetime.setYear(year);
  newDatetime.setMonth(month - 1);
  newDatetime.setDate(day);

  setDatetime(newDatetime);
};
```

onChangeDate()는 첫 번째로 value 속성을 확인한다. 이 검사가 필요한 이유는 날짜 선택 도구가 실제로 사용자가 2월 31일과 같이 유효하지 않은 날짜를 선택하는 일을 방지하기 위해서다. 유효하지 않은 날짜가 선택됐을 때 state를 변경하지 않으면, 실제로 유효하지 않은 날짜가 선택되는 것을 방지할 수 있다.

다음으로 year, month, day 값은 나눠져서 숫자로 매핑된다. 그런 다음 새로운 newDatetime 값이 datetime을 값으로 사용해 새로운 Date 인스턴스를 생성함으로써 초기화된다. 이것은 시간 섹션을 보존하기 위해 수행된다. 마지막으로 setYear(), setMonth(), setDate()를 사용해 시간의 변경 없이 Date 인스턴스를 업데이트한다.

마지막으로 onChangeTime() 핸들러를 살펴보자.

```
const onChangeTime = e => {
  const [hours, minutes] = e.target.value
    .split(':')
    .map(n => Number(n));

  const newDatetime = new Date(datetime);
  newDatetime.setHours(hours);
  newDatetime.setMinutes(minutes);

  setDatetime(newDatetime);
};
```

onChangeTime() 핸들러는 onChangeDate()의 패턴을 동일하게 따른다. 시간 핸들러는 더 간단해서 유효하지 않은 시간을 확인할 필요가 없다. 하루는 항상 24시간이다.

참고 사항

- **선택 도구 데모**: https://material-ui.com/demos/pickers/
- **TextField API 문서**: https://material-ui.com/api/text-field/

날짜 및 시간 구성 요소 결합

애플리케이션에서 사용자의 날짜 및 시간 입력이 필요하다면 두 개의 TextField 구성 요소를 사용할 필요가 없다. 대신 이 둘을 하나의 필드로 결합하면 된다.

예제 구현

하나의 TextInput 구성 요소를 사용하고 type 속성을 datetime-local로 설정하면 사용자가 입력하는 날짜와 시간을 모두 수집할 수 있다.

```
import React, { Fragment, useState } from 'react';

import { makeStyles } from '@material-ui/styles';
import TextField from '@material-ui/core/TextField';

const useStyles = makeStyles(theme => ({
  textField: { margin: theme.spacing(1) }
}));

const formatDate = date =>
  date
    .toISOString()
    .split(':')
```

```
      .slice(0, 2)
      .join(':');

const DateTimePicker = ({ date, ...props }) => (
  <TextField
    value={
      date instanceof Date
        ? date.toISOString().replace('Z', '')
        : date
    }
    type="datetime-local"
    InputLabelProps={{
      shrink: true
    }}
    {...props}
  />
);

export default function CombiningDateAndTimeComponents() {
  const classes = useStyles();
  const [datetime, setDatetime] = useState(new Date());

  const onChangeDate = e => {
    setDatetime(new Date(`${e.target.value}Z`));
  };

  return (
    <DateTimePicker
      date={formatDate(datetime)}
      onChange={onChangeDate}
      label="My Date/Time"
      className={classes.textField}
    />
  );
}
```

화면이 처음 로드되면 다음과 같이 보인다.

My Date/Time
2019-02-02, 09:25 AM

Date/Time을 변경하는 컨트롤이 표시되면 필드는 다음과 같이 보인다.

My Date/Time
2019-02-02, 09:25 AM

예제 분석

`datetime-local` 입력 유형을 사용하면 Date 인스턴스로 작업하는 것이 단순화된다. onChangeDate() 핸들러를 살펴보자.

```
const onChangeDate = e => {
  setDatetime(new Date(`${e.target.value}Z`));
};
```

e.target.value를 인수로 새 Date 인스턴스에 전달한다. 이 인스턴스는 새 datetime 상태 값이 된다. 마지막으로 올바른 값을 TextField의 value 속성에 전달하는 데 사용되는 formatDate() 함수를 살펴보자.

```
const formatDate = date =>
  date
    .toISOString()
    .split(':')
    .slice(0, 2)
    .join(':');
```

이 함수를 사용하는 이유는 value 속성에서 초와 밀리초를 삭제하기 위해서다. 그렇지 않으면 이 값이 입력 필드에 사용자가 선택할 수 있는 값으로 표시된다. 일반적으로 사용자가 시간을 선택할 때 초와 밀리초를 선택하지는 않는다.

참고 사항

- **선택 도구 데모**: https://material-ui.com/demos/pickers/
- **TextField API 문서**: https://material-ui.com/api/text-field/

다른 날짜 및 시간 패키지 통합

머티리얼 UI 애플리케이션에서 Date/Time 선택에 TextField만 사용해야 하는 것은 아니다. 전통적인 머티리얼 디자인 구성 요소보다 더 좋은 선택 Date/Time 경험을 제공하는 패키지가 많이 있다.

예제 구현

material-ui-pickers 패키지는 DatePicker 구성 요소와 TimePicker 구성 요소를 갖는다. 다음 코드는 이 두 구성 요소를 사용하는 방법을 보여준다.

```
import React, { useState } from 'react';
import 'date-fns';
import DateFnsUtils from '@date-io/date-fns';

import { makeStyles } from '@material-ui/styles';
import Grid from '@material-ui/core/Grid';

import {
  MuiPickersUtilsProvider,
  TimePicker,
  DatePicker
} from 'material-ui-pickers';
```

```
const useStyles = makeStyles(theme => ({
  grid: {
    width: '65%'
  }
}));

export default function IntegratingWithOtherDateAndTimePackages() {
  const classes = useStyles();
  const [datetime, setDatetime] = useState(new Date());

  const onChange = datetime => {
    setDatetime(datetime);
  };

  return (
    <MuiPickersUtilsProvider utils={DateFnsUtils}>
      <Grid container className={classes.grid} justify="space-around">
        <DatePicker
          margin="normal"
          label="Date picker"
          value={datetime}
          onChange={onChange}
        />
        <TimePicker
          margin="normal"
          label="Time picker"
          value={datetime}
          onChange={onChange}
        />
      </Grid>
    </MuiPickersUtilsProvider>
  );
}
```

화면이 처음 로드되면 다음과 같이 표시된다.

Date picker	Time picker
February 1st	11:35 PM

Date picker 필드를 클릭하면 다음과 같이 표시된다.

이 대화상자를 사용해 날짜를 선택하고 OK를 클릭하면 날짜가 변경된다. Time picker 필드를 클릭했을 때 화면은 다음과 같이 표시된다.

material-ui-pickers 패키지의 DatePicker와 TimePicker 구성 요소는 다른 머티리얼 UI 구성 요소를 렌더링하는 대화상자를 사용해 날짜/시간을 쉽게 선택할 수 있게 해준다. 텍스트 입력과 직접 상호작용하는 것보다 애플리케이션의 나머지 부분과 비슷하게 보이도록 테마가 지정된 대화상자를 표시하고, 이를 통해 날짜/시간을 선택하는 시각적 상호작용을 제공할 수 있다.

참고 사항

- **선택 도구 데모**: https://material-ui.com/demos/pickers/
- **머티리얼 UI 선택 도구**: https://github.com/chingyawhao/material-ui-next-pickers

15

대화상자 – 사용자 상호작용을 위한 모달 화면

15장에서 다루는 주제는 다음과 같다.

- 양식 입력 수집
- 동작 확인
- 경고 표시
- API 통합
- 전체 화면 대화상자 만들기
- 대화상자 콘텐츠 스크롤

애플리케이션과 상호작용할 경우, 사용자가 애플리케이션에 정보를 입력하거나 '예/아니오' 결정을 내리거나 또는 중요한 정보를 확인해야 할 때가 있다. 머티리얼 UI는 이런 유형의 시나리오에 이상적인 대화상자 구성 요소를 제공한다. 모달은 현재 화면 내용을 방해하지 않는다.

양식 입력 수집

대화상자는 사용자로부터 입력 수집이 필요하지만 현재 화면을 그대로 유지하길 원할 때 유용하다. 예를 들어 사용자는 항목의 리스트를 보여주는 화면을 보면서 새로운 항목을 작성하고 싶다. 대화상자는 필요한 양식 필드를 표시하고, 사용자가 새 항목을 작성하면 대화상자가 닫히고 다시 항목 리스트로 돌아간다.

예제 구현

새로운 사용자를 추가할 수 있는 애플리케이션이 있다고 가정해보자. 예를 들어, 사용자 리스트를 보여주는 화면에서 사용자가 새로운 사용자를 추가할 수 있는 필드를 가진 대화상자를 보여주는 버튼을 클릭한다. 다음은 이 동작을 수행하는 코드를 보여준다.

```
import React, { Fragment, useState } from 'react';

import Button from '@material-ui/core/Button';
import TextField from '@material-ui/core/TextField';
import Dialog from '@material-ui/core/Dialog';
import DialogActions from '@material-ui/core/DialogActions';
import DialogContent from '@material-ui/core/DialogContent';
import DialogContentText from '@material-ui/core/DialogContentText';
import DialogTitle from '@material-ui/core/DialogTitle';
import Snackbar from '@material-ui/core/Snackbar';
```

```
export default function CollectingFormInput() {
  const [dialogOpen, setDialogOpen] = useState(false);
  const [snackbarOpen, setSnackbarOpen] = useState(false);
  const [snackbarMessage, setSnackbarMessage] = useState('');
  const [first, setFirst] = useState('');
  const [last, setLast] = useState('');
  const [email, setEmail] = useState('');

  const onDialogOpen = () => {
    setDialogOpen(true);
  };

  const onDialogClose = () => {
    setDialogOpen(false);
    setFirst('');
    setLast('');
    setEmail('');
  };

  const onSnackbarClose = (e, reason) => {
    if (reason === 'clickaway') {
      return;
    }

    setSnackbarOpen(false);
    setSnackbarMessage('');
  };

  const onCreate = () => {
    setSnackbarOpen(true);
    setSnackbarMessage(`${first} ${last} created`);
    onDialogClose();
  };

  return (
    <Fragment>
      <Button color="primary" onClick={onDialogOpen}>
        New User
      </Button>
      <Dialog open={dialogOpen} onClose={onDialogClose}>
```

```
<DialogTitle>New User</DialogTitle>
<DialogContent>
  <TextField
    autoFocus
    margin="normal"
    label="First Name"
    InputProps={{ name: 'first' }}
    onChange={e => setFirst(e.target.value)}
    value={first}
    fullWidth
  />
  <TextField
    margin="normal"
    label="Last Name"
    InputProps={{ name: 'last' }}
    onChange={e => setLast(e.target.value)}
    value={last}
    fullWidth
  />
  <TextField
    margin="normal"
    label="Email Address"
    type="email"
    InputProps={{ name: 'email' }}
    onChange={e => setEmail(e.target.value)}
    value={email}
    fullWidth
  />
</DialogContent>
<DialogActions>
  <Button onClick={onDialogClose} color="primary">
    Cancel
  </Button>
  <Button
    variant="contained"
    onClick={onCreate}
    color="primary"
  >
    Create
  </Button>
```

```
            </DialogActions>
        </Dialog>
        <Snackbar
            open={snackbarOpen}
            message={snackbarMessage}
            onClose={onSnackbarClose}
            autoHideDuration={4000}
        />
    </Fragment>
  );
}
```

화면이 처음 로드되면 버튼은 다음과 같이 보인다.

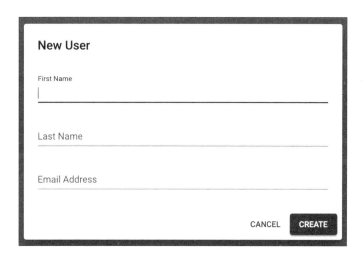

NEW USER 버튼을 클릭하면 다음과 같은 대화상자가 나타난다.

세 개의 필드를 채우고 CREATE 버튼을 누르면 새로운 사용자를 작성할 수 있다. 대화
상자가 닫히고 다음 Snackbar 구성 요소가 표시된다.

Adam Boduch created

대화상자와 스낵바의 가시성은 각각 부울 상태 값 dialogOpen과 snackbarOpen으로 제어
된다. dialog 구성 요소 내의 필드 값 역시 CollectingFormInput 구성 요소의 상태에 저
장된다. dialog 마크업을 자세히 살펴보자.

```
<Dialog open={dialogOpen} onClose={onDialogClose}>
  <DialogTitle>New User</DialogTitle>
  <DialogContent>
    <TextField
      autoFocus
      margin="normal"
      label="First Name"
      InputProps={{ name: 'first' }}
      onChange={e => setFirst(e.target.value)}
      value={first}
      fullWidth
    />
    <TextField
      margin="normal"
      label="Last Name"
      InputProps={{ name: 'last' }}
      onChange={e => setLast(e.target.value)}
      value={last}
      fullWidth
    />
    <TextField
      margin="normal"
      label="Email Address"
      type="email"
      InputProps={{ name: 'email' }}
      onChange={e => setEmail(e.target.value)}
```

```
      value={email}
      fullWidth
    />
  </DialogContent>
  <DialogActions>
    <Button onClick={onDialogClose} color="primary">
      Cancel
    </Button>
    <Button
      variant="contained"
      onClick={onCreate}
      color="primary"
    >
      Create
    </Button>
  </DialogActions>
</Dialog>
```

Dialog 구성 요소는 다양한 dialog를 구성하는 다른 구성 요소의 부모다. DialogTitle 구성 요소는 DialogActions 구성 요소가 대화상자의 아래에서 동작 버튼을 렌더링하는 데 사용될 때 대화상자 제목을 렌더링한다. DialogContent 구성 요소는 대화상자의 주요 콘텐츠 세 개의 텍스트 필드(새로운 사용자를 생성하는)를 렌더링하는 데 사용된다.

이들 TextField 구성 요소에는 대화상자 내부 렌더링과 관련된 두 가지 속성이 있다. 먼저 fullWidth 속성은 필드를 수평으로 확장해 대화상자와 동일한 폭이 되도록 한다. 이것은 몇 개의 필드만 있는 양식에서 잘 동작한다. 두 번째로 margin 속성은 normal로 설정돼 필드와 대화상자 간의 적당한 수직 여백을 제공한다.

다음으로 이 구성 요소의 이벤트 핸들러를 살펴본다. onDialogOpen()부터 시작한다.

```
const onDialogOpen = () => {
  setDialogOpen(true);
};
```

이 코드는 dialogOpen 상태를 true로 변경해 대화상자를 보여준다. 다음은 onDialog Close()다.

```
const onDialogClose = () => {
  setDialogOpen(false);
  setFirst('');
  setLast('');
  setEmail('');
};
```

이 코드는 dialogOpen 상태를 false로 설정해 대화상자를 닫는다. 또한 양식 필드 값을 빈 문자열로 재설정해 다음 번 대화상자가 표시될 때 비어있게 만든다. 다음은 onSnack barClose()다.

```
const onSnackbarClose = (e, reason) => {
  if (reason === 'clickaway') {
    return;
  }

  setSnackbarOpen(false);
  setSnackbarMessage('');
};
```

reason 인수가 clickaway이면 아무것도 수행되지 않는다. 그 외에는 snackbarOpen 상태가 false로 변경되고 스낵바를 숨긴다. snackbarMessage 상태는 빈 문자열로 설정되므로, 새 메시지를 먼저 설정하지 않고 스낵바를 열 경우에는 메시지가 다시 표시되지 않는다. 마지막으로 onCreate() 핸들러다.

```
const onCreate = () => {
  setSnackbarOpen(true);
  setSnackbarMessage(`${first} ${last} created`);
  onDialogClose();
};
```

이 코드는 snackbarOpen을 true로 설정해 스낵바를 보여준다. 또한 first와 last 상태 값 접근을 포함하는 snackbarMessage 값을 설정한다. 그런 다음 대화상자를 닫고 양식 필드를 재설정하고자 onDialogClose()가 호출된다. autoHideDuration 값이 4000으로 설정됐기 때문에 스낵바는 4초 후에 닫힌다.

참고 사항

- Dialog 데모: https://material-ui.com/demos/dialogs/
- Dialog API 문서: https://material-ui.com/api/dialog/
- DialogActions API 문서: https://material-ui.com/api/dialog-actions/
- DialogContent API 문서: https://material-ui.com/api/dialog-content/
- DialogContentText API 문서: https://material-ui.com/api/dialog-content-text/
- Snackbar API 문서: https://material-ui.com/api/snackbar/
- TextField API 문서: https://material-ui.com/api/text-field/
- Button API 문서: https://material-ui.com/api/button/

동작 확인

확인confirmation 대화상자는 사용자에게 안전망처럼 동작한다. 사용자가 무언가 잠재적으로 위험할 수 있는 동작을 수행하려고 할 때 유용하며, 앱의 모든 작업에 해당하는 것은 아니다. 한번 수행되면 되돌릴 수 없을 때 동작은 위험한 것으로 간주된다. 위험한 동작의 예로 계정을 삭제하거나 지불을 수행하는 것이 있다. 이런 경우에는 항상 확인 대화상자를 사용해야 한다.

확인 대화상자는 간단해서 사용자가 어떤 일이 일어날지 쉽게 이해할 수 있으며 동작을 취소할지 계속할지 결정할 수 있다. 다음은 어떤 동작을 실행하기 전에 확인 대화상자를 나타내는 코드의 예를 보여준다.

```jsx
import React, { Fragment, useState } from 'react';

import Button from '@material-ui/core/Button';
import DialogTitle from '@material-ui/core/DialogTitle';
import DialogContent from '@material-ui/core/DialogContent';
import DialogContentText from '@material-ui/core/DialogContentText';
import DialogActions from '@material-ui/core/DialogActions';
import Dialog from '@material-ui/core/Dialog';

export default function ConfirmingActions() {
  const [open, setOpen] = useState(false);

  const onShowConfirm = () => {
    setOpen(true);
  };

  const onConfirm = () => {
    setOpen(false);
  };

  return (
    <Fragment>
      <Button color="primary" onClick={onShowConfirm}>
        Confirm Action
      </Button>
      <Dialog
        disableBackdropClick
        disableEscapeKeyDown
        maxWidth="xs"
        open={open}
      >
```

```
      <DialogTitle>Confirm Delete Asset</DialogTitle>
      <DialogContent>
        <DialogContentText>
          Are you sure you want to delete the asset? This action
          cannot be undone.
        </DialogContentText>
      </DialogContent>
      <DialogActions>
        <Button onClick={onDialogClose} color="primary">
          Cancel
        </Button>
        <Button
          variant="contained"
          onClick={onConfirm}
          color="primary"
        >
          Confirm
        </Button>
      </DialogActions>
    </Dialog>
  </Fragment>
  );
}
```

다음은 CONFIRM 버튼을 클릭했을 때 나타나는 확인 대화상자를 보여준다.

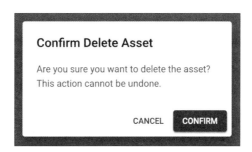

CANCEL 대화상자 동작을 클릭해 아무것도 수행하지 않고 대화상자를 종료하거나
CONFIRM 대화상자 동작을 클릭해 실제로 동작을 수행할 수 있다.

DialogContentText 구성 요소는 대화상자에서 확인 메시지를 렌더링하는 데 사용된다. 이것은 Typography 구성 요소를 래핑하는 단순한 래퍼다. 대화상자 구성 요소로 전달되는 속성 중 관심을 가질 만한 것은 disableBackdropClick과 disableEscapeKeyDown이다. 이 속성은 각각 대화상자 밖의 화면에서 클릭하거나 Esc 키가 눌렸을 때 확인 대화상자가 종료되는 것을 방지해준다.

이 두 속성에서의 아이디어는 사용자가 주의를 기울여야 하는 작업을 수행하고 있거나 실행을 거부하고 있음을 명시적으로 인식하도록 사용자를 유도하는 것이다.

참고 사항

- Dialog 데모: https://material-ui.com/demos/dialogs/
- Dialog API 문서: https://material-ui.com/api/dialog/
- DialogActions API 문서: https://material-ui.com/api/dialog-actions/
- DialogContent API 문서: https://material-ui.com/api/dialog-content/
- DialogContentText API 문서: https://material-ui.com/api/dialog-content-text/
- Button API 문서: https://material-ui.com/api/button/

경고 표시

경고[alert] 대화상자는 확인 대화상자와 유사하다. 경고는 무시할 수 없는 아주 중요한 스낵바처럼 생각할 수 있다. 확인과 마찬가지로 경고는 동작을 중단시켜 사용자에게 명시적으로 알린다. 경고 대화상자는 사용자가 취한 동작의 직접적인 결과로 표시되지 않을 수도 있고 사용자가 상호작용하는 환경의 변화로 인해 표시될 수도 있다.

할당된 디스크 공간이 부족할 때 애플리케이션에서 사용자에게 경고를 보낸다고 가정
해보자. 다음 예제는 경고가 어떻게 표시되는지 보여준다.

```jsx
import React, { Fragment, useState } from 'react';

import Button from '@material-ui/core/Button';
import DialogContent from '@material-ui/core/DialogContent';
import DialogContentText from '@material-ui/core/DialogContentText';
import DialogActions from '@material-ui/core/DialogActions';
import Dialog from '@material-ui/core/Dialog';

export default function ConfirmingActions() {
  const [open, setOpen] = useState(false);

  return (
    <Fragment>
      <Button color="primary" onClick={() => setOpen(true)}>
        Show Alert
      </Button>
      <Dialog open={open}>
        <DialogContent>
          <DialogContentText>
            Disk space critically low. You won't be able to perform
            any actions until you free up some space by deleting
            assets.
          </DialogContentText>
        </DialogContent>
        <DialogActions>
          <Button
            variant="contained"
            onClick={() => setOpen(false)}
            color="primary"
          >
            Got It
          </Button>
        </DialogActions>
```

```
        </Dialog>
      </Fragment>
  );
}
```

다음은 경고 보기 버튼을 클릭했을 때 표시되는 경고 대화상자를 보여준다.

> Disk space critically low. You won't be able to perform any actions until you
> free up some space by deleting assets.
>
> **GOT IT**

예제 분석

경고는 사용자로부터 입력을 수집한다는 측면에서 일반 대화상자와 크게 다르지 않다. 경고의 원칙은 요점만 간단하게 표시하는 것이다. 예를 들어 이 경고 대화상자에는 제목이 없다. 제목이 없어도 목적을 달성할 수 있으며, 사용자가 경고를 없애지 않으면 더 이상 아무런 동작도 할 수 없다.

부연 설명

경고 메시지에 아이콘을 추가하고 경고를 해제하는 버튼을 추가해 경고를 좀 더 눈에 띄게 만들 수 있다. 수정된 예제는 다음과 같다.

```
import React, { Fragment, useState } from 'react';

import { makeStyles } from '@material-ui/styles';
import Button from '@material-ui/core/Button';
import DialogContent from '@material-ui/core/DialogContent';
```

```
import DialogContentText from '@material-ui/core/DialogContentText';
import DialogActions from '@material-ui/core/DialogActions';
import Dialog from '@material-ui/core/Dialog';
import Grid from '@material-ui/core/Grid';

import WarningIcon from '@material-ui/icons/Warning';
import CheckIcon from '@material-ui/icons/Check';

const useStyles = makeStyles(theme => ({
  rightIcon: {
    marginLeft: theme.spacing(1)
  }
}));

export default function ConfirmingActions() {
  const classes = useStyles();
  const [open, setOpen] = useState(false);

  return (
    <Fragment>
      <Button color="primary" onClick={() => setOpen(true)}>
        Show Alert
      </Button>
      <Dialog open={open}>
        <DialogContent>
          <Grid container>
            <Grid item xs={2}>
              <WarningIcon fontSize="large" color="secondary" />
            </Grid>
            <Grid item xs={10}>
              <DialogContentText>
                Disk space critically low. You won't be able to
                perform any actions until you free up some space by
                deleting assets.
              </DialogContentText>
            </Grid>
          </Grid>
        </DialogContent>
        <DialogActions>
          <Button
```

```
                variant="contained"
                onClick={() => setOpen(false)}
                color="primary"
            >
                Got It
                <CheckIcon className={classes.rightIcon} />
            </Button>
        </DialogActions>
      </Dialog>
    </Fragment>
  );
}
```

새로운 경고는 다음과 같이 보인다.

참고 사항

- Dialog 데모: https://material-ui.com/demos/dialogs/
- Dialog API 문서: https://material-ui.com/api/dialog/
- DialogActions API 문서: https://material-ui.com/api/dialog-actions/
- DialogContent API 문서: https://material-ui.com/api/dialog-content/
- DialogContentText API 문서: https://material-ui.com/api/dialog-content-text/
- Button API 문서: https://material-ui.com/api/button/

API 통합

종종 대화상자에서 API를 통해 데이디를 가져와야 할 때가 있다. 문제는 API 데이터가 로드될 때까지 대화상자를 로드 중인 상태로 표시해야 한다는 것이다.

예제 구현

애플리케이션에서 항목 선택을 위해 Select 구성 요소를 가진 대화상자를 표시해야 한다고 가정해보자. 선택 항목의 옵션은 API에서 채워지므로 사용자가 대화상자를 열고난 후 API 데이터가 도착할 때까지의 대기 시간을 처리해야 한다. 다음은 이를 처리하는 예제를 보여준다.

```
import React, { Fragment, useState } from 'react';

import { makeStyles } from '@material-ui/styles';
import Button from '@material-ui/core/Button';
import DialogTitle from '@material-ui/core/DialogTitle';
import DialogContent from '@material-ui/core/DialogContent';
import DialogContentText from '@material-ui/core/DialogContentText';
import DialogActions from '@material-ui/core/DialogActions';
import Dialog from '@material-ui/core/Dialog';
import LinearProgress from '@material-ui/core/LinearProgress';
import MenuItem from '@material-ui/core/MenuItem';
import Select from '@material-ui/core/Select';

const useStyles = makeStyles(theme => ({
  dialog: { minHeight: 200 },
  select: { width: '100%' }
}));

const fetchItems = () =>
  new Promise(resolve => {
    setTimeout(() => {
      resolve([
        { id: 1, name: 'Item 1' },
```

```
          { id: 2, name: 'Item 2' },
          { id: 3, name: 'Item 3' }
        ]);
     }, 3000);
  });

const MaybeLinearProgress = ({ loading, ...props }) =>
  loading ? <LinearProgress {...props} /> : null;

const MaybeSelect = ({ loading, ...props }) =>
  loading ? null : <Select {...props} />;

export default function APIIntegration() {
  const classes = useStyles();
  const [open, setOpen] = useState(false);
  const [loading, setLoading] = useState(false);
  const [items, setItems] = useState([]);
  const [selected, setSelected] = useState('');

  const onShowItems = () => {
    setOpen(true);
    setLoading(true);

    fetchItems().then(items => {
      setLoading(false);
      setItems(items);
    });
  };

  const onClose = () => {
    setOpen(false);
  };

  const onSelect = e => {
    setSelected(e.target.value);
  };

  return (
    <Fragment>
      <Button color="primary" onClick={onShowItems}>
```

```
  Select Item
</Button>
<Dialog
  open={open}
  classes={{ paper: classes.dialog }}
  maxWidth="xs"
  fullWidth
>
  <DialogTitle>Select Item</DialogTitle>
  <DialogContent>
    <MaybeLinearProgress loading={loading} />
    <MaybeSelect
      value={selected}
      onChange={onSelect}
      className={classes.select}
      loading={loading}
    >
      <MenuItem value="">
        <em>None</em>
      </MenuItem>
      {items.map(item => (
        <MenuItem key={item.id} index={item.id} value={item.id}>
          {item.name}
        </MenuItem>
      ))}
    </MaybeSelect>
  </DialogContent>
  <DialogActions>
    <Button
      disabled={loading}
      onClick={onClose}
      color="primary"
    >
      Cancel
    </Button>
    <Button
      disabled={loading}
      variant="contained"
      onClick={onClose}
      color="primary"
```

```
            >
              Select
            </Button>
          </DialogActions>
        </Dialog>
      </Fragment>
    );
}
```

대화상자가 처음 열릴 때 다음과 같이 표시된다.

대화상자는 LinearProgress 구성 요소를 표시하고 API 데이터가 로드되는 동안 대화상
자 동작 버튼을 비활성화한다. 응답이 도착하면 대화상자는 다음과 같이 표시된다.

진행 바^{progress bar}가 사라지고 대화상자 동작 버튼이 활성화되며 사용자가 항목을 선택
할 수 있는 Select Item 필드가 보인다. 다음은 API에서 로딩한 항목을 보여주는 Select
Item이다.

코드의 주요 부분을 살펴보자. 먼저 모의 API 함수부터 시작한다.

```
const fetchItems = () =>
  new Promise(resolve => {
    setTimeout(() => {
      resolve([
        { id: 1, name: 'Item 1' },
        { id: 2, name: 'Item 2' },
        { id: 3, name: 'Item 3' }
      ]);
    }, 3000);
  });
```

fetchItems() 함수는 3초 후에 데이터의 배열을 해결[resolve]하는 프라미스를 반환해 API 함수를 시뮬레이션한다. 함수는 실제 API 종단점으로부터 응답을 기다리는 동안 사용자가 경험하게 되는 것을 시뮬레이션해준다. 다음으로 선택과 진행 지시자[progress indicator]를 렌더링하고 숨기는 데 사용되는 두 개의 유틸리티 구성 요소를 살펴보자.

```
const MaybeLinearProgress = ({ loading, ...props }) =>
  loading ? <LinearProgress {...props} /> : null;
```

```
const MaybeSelect = ({ loading, ...props }) =>
  loading ? null : <Select {...props} />;
```

아이디어는 로딩이 false인 동안 LinearProgress 구성 요소를 렌더링하지 않는 것이다. 반대로 로딩이 true일 때는 Select 구성 요소를 렌더링하지 않는다. 다음 onShowItems()를 살펴보자.

```
const onShowItems = () => {
  setOpen(true);
  setLoading(true);

  fetchItems().then(items => {
    setLoading(false);
    setItems(items);
  });
};
```

먼저 open을 true로 설정하면 대화상자가 열리고, loading을 true로 설정하면 진행 표시기가 표시된다. 이어서 API fetchItems() 함수가 호출되고 반환되는 Promise가 해결되면 loading이 false로 설정되고 items 배열이 업데이트된다. 이것으로 진행 표시기는 숨겨지고 항목으로 채워진 선택이 표시된다.

참고 사항

- Dialog 데모: https://material-ui.com/demos/dialogs/
- Dialog API 문서: https://material-ui.com/api/dialog/
- DialogActions API 문서: https://material-ui.com/api/dialog-actions/
- DialogContent API 문서: https://material-ui.com/api/dialog-content/
- DialogContentText API 문서: https://material-ui.com/api/dialog-content-text/

- Button API 문서: https://material-ui.com/api/button/
- LinearProgress API 문서: https://material-ui.com/api/linear-progress/
- MenuItem API 문서: https://material-ui.com/api/menu-item/
- Select API 문서: https://material-ui.com/api/select/

전체 화면 대화상자 만들기

전체 화면 대화상자에서는 정보를 렌더링할 더 많은 공간을 확보할 수 있다. 대부분의 경우에는 전체 화면이 필요하지 않지만, 일부의 경우 많은 정보를 표시하기 위해 많은 공간이 필요할 수 있다.

예제 구현

애플리케이션의 화면에 사용자를 위해 데이터를 가져오는 버튼이 있다고 가정해보자. 이 버튼이 클릭되면 사용자가 확인 버튼을 누르기 전에 가져올 데이터의 미리보기를 제공하고자 한다. 코드는 다음과 같다.

```
import React, { Fragment, useState } from 'react';

import { makeStyles } from '@material-ui/styles';
import Button from '@material-ui/core/Button';
import Dialog from '@material-ui/core/Dialog';
import AppBar from '@material-ui/core/AppBar';
import Toolbar from '@material-ui/core/Toolbar';
import IconButton from '@material-ui/core/IconButton';
import Typography from '@material-ui/core/Typography';
import Slide from '@material-ui/core/Slide';
import Table from '@material-ui/core/Table';

import TableBody from '@material-ui/core/TableBody';
import TableCell from '@material-ui/core/TableCell';
import TableHead from '@material-ui/core/TableHead';
```

```
import TableRow from '@material-ui/core/TableRow';

import CloseIcon from '@material-ui/icons/Close';

const useStyles = makeStyles(theme => ({
  appBar: {
    position: 'relative'
  },
  flex: {
    flex: 1
  }
}));

const Transition = props => <Slide direction="up" {...props} />;

const id = (function*() {
  let id = 0;
  while (true) {
    id += 1;
    yield id;
  }
})();

const rowData = (name, calories, fat, carbs, protein) => ({
  id: id.next().value,
  name,
  calories,
  fat,
  carbs,
  protein
});

const rows = [
  rowData('Frozen yoghurt', 159, 6.0, 24, 4.0),
  rowData('Ice cream sandwich', 237, 9.0, 37, 4.3),
  rowData('Eclair', 262, 16.0, 24, 6.0),
  rowData('Cupcake', 305, 3.7, 67, 4.3),
  rowData('Gingerbread', 356, 16.0, 49, 3.9)
];
```

```
export default function FullScreenDialogs() {
  const classes = useStyles();
  const [open, setOpen] = useState(false);

  const onOpen = () => {
    setOpen(true);
  };

  const onClose = () => {
    setOpen(false);
  };

  return (
    <Fragment>
      <Button variant="outlined" color="primary" onClick={onOpen}>
        Export Data
      </Button>
      <Dialog
        fullScreen
        open={open}
        onClose={onClose}
        TransitionComponent={Transition}
      >
        <AppBar className={classes.appBar}>
          <Toolbar>
            <IconButton
              color="inherit"
              onClick={onClose}
              aria-label="Close"
            >
              <CloseIcon />
            </IconButton>
            <Typography
              variant="h6"
              color="inherit"
              className={classes.flex}
            >
              Export Data
            </Typography>
            <Button color="inherit" onClick={onClose}>
```

```
                Export
              </Button>
            </Toolbar>
          </AppBar>
          <Table className={classes.table}>
            <TableHead>
              <TableRow>
                <TableCell>Dessert (100g serving)</TableCell>
                <TableCell align="right">Calories</TableCell>
                <TableCell align="right">Fat (g)</TableCell>
                <TableCell align="right">Carbs (g)</TableCell>
                <TableCell align="right">Protein (g)</TableCell>
              </TableRow>
            </TableHead>
            <TableBody>
              {rows.map(row => (
                <TableRow key={row.id}>
                  <TableCell component="th" scope="row">
                    {row.name}
                  </TableCell>
                  <TableCell align="right">{row.calories}</TableCell>
                  <TableCell align="right">{row.fat}</TableCell>
                  <TableCell align="right">{row.carbs}</TableCell>
                  <TableCell align="right">{row.protein}</TableCell>
                </TableRow>
              ))}
            </TableBody>
          </Table>
        </Dialog>
      </Fragment>
  );
}
```

대화상자가 열렸을 때 다음과 같이 보인다.

Dessert (100g serving)	Calories	Fat (g)	Carbs (g)	Protein (g)
Frozen yoghurt	159	6	24	4
Ice cream sandwich	237	9	37	4.3
Eclair	262	16	24	6
Cupcake	305	3.7	67	4.3
Gingerbread	356	16	49	3.9

대화상자 제목 옆에 있는 X 버튼을 클릭해 대화상자를 닫거나 오른쪽의 EXPORT 버튼을 클릭할 수 있다.

예제 분석

Dialog 구성 요소에 전달되는 속성들을 살펴보자.

```
<Dialog
  fullScreen
  open={open}
  onClose={onClose}
  TransitionComponent={Transition}
>
```

fullScreen 부울 속성은 대화상자가 전체 화면 모드로 렌더링되는지 여부를 나타낸다. TransitionComponent 속성은 대화상자가 화면에 이전되는 방법을 변경한다.

대화상자가 전체 화면 모드로 표시되기 때문에 예제와 같이 제목과 동작 버튼이 사용자에게 표시되는 방법을 변경할 필요가 있다. DialogTitle과 DialogAction 구성 요소를 사용하는 대신 AppBar와 Toolbar 구성 요소를 사용한다.

```
<AppBar className={classes.appBar}>
  <Toolbar>
    <IconButton
      color="inherit"
      onClick={onClose}
      aria-label="Close"
    >
      <CloseIcon />
    </IconButton>
    <Typography
      variant="h6"
      color="inherit"
      className={classes.flex}
    >
      Export Data
    </Typography>
    <Button color="inherit" onClick={onClose}>
      Export
    </Button>
  </Toolbar>
</AppBar>
```

이 코드는 제목, 닫는 동작, 메인 동작을 사용자에게 더 잘 보이도록 해준다.

참고 사항

- Dialog 데모: https://material-ui.com/demos/dialogs/
- Dialog API 문서: https://material-ui.com/api/dialog/
- AppBar API 문서: https://material-ui.com/api/app-bar/
- Toolbar API 문서: https://material-ui.com/api/toolbar/
- Table API 문서: https://material-ui.com/api/table/

대화상자 콘텐츠 스크롤

모든 콘텐츠를 대화상자에 넣을 수 있을 만한 충분한 수직 공간을 찾기 어려울 수 있다. 따라서 대화상자의 공간이 부족할 때는 수직 스크롤을 추가한다.

예제 구현

긴 데이터 표가 있고 다른 형식으로 내보내기 전에 이를 사용자 대화상자에 표시한다고 가정해보자. 이 경우에는 사용자가 표의 행을 스크롤할 수 있어야 한다. 예제는 다음과 같다.

```
import React, { Fragment, useState } from 'react';

import Button from '@material-ui/core/Button';
import Dialog from '@material-ui/core/Dialog';
import DialogTitle from '@material-ui/core/DialogTitle';
import DialogContent from '@material-ui/core/DialogContent';
import DialogActions from '@material-ui/core/DialogActions';
import Table from '@material-ui/core/Table';
import TableBody from '@material-ui/core/TableBody';
import TableCell from '@material-ui/core/TableCell';
import TableHead from '@material-ui/core/TableHead';
import TableRow from '@material-ui/core/TableRow';

const id = (function*() {
  let id = 0;
  while (true) {
    id += 1;
    yield id;
  }
})();

const rowData = (name, calories, fat, carbs, protein) => ({
  id: id.next().value,
  name,
```

```
    calories,
    fat,
    carbs,
    protein
  });

const rows = new Array(50)
  .fill(null)
  .reduce(
    result =>
      result.concat([
        rowData('Frozen yoghurt', 159, 6.0, 24, 4.0),
        rowData('Ice cream sandwich', 237, 9.0, 37, 4.3),
        rowData('Eclair', 262, 16.0, 24, 6.0),
        rowData('Cupcake', 305, 3.7, 67, 4.3),
        rowData('Gingerbread', 356, 16.0, 49, 3.9)
      ]),
    []
  );

export default function FullScreenDialogs() {
  const [open, setOpen] = useState(false);

  const onOpen = () => {
    setOpen(true);
  };

  const onClose = () => {
    setOpen(false);
  };

  return (
    <Fragment>
      <Button variant="outlined" color="primary" onClick={onOpen}>
        Export Data
      </Button>
      <Dialog open={open} onClose={onClose}>
        <DialogTitle>Desserts</DialogTitle>
        <DialogContent>
          <Table>
```

```
        <TableHead>
          <TableRow>
            <TableCell>Dessert (100g serving)</TableCell>
            <TableCell align="right">Calories</TableCell>
            <TableCell align="right">Fat (g)</TableCell>
            <TableCell align="right">Carbs (g)</TableCell>
            <TableCell align="right">Protein (g)</TableCell>
          </TableRow>
        </TableHead>
        <TableBody>
          {rows.map(row => (
            <TableRow key={row.id}>
              <TableCell component="th" scope="row">
                {row.name}
              </TableCell>
              <TableCell align="right">{row.calories}</TableCell>
              <TableCell align="right">{row.fat}</TableCell>
              <TableCell align="right">{row.carbs}</TableCell>
              <TableCell align="right">{row.protein}</TableCell>
            </TableRow>
          ))}
        </TableBody>
      </Table>
    </DialogContent>
    <DialogActions>
      <Button onClick={onClose} color="primary">
        Cancel
      </Button>
      <Button
        variant="contained"
        onClick={onClose}
        color="primary"
      >
        Export
      </Button>
    </DialogActions>
  </Dialog>
  </Fragment>
);
}
```

대화상자가 열렸을 때 다음과 같이 보인다.

Desserts				
Dessert (100g serving)	Calories	Fat (g)	Carbs (g)	Protein (g)
Frozen yoghurt	159	6	24	4
Ice cream sandwich	237	9	37	4.3
Eclair	262	16	24	6
Cupcake	305	3.7	67	4.3
Gingerbread	356	16	49	3.9
Frozen yoghurt	159	6	24	4
Ice cream sandwich	237	9	37	4.3
Eclair	262	16	24	6
Cupcake	305	3.7	67	4.3
Gingerbread	356	16	49	3.9
Frozen	159	6	24	4

CANCEL   **EXPORT**

마우스 포인터를 표의 행으로 이동하고 나서 스크롤을 시작하면, 표의 행이 대화상자 제목과 동작 버튼 사이에서 위아래로 스크롤된다.

예제 분석

대화상자 콘텐츠는 대화상자(DialogContent 구성 요소)의 Paper 구성 요소 안에서 스크롤된다. 따라서 속성을 지정할 필요는 없다. 그러나 body 값을 Dialog 구성 요소의 scroll

속성에 전달할 수 있다. 이것은 콘텐츠를 수용할 수 있도록 대화상자의 높이를 변경한다.

참고 사항

- Dialog 데모: https://material-ui.com/demos/dialogs/
- Dialog API 문서: https://material-ui.com/api/dialog/
- Table API 문서: https://material-ui.com/api/table/

16

메뉴 - 팝 아웃되는
동작 표시하기

16장에서 다루는 주제는 다음과 같다.

- 상태로 메뉴 구성하기
- 메뉴 스크롤 옵션
- 메뉴 전환 사용하기
- 메뉴 항목 사용자 정의

소개

메뉴는 사용자가 실행할 수 있는 일련의 명령을 구성하는 데 사용된다. 일반적으로 메뉴는 애플리케이션의 자원에 대한 세부 정보 화면 같은 내용을 포함한다. 머티리얼 UI

는 화면에 명령을 구성할 수 있는 Menu 구성 요소를 제공한다.

상태로 메뉴 구성하기

Menu 구성 요소는 어떤 동작을 수행하는 데 사용된다. 메뉴는 목록과 버튼의 조합으로 생각할 수 있다. 메뉴는 메뉴 항목을 일시적으로 표시하려는 경우에 가장 적합하다. 메뉴와 메뉴 항목은 구성 요소 상태를 통해 제어할 수 있다.

예제 구현

애플리케이션의 구성 요소에 메뉴 버튼이 있고, 이 버튼을 클릭하면 몇 개의 옵션을 가진 메뉴가 표시된다고 가정해보자. 옵션은 권한이나 다른 자원의 상태 같은 애플리케이션의 상태를 기반으로 변경될 수 있다. 다음은 이 구성 요소를 작성하는 코드다.

```
import React, { Fragment, useState } from 'react';

import { makeStyles } from '@material-ui/styles';
import Button from '@material-ui/core/Button';
import Menu from '@material-ui/core/Menu';
import MenuItem from '@material-ui/core/MenuItem';
import MenuIcon from '@material-ui/icons/Menu';

const useStyles = makeStyles(theme => ({
  rightIcon: {
    marginLeft: theme.spacing(1)
  }
}));

export default function ComposingMenusWithState() {
  const onOpen = e => {
    setAnchorEl(e.currentTarget);
  };

  const onClose = () => {
```

```
      setAnchorEl(null);
    };

    const classes = useStyles();
    const [anchorEl, setAnchorEl] = useState(null);
    const [items, setItems] = useState([
      { name: 'First', onClick: onClose },
      { name: 'Second', onClick: onClose },
      { name: 'Third', onClick: onClose },
      { name: 'Fourth', onClick: onClose, disabled: true }
    ]);

    return (
      <Fragment>
        <Button onClick={onOpen}>
          Menu
          <MenuIcon className={classes.rightIcon} />
        </Button>
        <Menu
          anchorEl={anchorEl}
          open={Boolean(anchorEl)}
          onClose={onClose}
        >
          {items.map((item, index) => (
            <MenuItem
              key={index}
              onClick={item.onClick}
              disabled={item.disabled}
            >
              {item.name}
            </MenuItem>
          ))}
        </Menu>
      </Fragment>
    );
  }
```

화면이 처음 로드되면 다음과 같이 표시된다.

MENU 버튼을 클릭하면 메뉴는 다음과 같이 표시된다.

ComposingMenusWithState 구성 요소의 상태를 살펴보는 것으로 시작한다.

```
const [anchorEl, setAnchorEl] = useState(null);
const [items, setItems] = useState([
  { name: 'First', onClick: onClose },
  { name: 'Second', onClick: onClose },
  { name: 'Third', onClick: onClose },
  { name: 'Fourth', onClick: onClose, disabled: true }
]);
```

anchorEl 상태는 메뉴가 열려 있을 때 메뉴가 고정된 요소를 참조한다. null이면 메뉴가 닫힌다. items 배열에는 메뉴 항목이 들어있다. name 속성은 메뉴 항목 텍스트로 렌더링된다. onClick 함수는 메뉴 항목이 선택될 때 호출된다. disabled 속성은 true인 경우 아이템을 비활성화한다. 다음으로 onOpen()과 onClose() 핸들러를 살펴본다.

```
const onOpen = e => {
  setAnchorEl(e.currentTarget);
```

504

```
};

const onClose = () => {
  setAnchorEl(null);
};
```

사용자가 메뉴 버튼을 클릭하면 anchorEl 상태는 e.currentTarget으로 설정된다. 이것
은 클릭된 버튼이며, 메뉴를 어디에 렌더링해야 하는지 알 수 있다. 메뉴가 닫히면
null로 설정되고 메뉴가 숨겨진다. 마지막으로 Menu 마크업을 살펴보자.

```
<Menu
  anchorEl={anchorEl}
  open={Boolean(anchorEl)}
  onClose={onClose}
>
  {items.map((item, index) => (
    <MenuItem
      key={index}
      onClick={item.onClick}
      disabled={item.disabled}
    >
      {item.name}
    </MenuItem>
  ))}
</Menu>
```

open 속성은 부울을 기대한다. 사용자가 상호작용할 때 메뉴를 열거나 닫으면 anchorEl
상태가 변경돼 Boolean(anchorEL)이 된다. items 상태는 MenuItem 구성 요소에 매핑된다.

부연 설명

애플리케이션이 여러 화면을 갖고 있는 경우 MenuItem 항목을 구성 요소에 매핑하는
자체 Menu 구성 요소를 만들 수 있다. 예제를 수정해 메뉴 추상화를 작성하고 시간이

지남에 따라 애플리케이션 데이터가 변경될 때 메뉴 항목 상태가 어떻게 변하는지 알아본다. 수정된 예제는 다음과 같다.

```
import React, { Fragment, useState, useEffect } from 'react';

import { makeStyles } from '@material-ui/styles';
import Button from '@material-ui/core/Button';
import Menu from '@material-ui/core/Menu';
import MenuItem from '@material-ui/core/MenuItem';
import MenuIcon from '@material-ui/icons/Menu';

const useStyles = makeStyles(theme => ({
  rightIcon: {
    marginLeft: theme.spacing.unit
  }
}));

const MyMenu = ({ items, onClose, anchorEl }) => (
  <Menu
    anchorEl={anchorEl}
    open={Boolean(anchorEl)}
    onClose={onClose}
  >
    {items.map((item, index) => (
      <MenuItem
        key={index}
        onClick={item.onClick}
        disabled={item.disabled}
      >
        {item.name}
      </MenuItem>
    ))}
  </Menu>
);

export default function ComposingMenusWithState() {
  const classes = useStyles();
  const [anchorEl, setAnchorEl] = useState(null);
  const [items, setItems] = useState([
```

```
    { name: 'Enable Fourth' },
    { name: 'Second', onClick: onClose },
    { name: 'Third', onClick: onClose },
    { name: 'Fourth', onClick: onClose, disabled: true }
]);

useEffect(() => {
  const toggleFourth = () => {
    let newItems = [...items];

    newItems[3] = { ...items[3], disabled: !items[3].disabled };
    newItems[0] = {
      ...items[0],
      name: newItems[3].disabled
        ? 'Enable Fourth'
        : 'Disable Fourth'
    };

    setItems(newItems);
  };

    const newItems = [...items];
    newItems[0] = { ...items[0], onClick: toggleFourth };
    setItems(newItems);
  });

  const onOpen = e => {
    setAnchorEl(e.currentTarget);
  };

  const onClose = () => {
    setAnchorEl(null);
  };

  return (
    <Fragment>
      <Button onClick={onOpen}>
        Menu
        <MenuIcon className={classes.rightIcon} />
      </Button>
```

```
      <MyMenu items={items} onClose={onClose} anchorEl={anchorEl} />
    </Fragment>
  );
}
```

MyMenu 구성 요소는 onClose 핸들러, anchorEl 상태, items 배열을 속성으로 받는다. 메뉴 항목 상태를 업데이트하고 렌더링할 수 있는 방법을 보여주기 위해(메뉴가 열려 있는 동안에도), 첫 번째 메뉴 항목의 onClick 속성에 적용되는 새로운 toggleFourth() 핸들러가 있다. 이것은 toggleFourth()가 새로운 값을 가져올 수 있는 유일한 방법이기 때문에 useEffect() 내부에 적용된다. 변경되면 함수를 재정의한 다음 onClick에 다시 할당해야 한다. 이렇게 하면 첫 번째 메뉴 항목의 텍스트와 Fourth 항목의 비활성화 상태가 토글된다. 메뉴가 처음 열릴 때의 모습은 다음과 같다.

첫 번째 메뉴 항목을 클릭하면 메뉴는 다음과 같이 보인다.

첫 번째 항목의 텍스트가 토글되고 이제 네 번째 항목이 활성화됐다. 첫 번째 항목을

508

클릭하면 이 두 항목의 상태를 다시 토글할 수 있다.

참고 사항

- Menu 데모: https://material-ui.com/demos/menus/
- Menu API 문서: https://material-ui.com/api/menu/
- MenuItem API 문서: https://material-ui.com/api/menu-item/

메뉴 스크롤 옵션

메뉴에 많은 옵션이 있는 경우에는 메뉴의 높이와 관련해 문제가 될 수 있다. 긴 메뉴를 표시하는 대신 메뉴에 최대 높이 제한을 두고 세로로 스크롤해보자.

예제 구현

화면에서 한 번에 렌더링할 수 있는 것보다 많은 옵션의 메뉴를 렌더링해야 한다고 가정해보자. 그리고 메뉴 항목 중 하나는 선택된 상태다. 다음은 이 상황을 처리하는 방법을 보여주는 코드다.

```
import React, { Fragment, useState } from 'react';

import { makeStyles } from '@material-ui/styles';
import IconButton from '@material-ui/core/IconButton';
import Menu from '@material-ui/core/Menu';
import MenuItem from '@material-ui/core/MenuItem';
import MenuIcon from '@material-ui/icons/Menu';

const items = [
  'None',
  'Atria',
  'Callisto',
```

```
  'Dione',
  'Ganymede',
  'Hangouts Call',
  'Luna',
  'Oberon',
  'Phobos',
  'Pyxis',
  'Sedna',
  'Titania',
  'Triton',
  'Umbriel'
];

const ITEM_HEIGHT = 48;

const useStyles = makeStyles(theme => ({
  menuPaper: { maxHeight: ITEM_HEIGHT * 4.5, width: 200 }
}));

export default function MenuScrollingOptions() {
  const classes = useStyles();

const [anchorEl, setAnchorEl] = useState(null);
const [selected, setSelected] = useState('');

const onOpen = e => {
  setAnchorEl(e.currentTarget);
};

const onClose = () => {
  setAnchorEl(null);
};

const onSelect = selected => () => {
  setSelected(selected);
  setAnchorEl(null);
};

return (
  <Fragment>
```

```
    <IconButton onClick={onOpen}>
      <MenuIcon />
    </IconButton>
    <Menu
      anchorEl={anchorEl}
      open={Boolean(anchorEl)}
      onClose={onClose}
      PaperProps={{
        classes: { elevation8: classes.menuPaper }
      }}
    >
      {items.map((item, index) => (
        <MenuItem
          key={index}
          selected={index === selected}
          onClick={onSelect(index)}
        >
          {item}
        </MenuItem>
        ))}
      </Menu>
    </Fragment>
  );
}
```

처음에는 항목이 선택되지 않았다. 메뉴가 처음 열렸을 때의 모습은 다음과 같다.

메뉴 항목을 스크롤할 수 있다. 다음은 메뉴 하단의 모습이다.

항목을 선택하고 메뉴를 닫을 수 있다. 선택 항목이 유지돼서 다음에 메뉴를 열 때 선택한 항목이 다시 표시된다.

메뉴에 선택한 항목이 있으면 Menu 구성 요소가 선택한 항목으로 자동으로 스크롤된다. 선택한 항목을 화면 밖으로 스크롤해 메뉴를 닫은 다음 다시 열어 테스트해본다. 선택한 항목이 메뉴 중간에 표시될 것이다.

예제 분석

이 예제에서 사용된 menuPaper 스타일을 살펴보는 것으로 시작한다.

```
const ITEM_HEIGHT = 48;

const useStyles = makeStyles(theme => ({
  menuPaper: { maxHeight: ITEM_HEIGHT * 4.5, width: 200 }
```

512

```
}));
```

ITEM_HEIGHT 값은 각 메뉴 항목의 높이에 대한 근삿값이다. 배수(4.5)는 화면에 얼마나 많은 메뉴 항목이 표시돼야 하는지에 대한 근삿값이다. 이제 Menu 구성 요소 마크업으로 이동한다.

```
<Menu
  anchorEl={anchorEl}
  open={Boolean(anchorEl)}
  onClose={onClose}
  PaperProps={{
    classes: { elevation8: classes.menuPaper }
  }}
>
  {items.map((item, index) => (
    <MenuItem
      key={index}
      selected={index === selected}
      onClick={onSelect(index)}
    >
      {item}
    </MenuItem>
  ))}
</Menu>
```

selected 상태가 현재 항목의 index와 일치하면 각 MenuItem 구성 요소의 selected 속성이 true로 설정된다. menuPaper 클래스는 PaperProps 속성을 통해 적용되지만, 클래스가 실제로 적용되는 곳에 elevation8 속성이 있다. 이것은 className을 통해 클래스를 할당하면 Menu 구성 요소가 maxHeight 스타일을 무시하기 때문이다. 이 문제를 해결하려면 좀 더 구체적인 CSS API를 사용해야 한다. Paper 구성 요소의 elevation 속성(0~24 사이)은 섀도우shadow의 깊이를 지정한다. 숫자가 클수록 더 큰 섀도우가 적용된다(요소가 더 높은 모양을 갖는다).

Paper의 디폴트 높이는 2다. 그러나 Menu 구성 요소는 Popover 구성 요소를 사용해 높이를 8로 변경하는 Paper를 렌더링한다. 간단히 말해, elevation8 CSS API를 사용하면 디폴트 값을 덮어 쓰는 클래스의 스타일을 적용할 수 있다. 이렇게 해서 스크롤 가능한 메뉴를 만들 수 있다.

참고 사항

- Menu 데모: https://material-ui.com/demos/menus/
- Menu API 문서: https://material-ui.com/api/menu/
- MenuItem API 문서: https://material-ui.com/api/menu-item/

메뉴 전환 사용하기

Menu 구성 요소에서 사용하는 전환^{transition}을 변경할 수 있다. 디폴트로 Menu는 Grow 전환 구성 요소를 사용한다.

예제 구현

Menu 구성 요소에 다른 전환 효과를 적용하는 방법을 보여주고자 이 예제에서는 스토리북에 몇 가지 전환 옵션을 추가한다. 다음 코드를 사용해 전환의 지속 시간뿐 아니라 전환 구성 요소도 변경할 수 있다.

```
import React, { Fragment, useState } from 'react';

import { makeStyles } from '@material-ui/styles';
import Button from '@material-ui/core/Button';
import Menu from '@material-ui/core/Menu';
import MenuItem from '@material-ui/core/MenuItem';
import Collapse from '@material-ui/core/Collapse';
```

```
import Fade from '@material-ui/core/Fade';
import Grow from '@material-ui/core/Grow';
import Slide from '@material-ui/core/Slide';

import MenuIcon from '@material-ui/icons/Menu';

const useStyles = makeStyles(theme => ({
  rightIcon: {
    marginLeft: theme.spacing.unit
  }
}));

export default function UsingMenuTransitions({
  transition,
  duration
}) {
  const classes = useStyles();
  const [anchorEl, setAnchorEl] = useState(null);

  const onOpen = e => {
    setAnchorEl(e.currentTarget);
  };

  const onClose = () => {
    setAnchorEl(null);
  };

  return (
    <Fragment>
      <Button onClick={onOpen}>
        Menu
        <MenuIcon className={classes.rightIcon} />
      </Button>
      <Menu
        anchorEl={anchorEl}
        open={Boolean(anchorEl)}
        onClose={onClose}
        transitionDuration={duration}
        TransitionComponent={
          {
```

```
          collapse: Collapse,
          fade: Fade,
          grow: Grow,
          slide: Slide
        }[transition]
      }
    >
      <MenuItem onClick={onClose}>Profile</MenuItem>
      <MenuItem onClick={onClose}>My account</MenuItem>
      <MenuItem onClick={onClose}>Logout</MenuItem>
    </Menu>
  </Fragment>
);
}
```

스토리북 Knobs 패널에서 다양한 전환 옵션을 볼 수 있다. 전환 방법을 변경하면 메뉴를 열고 닫을 때 차이점을 확인할 수 있다. 아쉽게도 이런 전환 효과는 스크린샷으로 캡처할 수 없다.

예제 분석

transition 속성은 스토리북에서 가져온 UsingMenuTransitions 구성 요소에 전달되고 전환을 결정하는 데 사용된다. Menu에서 사용할 전환을 결정하는 데 사용되는 Transition Component 속성을 자세히 살펴보자.

```
TransitionComponent={
  {
    collapse: Collapse,
    fade: Fade,
    grow: Grow,
    slide: Slide
  }[transition]
}
```

transition 문자열은 Menu에 전달할 수 있는 머티리얼 UI 전환 구성 요소에 매핑된다.

참고 사항

- Menu 데모: https://material-ui.com/demos/menus/
- Menu API 문서: https://material-ui.com/api/menu/
- MenuItem API 문서: https://material-ui.com/api/menu-item/
- Collapse API 문서: https://material-ui.com/api/collapse/
- Fade API 문서: https://material-ui.com/api/collapse/
- Grow API 문서: https://material-ui.com/api/grow/
- Slide API 문서: https://material-ui.com/api/slide/

메뉴 항목 사용자 정의

onClick 핸들러를 가진 일반 메뉴 항목을 좀 더 정교하게 변경할 수 있다. 예를 들어 앱의 다른 화면으로 연결하는 링크를 가진 메뉴가 필요할 수 있다.

예제 구현

한 화면에서 다른 화면으로의 이동을 제어하고자 애플리케이션에서 react-router를 사용하며, Menu 구성 요소를 사용해 render 링크를 렌더링하다고 가정해보자. 다음은 이를 수행하는 방법을 보여주는 예제다.

```
import React, { Fragment, useState } from 'react';
import { Switch, Route, Link } from 'react-router-dom';

import { makeStyles } from '@material-ui/styles';
import Button from '@material-ui/core/Button';
import Menu from '@material-ui/core/Menu';
```

```
import MenuItem from '@material-ui/core/MenuItem';
import Typography from '@material-ui/core/Typography';
import MenuIcon from '@material-ui/icons/Menu';

const NavMenuItem = ({ color, ...props }) => (
  <Switch>
    <Route
      exact
      path={props.to}
      render={() => <MenuItem selected component={Link} {...props} />}
    />
    <Route
      path="/"
      render={() => <MenuItem component={Link} {...props} />}
    />
  </Switch>
);

const useStyles = makeStyles(theme => ({
  rightIcon: {
    marginLeft: theme.spacing(1)
  }
}));

export default function CustomizingMenuItems() {
  const classes = useStyles();
  const [anchorEl, setAnchorEl] = useState(null);

  const onOpen = e => {
    setAnchorEl(e.currentTarget);
  };

const onClose = () => {
  setAnchorEl(null);
};

  return (
    <Fragment>
      <Button onClick={onOpen}>
        Menu
```

```
      <MenuIcon className={classes.rightIcon} />
    </Button>
    <Menu
      anchorEl={anchorEl}
      open={Boolean(anchorEl)}
      onClose={onClose}
    >
      <NavMenuItem to="/" onClick={onClose}>
        Home
      </NavMenuItem>
      <NavMenuItem to="/page1" onClick={onClose}>
        Page 1
      </NavMenuItem>
      <NavMenuItem to="/page2" onClick={onClose}>
        Page 2
      </NavMenuItem>
    </Menu>
    <Switch>
      <Route
        exact
        path="/"
        render={() => <Typography>home content</Typography>}
      />
      <Route
        path="/page1"
        render={() => <Typography>page 1 content</Typography>}
      />
      <Route
        path="/page2"
        render={() => <Typography>page 2 content</Typography>}
      />
    </Switch>
  </Fragment>
);
}
```

화면을 처음 로드하면 다음과 같이 보인다.

MENU가 열렸을 때의 모습은 다음과 같다.

Page 1을 클릭한다. 그러면 MENU를 닫고 MENU 아래에 렌더링된 콘텐츠로 변경된다. 다음 스크린샷과 같이 다른 화면으로 이동했기 때문이다.

활성화된 링크가 메뉴에 반영된다. Page 1을 열면 메뉴는 다음과 같다.

예제 분석

NavMenuItem 구성 요소를 살펴보는 것으로 시작한다.

```
const NavMenuItem = ({ color, ...props }) => (
  <Switch>
    <Route
      exact
      path={props.to}
      render={() => <MenuItem selected component={Link} {...props} />}
    />
    <Route
      path="/"
      render={() => <MenuItem component={Link} {...props} />}
    />
  </Switch>
);
```

현재 경로를 기반으로 MenuItem 구성 요소가 렌더링된다. to 속성 값이 현재 경로와 일치하면 selected 속성은 true가 된다. 즉, 메뉴를 열 때 메뉴 항목이 선택되는 것으로 나타난다. 다음으로 Menu 마크업을 살펴본다.

```
<Menu
  anchorEl={anchorEl}
  open={Boolean(anchorEl)}
  onClose={onClose}
>
  <NavMenuItem to="/" onClick={onClose}>
    Home
  </NavMenuItem>
  <NavMenuItem to="/page1" onClick={onClose}>
    Page 1
  </NavMenuItem>
  <NavMenuItem to="/page2" onClick={onClose}>
    Page 2
  </NavMenuItem>
</Menu>
```

MenuItem 구성 요소를 렌더링하는 대신 NavMenuItem 구성 요소를 렌더링할 수 있다. 결과적으로 현재 경로에 대해 선택된 속성이 true로 설정된 링크가 렌더링된다. 여기서 다른 페이지를 연결하고자 to 속성이 필요하며, 페이지 전환이 발생하면 메뉴를 닫기 위해 onClick 핸들러가 필요하다.

참고 사항

- Menu 데모: https://material-ui.com/demos/menus/
- Menu API 문서: https://material-ui.com/api/menu/
- MenuItem API 문서: https://material-ui.com/api/menu-item/

17

타이포그래피
- 폰트의 룩앤필 제어하기

17장에서 다루는 주제는 다음과 같다.

- 타이포그래피 유형
- 테마 색상 사용
- 텍스트 정렬
- 텍스트 래핑

소개

Typography 구성 요소는 머티리얼 UI에서 화면에 텍스트를 렌더링하는 데 사용된다. Typography를 직접 사용할 수도 있지만, 텍스트를 렌더링하는 다른 머티리얼 UI 구성 요소에서도 이 구성 요소를 사용하고 있다. 텍스트를 렌더링하는 데 다른 HTML 요소를 사용하는 대신 Typography 구성 요소를 사용하면, 일관된 폰트 스타일로 애플리케이션의 테마를 처리할 수 있을 뿐 아니라 동일한 방법으로 폰트 동작을 처리할 수도 있다.

타이포그래피 유형

Typography 구성 요소는 머티리얼 UI에서 텍스트의 렌더링이 필요할 때면 언제든지 사용된다. 텍스트의 유형 또는 변형이 문자열 값으로 지정돼 variant 속성으로 전달된다.

예제 구현

다음 코드는 가용한 모든 Typography 변형을 렌더링하는 방법을 보여준다.

```
import React, { Fragment } from 'react';

import Typography from '@material-ui/core/Typography';

const MyTypography = ({ variant, ...props }) => (
  <Typography variant={variant || 'inherit'} {...props} />
);

const TypesOfTypography = () => (
  <Fragment>
    <Typography variant="h1">h1 variant</Typography>
    <Typography variant="h2">h2 variant</Typography>
    <Typography variant="h3">h3 variant</Typography>
    <Typography variant="h4">h4 variant</Typography>
    <Typography variant="h5">h5 variant</Typography>
    <Typography variant="h6">h6 variant</Typography>
    <Typography variant="subtitle1">subtitle1 variant</Typography>
    <Typography variant="subtitle2">subtitle2 variant</Typography>
    <Typography variant="body1">body1 variant</Typography>
    <Typography variant="body2">body2 variant</Typography>
    <Typography variant="subtitle1">subtitle1 variant</Typography>
```

```
    <Typography variant="caption">caption variant</Typography>
    <Typography variant="button">button variant</Typography>
    <Typography variant="overline">overline variant</Typography>
    <Typography variant="title" component="div">
      <Typography variant="inherit">
        inherited title variant
      </Typography>
      <Typography variant="inherit">
        another inherited title variant
      </Typography>
      <Typography variant="caption">
        overridden caption variant
      </Typography>
    </Typography>
    <MyTypography variant="title" component="div">
      <MyTypography>inherited title variant</MyTypography>
      <MyTypography>another inherited title variant</MyTypography>
      <MyTypography variant="caption">
        overridden caption variant
      </MyTypography>
    </MyTypography>
  </Fragment>
);

export default TypesOfTypography;
```

머리글 변형은 다음과 같이 보인다.

h1 variant
h2 variant
h3 variant
h4 variant
h5 variant
h6 variant

마지막으로 다른 변형들은 다음과 같이 보인다.

subtitle1 variant
subtitle2 variant
body1 variant
body2 variant

headline variant

title variant

subheading variant

caption variant

BUTTON VARIANT

OVERLINE VARIANT

예제 분석

variant 속성에 전달한 값은 텍스트에 적용될 스타일을 결정한다. 이들 각 변형의 스타일은 테마에 의해 결정되고, 다른 테마로 사용자 정의가 가능하다.

 변형의 이름을 사용자 정의하거나 타이포그래피 변형 외의 폰트 스타일을 추가하는 것은 아주 솔깃하지만, 이렇게 하면 머티리얼 디자인의 폰트 규칙이 깨지므로 하지 않는 것이 좋다. 타이포그래피 변형 규칙을 벗어나면 타이포그래피 시스템 외부의 텍스트에 적용된 폰트 스타일로 인해 변형은 여러분에게만 의미 있는 이름이 된다. 더욱이 변형이 동작하지 않을 것이다.

부연 설명

Typography 구성 요소가 부모로부터 변형 스타일을 상속받게 하려면 다음 예제와 같이 inherit 변형 값을 사용한다.

```
<Typography variant="title" component="div">
  <Typography variant="inherit">
    inherited title variant
  </Typography>
```

526

```
  <Typography variant="inherit">
    another inherited title variant
  </Typography>
  <Typography variant="caption">
    overridden caption variant
  </Typography>
</Typography>
```

부모 Typography 구성 요소는 title 변형을 사용한다. 또한 실제로 요소를 직접 자식으로 렌더링하지 않기 때문에 구성 요소를 div 요소로 변경한다. 폰트 스타일의 컨테이너로 생각할 수 있으며, 내부적으로 세 개의 자식 Typography 구성 요소를 갖는다. 처음 두 개는 variant 속성 값으로 inherit를 가지므로, 실제로는 title 변형이 된다. 세 번째 Typography 자식은 변형으로 caption을 사용하므로 title을 상속하지 않는다.

결과는 다음과 같이 보인다.

inherited title variant
another inherited title variant
overridden caption variant

이 접근 방식에서 한 가지 고려해야 할 사항은 디폴트 변형으로 inherit를 갖는 것이다. 이렇게 하면 폰트 스타일을 상속해야 하는 자식 Typography 구성 요소가 많이 있는 경우에는 variant="inherit"를 계속 입력하지 않아도 된다. 이 작업을 수행하는 구성 요소는 다음과 같다.

```
const MyTypography = ({ variant, ...props }) => (
  <Typography variant={variant || 'inherit'} {...props} />
);
```

MyTypography 구성 요소는 variant 속성이 전달되지 않은 경우에만 inherit의 variant 값으로 Typography 구성 요소를 렌더링한다. 새로운 구성 요소를 사용해 앞의 코드를 변경해보자.

```
<MyTypography variant="title" component="div">
  <MyTypography>inherited title variant</MyTypography>
  <MyTypography>another inherited title variant</MyTypography>
  <MyTypography variant="caption">
    overridden caption variant
  </MyTypography>
</MyTypography>
```

결과는 완전히 동일하다. 유일한 차이점은 상속할 변형에 variant 속성을 제공할 필요가 없다는 것이다.

참고 사항

- **Typography 데모**: https://material-ui.com/style/typography/
- **Typography API 문서**: https://material-ui.com/api/typography/

테마 색상 사용

Typography 구성 요소를 사용해 렌더링된 텍스트는 앱에서 사용하는 머티리얼 UI 테마의 색상을 사용할 수 있다.

예제 구현

이 예제에서는 스토리북 컨트롤을 사용해 다음 스크린샷과 같이 테마에서 미리 정의된 Color 이름을 사용함으로써 텍스트 색상을 변경할 수 있다.

528

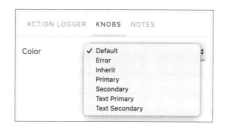

다음은 각 Typography 구성 요소의 color 속성에 전달해 선택한 색상을 사용하는 예제의 소스 코드다.

```
import React, { Fragment } from 'react';

import Typography from '@material-ui/core/Typography';

const UsingThemeColors = ({ color }) => (
  <Fragment>
    <Typography variant="h1" color={color}>
      h1 variant
    </Typography>
    <Typography variant="h2" color={color}>
      h2 variant
    </Typography>
    <Typography variant="h3" color={color}>
      h3 variant
    </Typography>
    <Typography variant="h4" color={color}>
      h4 variant
    </Typography>
    <Typography variant="h5" color={color}>
      h5 variant
    </Typography>
    <Typography variant="h6" color={color}>
      h6 variant
    </Typography>
    <Typography variant="subtitle1" color={color}>
      subtitle1 variant
    </Typography>
```

```
  <Typography variant="subtitle2" color={color}>
    subtitle2 variant
  </Typography>
  <Typography variant="body1" color={color}>
    body1 variant
  </Typography>
  <Typography variant="body2" color={color}>
    body2 variant
  </Typography>
  <Typography variant="caption" color={color}>
    caption variant
  </Typography>
  <Typography variant="button" color={color}>
    button variant
  </Typography>
  <Typography variant="overline" color={color}>
    overline variant
  </Typography>
  </Fragment>
);

export default UsingThemeColors;
```

예제 분석

각각의 색상이 서로 다른 Typography 변형의 모습을 어떻게 변경시키는지 자세히 살펴
보자.

Default	Default 색상은 Typography 변형 스타일에 정의된 색상을 사용한다.	h1 variant h2 variant h3 variant h4 variant h5 variant h6 variant subtitle1 variant subtitle2 variant body1 variant body2 variant headline variant title variant subheading variant caption variant BUTTON VARIANT OVERLINE VARIANT
Error	Error 색상은 텍스트에 palette.error.main 테마 색상을 적용한다.	(주황색) h1 variant h2 variant h3 variant h4 variant h5 variant h6 variant subtitle1 variant subtitle2 variant body1 variant body2 variant headline variant title variant subheading variant caption variant BUTTON VARIANT OVERLINE VARIANT

(이어짐)

Inherit	Typography 구성 요소는 부모 구성 요소의 폰트 색상을 상속한다.	h1 variant h2 variant h3 variant h4 variant h5 variant h6 variant subtitle1 variant subtitle2 variant body1 variant body2 variant headline variant title variant subheading variant caption variant BUTTON VARIANT OVERLINE VARIANT
Primary	Primary 색상은 텍스트에 palette.primary.main 테마 색상을 적용한다.	(푸른색) h1 variant h2 variant h3 variant h4 variant h5 variant h6 variant subtitle1 variant subtitle2 variant body1 variant body2 variant headline variant title variant subheading variant caption variant BUTTON VARIANT OVERLINE VARIANT

(이어짐)

Secondary	Secondary 색상은 텍스트에 palette .secondary.main 테마 색상을 적용한다.	(붉은색) h1 variant h2 variant h3 variant h4 variant h5 variant h6 variant subtitle1 variant subtitle2 variant body1 variant body2 variant headline variant title variant subheading variant caption variant BUTTON VARIANT OVERLINE VARIANT
Text Primary	textPrimary 색상은 텍스트에 palette .text.primary 테마 색상을 적용한다.	h1 variant h2 variant h3 variant h4 variant h5 variant h6 variant subtitle1 variant subtitle2 variant body1 variant body2 variant headline variant title variant subheading variant caption variant BUTTON VARIANT OVERLINE VARIANT

(이어짐)

Text Secondary	textSecondary 색상은 텍스트에 palette.text.secondary 테마 색상을 적용한다.	h1 variant h2 variant h3 variant h4 variant h5 variant h6 variant subtitle1 variant subtitle2 variant body1 variant body2 variant headline variant title variant subheading variant caption variant BUTTON VARIANT OVERLINE VARIANT

참고 사항

- Typography 데모: https://material-ui.com/style/typography/
- Typography API 문서: https://material-ui.com/api/typography/

텍스트 정렬

사용자 인터페이스의 텍스트를 정렬하는 것은 일반적인 작업이지만 생각보다 쉽지 않다. 머티리얼 UI 그리드와 타이포그래피를 사용하면 텍스트 정렬을 좀 더 쉽게 해주는 추상화를 작성할 수 있다.

텍스트를 왼쪽, 오른쪽 또는 중앙에 수평 정렬하려면 다음 코드처럼 Typography 구성 요소의 align 속성을 사용하면 된다.

```
<Typography align="center">My Centered Text</Typography>
```

이것은 text-align 스타일 사용의 단축형이며, 좀 더 일반적인 정렬 시나리오를 위해 구성 요소에 CSS를 계속 추가하지 않아도 된다. 그러나 때로는 텍스트를 수평, 수직으로 정렬할 수 있는 기능이 필요하다.

예를 들어, 200×200 크기의 Paper 요소가 있고 오른쪽 하단 구석에 텍스트를 렌더링하려는 경우를 가정해본다. 다음 코드를 살펴보자.

```
import React from 'react';

import { withStyles } from '@material-ui/core/styles';
import Typography from '@material-ui/core/Typography';
import Paper from '@material-ui/core/Paper';
import Grid from '@material-ui/core/Grid';

const styles = theme => ({
  paper: {
    width: 200,
    height: 200,
    padding: theme.spacing(1)
  }
});

const MyPaper = withStyles(styles)(
  ({ horizontalAlign, verticalAlign, classes, ...props }) => (
    <Grid
      container
      component={Paper}
      className={classes.paper}
```

```
      alignContent={verticalAlign}
      justify={horizontalAlign}
      {...props}
    />
  )
);

const MyTypography = ({ ...props }) => (
  <Grid item component={Typography} {...props} />
);

const AligningText = ({ ...props }) => (
  <MyPaper {...props}>
    <MyTypography {...props}>Text</MyTypography>
  </MyPaper>
);

export default AligningText;
```

화면이 처음 로드되면 다음과 같이 보인다.

예제 분석

다음과 같이 정렬을 위한 두 개의 스토리북 컨트롤이 있다.

수평 정렬 컨트롤은 MyPaper 구성 요소에 전달된 horizontalAlign 속성을 변경한다. 같은 방식으로 수직 정렬 컨트롤은 verticalAlign 속성 값을 변경한다. horizontalAlign 값은 Grid 구성 요소의 justify 속성에 전달되고 verticalAlign 속성은 alignContent 속성에 전달된다.

Grid 구성 요소에서 깔끔한 점은 component 속성을 전달할 수 있으며 디폴트로 렌더링되는 div 요소 대신 렌더링된다는 것이다. 즉, Paper 구성 요소를 그리드 컨테이너로 만들고 그리드 항목을 정렬하려는 Typography 구성 요소를 만들 수 있다. Grid 구성 요소를 렌더링하고 실제 콘텐츠를 자식으로 렌더링할 필요가 없으며, 콘텐츠를 그리드로 만들 수 있다.

justify="center"와 alignContent="flex-end"를 설정했을 때 그리드의 모양은 다음과 같다.

그리고 justify="flex-end"와 alignContent="flex-start"를 설정했을 때의 모양은 다음과 같다.

Text

- **Typography 데모**: https://material-ui.com/style/typography/
- **Typography API 문서**: https://material-ui.com/api/typography/

텍스트 래핑

애플리케이션에서 텍스트를 렌더링하는 데 사용하는 Typography 구성 요소는 텍스트
가 래핑되는 시나리오를 알고 있어야 한다. 즉, 텍스트를 한 줄로 렌더링할 수 있는 충
분한 가로 공간이 없으면 다음 줄로 넘어가야 한다. 텍스트가 어떻게 줄 바꿈되는지
예상하지 못하면 바람직하지 않은 레이아웃 결과가 발생할 수 있다.

예제 구현

Typography 구성 요소를 사용해 텍스트를 렌더링하는 두 개의 Paper 구성 요소가 있는
예제를 살펴보자.

```
import React, { Fragment } from 'react';
import clsx from 'clsx';

import { withStyles } from '@material-ui/core/styles';
import Typography from '@material-ui/core/Typography';
```

```
import Paper from '@material-ui/core/Paper';

const styles = theme => ({
  paper: {
    minWidth: 300,
    padding: theme.spacing(2),
    margin: theme.spacing(3)
  },
  fixedHeight: { height: 100 },
  responsive: {
    [theme.breakpoints.down('xs')]: {
      overflow: 'hidden',
      textOverflow: 'ellipsis',
      whiteSpace: 'nowrap'
    }
  }
});

const WrappingText = withStyles(styles)(({ classes }) => (
  <Fragment>
    <Paper className={classes.paper}>
      <Typography noWrap>
        Lorem ipsum dolor sit amet, consectetur adipiscing elit, sed
        do eiusmod tempor incididunt ut labore
      </Typography>
    </Paper>
    <Paper className={clsx(classes.paper, classes.fixedHeight)}>
      <Typography className={classes.responsive}>
        Sed ut perspiciatis unde omnis iste natus error sit voluptatem
        accusantium doloremque laudantium, totam rem aperiam, eaque
        ipsa quae ab illo inventore veritatis et quasi architecto
        beatae vitae dicta sunt explicabo. Nemo enim ipsam voluptatem
        quia voluptas sit aspernatur aut odit aut fugit, sed quia
        consequuntur magni dolores eos qui ratione voluptatem sequi
        nesciunt.
      </Typography>
    </Paper>
  </Fragment>
));

export default WrappingText;
```

화면이 처음 로드되면 다음과 같다.

> Lorem ipsum dolor sit amet, consectetur adipiscing elit, sed do eiusmod tempor incididunt ut labore

> Sed ut perspiciatis unde omnis iste natus error sit voluptatem accusantium doloremque laudantium, totam rem aperiam, eaque ipsa quae ab illo inventore veritatis et quasi architecto beatae vitae dicta sunt explicabo. Nemo enim ipsam voluptatem quia voluptas sit aspernatur aut odit aut fugit, sed quia consequuntur magni dolores eos qui ratione voluptatem sequi nesciunt.

첫 번째 Paper 구성 요소에는 height 구성 요소가 설정돼 있지 않으며, 현재 화면 폭에 맞는 텍스트가 한 줄 있다. 두 번째 Paper 구성 요소에는 height가 설정돼 있고, 두 번째 Paper 구성 요소의 텍스트는 화면에 맞게 래핑돼 있다.

예제 분석

이제 화면 해상도를 변경해 텍스트를 더 작게 렌더링할 수 있는 폭으로 만들어보자. 화면은 다음과 같다.

> Lorem ipsum dolor sit amet, consectetur adipiscing elit, sed do eiusmod tempor incididunt ut labore

> Sed ut perspiciatis unde omnis iste natus error sit voluptatem accusantium doloremque laudantium, totam rem aperiam, eaque ipsa quae ab illo inventore veritatis et quasi architecto beatae vitae dicta sunt explicabo. Nemo enim ipsam voluptatem quia voluptas sit aspernatur aut odit aut fugit, sed quia consequuntur magni dolores eos qui ratione voluptatem sequi nesciunt.

두 Paper 구성 요소 모두 래핑 문제가 있다. 첫 번째 래핑된 텍스트는 높이가 고정돼 있지 않기 때문에 구성 요소의 높이가 변경된다. 이것은 디자인에 따라 문제가 될 수도 있고 그렇지 않을 수도 있는 레이아웃과 관련돼 도미노 효과를 발생시킨다. 두 번째 Paper 구성 요소에서 height는 고정돼 있다. 즉, 래핑된 텍스트가 구성 요소에서 오버플로overflow돼 끔찍한 모양이 된다.

부연 설명

예제의 두 Paper 구성 요소의 텍스트 래핑을 수정해보자. 수정된 버전은 다음과 같다.

```
import React, { Fragment } from 'react';
import clsx from 'clsx';

import { withStyles } from '@material-ui/core/styles';
import Typography from '@material-ui/core/Typography';
import Paper from '@material-ui/core/Paper';

const styles = theme => ({
  paper: {
    minWidth: 300,
    padding: theme.spacing(2),
    margin: theme.spacing(3)
  },
  fixedHeight: { height: 100 },
  responsive: {
    [theme.breakpoints.down('xs')]: {
      overflow: 'hidden',
      textOverflow: 'ellipsis',
      whiteSpace: 'nowrap'
    }
  }
});

const WrappingText = withStyles(styles)(({ classes }) => (
  <Fragment>
    <Paper className={classes.paper}>
      <Typography noWrap>
        Lorem ipsum dolor sit amet, consectetur adipiscing elit, sed
```

```
        do eiusmod tempor incididunt ut labore
      </Typography>
    </Paper>
    <Paper className={clsx(classes.paper, classes.fixedHeight)}>
      <Typography className={classes.responsive}>
        Sed ut perspiciatis unde omnis iste natus error sit voluptatem
        accusantium doloremque laudantium, totam rem aperiam, eaque
        ipsa quae ab illo inventore veritatis et quasi architecto
        beatae vitae dicta sunt explicabo. Nemo enim ipsam voluptatem
        quia voluptas sit aspernatur aut odit aut fugit, sed quia
        consequuntur magni dolores eos qui ratione voluptatem sequi
        nesciunt.
      </Typography>
    </Paper>
  </Fragment>
));

export default WrappingText;
```

이제 화면의 폭을 줄이면 두 구성 요소는 다음과 같이 보인다.

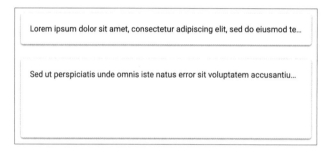

첫 번째 Paper 구성 요소는 Typography 구성 요소에 noWrap 속성을 추가해 수정됐다. 이렇게 하면 텍스트 오버플로를 숨기고 텍스트가 잘렸음을 나타내는 줄임표를 추가해 구성 요소의 height 구성 요소가 절대로 변경되지 않도록 한다. 이는 넓은 디스플레이에 표시될 때 래핑하지 말아야 할 한 줄의 텍스트라는 것을 미리 알고 있기 때문에 가능하다. 반면에 두 번째 Paper 구성 요소는 래핑 기능이 필요하기 때문에 다른 접근 방식이 필요하다.

해결책은 머티리얼 UI 미디어 쿼리^{media query} 기능을 사용하는 것이다. theme.break points.down('xs')를 호출하면 지정된 브레이크포인트의 클래스 이름(예제의 경우 xs)이 반환된다. 이제 화면 폭이 xs 브레이크 포인트로 줄어들면, noWrap 속성에 사용된 스타일과 동일한 스타일이 구성 요소에 적용된다.

참고 사항

- **Typography 데모**: https://material-ui.com/style/typography/
- **Typography API 문서**: https://material-ui.com/api/typography/

18

아이콘 - 룩앤필에 맞게 아이콘 향상시키기

18장에서 다루는 내용은 다음과 같다.

- 아이콘 색상
- 아이콘 크기 조정
- 동적으로 아이콘 로드하기
- 테마 아이콘
- 더 많은 아이콘 설치하기

소개

아이콘은 모든 머티리얼 UI 애플리케이션에서 중요한 역할을 한다. 개발자가 명시적으로 아이콘을 사용하도록 설정하지 않았다 하더라도 아이콘은 이미 많은 구성 요소에서 기본적으로 사용되고 있다. 머티리얼 UI 구성 요소가 디폴트로 아이콘을 사용하지 않는 경우에는 머티리얼 UI 아이콘을 통합하기 위한 직접적인 지원을 받을 수 있다. 아이콘은 애플리케이션의 유용성 측면에서 중요한 역할을 하며, 텍스트를 읽지 않더라도 아이콘으로 화면의 의미를 재빨리 파악할 수 있다.

아이콘 색상

머티리얼 UI 아이콘 구성 요소는 color 속성을 받는다. color 속성은 명명된 테마 색상을 사용해 아이콘에 적용한다.

예제 구현

이 예제는 스토리북 컨트롤을 사용해 렌더링되는 아이콘의 color 속성을 변경한다.

다음은 선택된 color 값을 사용해 아이콘을 렌더링하는 예제 코드다.

```
import React, { Fragment } from 'react';

import { withStyles } from '@material-ui/core/styles';

import Cast from '@material-ui/icons/Cast';
import CastConnected from '@material-ui/icons/CastConnected';
import CastForEducation from '@material-ui/icons/CastForEducation';
import Computer from '@material-ui/icons/Computer';
import DesktopMac from '@material-ui/icons/DesktopMac';
import DesktopWindows from '@material-ui/icons/DesktopWindows';
```

```
import DeveloperBoard from '@material-ui/icons/DeveloperBoard';
import DeviceHub from '@material-ui/icons/DeviceHub';
import DeviceUnknown from '@material-ui/icons/DeviceUnknown';
import DevicesOther from '@material-ui/icons/DevicesOther';
import Dock from '@material-ui/icons/Dock';
import Gamepad from '@material-ui/icons/Gamepad';

const styles = theme => ({
  icon: { margin: theme.spacing(3) }
});

const IconColorAndState = withStyles(styles)(({ color, classes }) => (
  <Fragment>
    <Cast className={classes.icon} color={color} />
    <CastConnected className={classes.icon} color={color} />
    <CastForEducation className={classes.icon} color={color} />
    <Computer className={classes.icon} color={color} />
    <DesktopMac className={classes.icon} color={color} />
    <DesktopWindows className={classes.icon} color={color} />
    <DeveloperBoard className={classes.icon} color={color} />
    <DeviceHub className={classes.icon} color={color} />
    <DeviceUnknown className={classes.icon} color={color} />
    <DevicesOther className={classes.icon} color={color} />
    <Dock className={classes.icon} color={color} />
    <Gamepad className={classes.icon} color={color} />
  </Fragment>
));

export default IconColorAndState;
```

예제 분석

color 속성의 디폴트는 inherit다. 즉, 아이콘은 부모 구성 요소와 동일한 색상을 갖는
다. 다른 색상 값을 사용해 예제에서 아이콘이 어떻게 보이는지 살펴보자.

Inherit	inherit 색상 값은 부모 구성 요소 스타일의 색상 값을 사용한다.	
Primary	primary 색상 값은 palette.primary.main 테마 색상을 아이콘에 적용한다.	(푸른색)
Secondary	secondary 색상 값은 palette.secondary.main 테마 색상을 아이콘에 적용한다.	(붉은색)
Action	action 색상 값은 palette.action.active 테마 색상을 아이콘에 적용한다.	
Error	error 색상 값은 palette.error.main 테마 색상을 아이콘에 적용한다.	(주황색)

(이어짐)

| Disabled | disabled 색상 값은 palette.action.disabled 테마 색상을 아이콘에 적용한다. |  |

참고 사항

- **아이콘 데모**: https://material-ui.com/style/icons/
- **아이콘 API 문서**: https://material-ui.com/api/icon/

아이콘 크기 조정

머티리얼 UI 아이콘 구성 요소의 fontSize 속성은 사전에 결정된 아이콘 크기를 나타내는 문자열 값을 인자로 받는다. 속성이 size가 아닌 fontSize로 불리는 이유는 fontSize CSS 속성이 아이콘의 크기를 결정하기 때문이다. 디폴트는 24px이다.

예제 구현

이 예제는 스토리북 컨트롤을 사용해 렌더링되는 아이콘의 fontSize 속성을 변경한다.

다음은 선택된 fontSize 값을 사용해 아이콘을 렌더링하는 예제다.

```
import React, { Fragment } from 'react';

import { withStyles } from '@material-ui/core/styles';

import Cast from '@material-ui/icons/Cast';
import CastConnected from '@material-ui/icons/CastConnected';
import CastForEducation from '@material-ui/icons/CastForEducation';
import Computer from '@material-ui/icons/Computer';
import DesktopMac from '@material-ui/icons/DesktopMac';
import DesktopWindows from '@material-ui/icons/DesktopWindows';
import DeveloperBoard from '@material-ui/icons/DeveloperBoard';
import DeviceHub from '@material-ui/icons/DeviceHub';
import DeviceUnknown from '@material-ui/icons/DeviceUnknown';
import DevicesOther from '@material-ui/icons/DevicesOther';
import Dock from '@material-ui/icons/Dock';
import Gamepad from '@material-ui/icons/Gamepad';

const styles = theme => ({
  icon: { margin: theme.spacing(3) }
});

const ScalingIcons = withStyles(styles)(({ fontSize, classes }) => (
  <Fragment>
    <Cast className={classes.icon} fontSize={fontSize} />
    <CastConnected className={classes.icon} fontSize={fontSize} />
    <CastForEducation className={classes.icon} fontSize={fontSize} />
    <Computer className={classes.icon} fontSize={fontSize} />
    <DesktopMac className={classes.icon} fontSize={fontSize} />
    <DesktopWindows className={classes.icon} fontSize={fontSize} />
    <DeveloperBoard className={classes.icon} fontSize={fontSize} />
    <DeviceHub className={classes.icon} fontSize={fontSize} />
    <DeviceUnknown className={classes.icon} fontSize={fontSize} />
    <DevicesOther className={classes.icon} fontSize={fontSize} />
    <Dock className={classes.icon} fontSize={fontSize} />
    <Gamepad className={classes.icon} fontSize={fontSize} />
  </Fragment>
));

export default ScalingIcons;
```

fontSize의 디폴트 값은 default다. 머티리얼 UI 아이콘의 다양한 크기 옵션을 테스트하고 어떻게 보이는지 알아보자.

default

default 값은 아이콘 크기를 24픽셀로 설정한다.

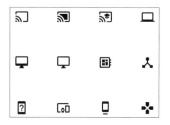

inherit

inherit 값은 아이콘을 부모 구성 요소의 fontSize 설정 값으로 설정한다. 이 예제에서 아이콘은 fontSize로 16픽셀을 상속받는다.

small

small 값은 아이콘 크기를 20픽셀로 설정한다.

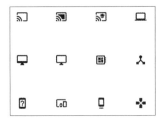

large

large 값은 아이콘 크기를 36픽셀로 설정한다.

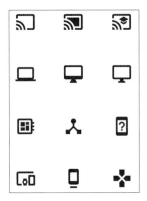

- **아이콘 데모:** https://material-ui.com/style/icons/
- **아이콘 API 문서:** https://material-ui.com/api/icon/

동적으로 아이콘 로드하기

소수의 아이콘만 있는 화면에서는 직접 아이콘을 구성 요소로 가져오는 데 문제가 없다. 하지만 화면에 많은 아이콘이 있거나 애플리케이션 전체에서 많은 아이콘을 사용하는 경우에는 문제가 될 수 있다(후자의 경우 번들 크기가 증가한다). 이 두 가지 경우에 대한 해답은 머티리얼 UI 아이콘을 지연시켜/동적으로[lazily/dynamically] 로드하는 것이다.

리액트의 lazy() 고차원 구성 요소를 활용할 수 있다. 또한 리액트의 Suspense 구성 요소는 lazy 구성 요소가 패치[fetch]되고 렌더링되는 동안 UI에 자리표시자를 제공한다. 이 접근 방법은 리액트–머티리얼 UI 아이콘에서 코드 분할이 처리되는 방법이다. UI 아이콘은 이에 대한 좋은 사용 사례다.

이 예제는 스토리북 컨트롤을 사용해 로드할 아이콘 카테고리를 선택한다.

동적으로 로드되는 지연[lazy] icon 구성 요소를 작성하는 코드는 다음과 같다.

```
import React, { lazy, Suspense, Fragment } from 'react';

import { withStyles } from '@material-ui/core/styles';
import CircularProgress from '@material-ui/core/CircularProgress';

const categories = {
  Action: [
    lazy(() => import('@material-ui/icons/ThreeDRotation')),
    lazy(() => import('@material-ui/icons/Accessibility')),
    lazy(() => import('@material-ui/icons/AccessibilityNew')),
    lazy(() => import('@material-ui/icons/Accessible')),
    lazy(() => import('@material-ui/icons/AccessibleForward')),
    lazy(() => import('@material-ui/icons/AccountBalance')),
    lazy(() => import('@material-ui/icons/AccountBalanceWallet')),
```

```
    lazy(() => import('@material-ui/icons/AccountBox')),
    lazy(() => import('@material-ui/icons/AccountCircle'))
  ],
  Alert: [
    lazy(() => import('@material-ui/icons/AddAlert')),
    lazy(() => import('@material-ui/icons/Error')),
    lazy(() => import('@material-ui/icons/ErrorOutline')),
    lazy(() => import('@material-ui/icons/NotificationImportant')),
    lazy(() => import('@material-ui/icons/Warning'))
  ],
  Av: [
    lazy(() => import('@material-ui/icons/FourK')),
    lazy(() => import('@material-ui/icons/AddToQueue')),
    lazy(() => import('@material-ui/icons/Airplay')),
    lazy(() => import('@material-ui/icons/Album')),
    lazy(() => import('@material-ui/icons/ArtTrack')),
    lazy(() => import('@material-ui/icons/AvTimer')),
    lazy(() => import('@material-ui/icons/BrandingWatermark')),
    lazy(() => import('@material-ui/icons/CallToAction')),
    lazy(() => import('@material-ui/icons/ClosedCaption'))
  ],
  Communication: [
    lazy(() => import('@material-ui/icons/AlternateEmail')),
    lazy(() => import('@material-ui/icons/Business')),
    lazy(() => import('@material-ui/icons/Call')),
    lazy(() => import('@material-ui/icons/CallEnd')),
    lazy(() => import('@material-ui/icons/CallMade')),
    lazy(() => import('@material-ui/icons/CallMerge')),
    lazy(() => import('@material-ui/icons/CallMissed')),
    lazy(() => import('@material-ui/icons/CallMissedOutgoing')),
    lazy(() => import('@material-ui/icons/CallReceived'))
  ]
};

const styles = theme => ({
  icon: { margin: theme.spacing(3) }
});

const DynamicallyLoadingIcons = withStyles(styles)(
  ({ category, classes }) => (
```

```
    <Suspense fallback={<CircularProgress />}>
      {categories[category].map((Icon, index) => (
        <Icon key={index} className={classes.icon} />
      ))}
    </Suspense>
  )
);

export default DynamicallyLoadingIcons;
```

화면이 처음 로드되면 다음과 같다.

Av 카테고리를 선택하면 다음 화면이 보인다.

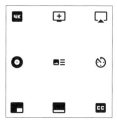

예제 분석

lazy() 함수는 import() 호출을 반환하는 함수를 받는다. 이것은 lazy 구성 요소를 반환한다.

```
const LazyIcon = lazy(() => import('@material-ui/icons/ThreeDRotation'))
```

이 코드는 실제로는 ThreeDRotation 아이콘을 import하지 않고 렌더링될 때 아이콘을 불러오는 새로운 구성 요소를 만든다. 예를 들어 다음 코드는 아이콘을 불러들인다.

```
<LazyIcon />
```

이 예제를 실행하는 동안 dev 도구에서 Network 탭을 보면 실제로 이를 확인할 수 있다. Action 카테고리가 디폴트로 선택돼 렌더링 중인 lazy 구성 요소를 로드하라는 네트워크 요청을 확인할 수 있다.

0.c45950ddb51a01b0ae52.bun...	GET	200	script	bootstrap...	1.6 KB		2 ms
1.c45950ddb51a01b0ae52.bun...	GET	200	script	bootstrap...	1.7 KB		2 ms
2.c45950ddb51a01b0ae52.bun...	GET	200	script	bootstrap...	1.9 KB		7 ms
3.c45950ddb51a01b0ae52.bun...	GET	200	script	bootstrap...	1.9 KB		4 ms
6.c45950ddb51a01b0ae52.bun...	GET	200	script	bootstrap...	1.7 KB		5 ms
7.c45950ddb51a01b0ae52.bun...	GET	200	script	bootstrap...	1.7 KB		4 ms

그런 다음 선택된 카테고리를 Communication으로 변경하면, 현재 렌더링되고 있는 지연 아이콘을 로드하기 위한 네트워크 요청을 추가로 확인할 수 있다.

18.c45950ddb51a01b0ae52.bu...	GET	200	script	bootstrap...	1.9 KB		2 ms
19.c45950ddb51a01b0ae52.bu...	GET	200	script	bootstrap...	1.7 KB		2 ms
20.c45950ddb51a01b0ae52.bu...	GET	200	script	bootstrap...	1.7 KB		2 ms
21.c45950ddb51a01b0ae52.bu...	GET	200	script	bootstrap...	1.9 KB		2 ms
22.c45950ddb51a01b0ae52.bu...	GET	200	script	bootstrap...	1.5 KB		3 ms
23.c45950ddb51a01b0ae52.bu...	GET	200	script	bootstrap...	1.6 KB		3 ms
24.c45950ddb51a01b0ae52.bu...	GET	200	script	bootstrap...	1.5 KB		5 ms
25.c45950ddb51a01b0ae52.bu...	GET	200	script	bootstrap...	1.6 KB		5 ms
26.c45950ddb51a01b0ae52.bu...	GET	200	script	bootstrap...	1.5 KB		5 ms

참고 사항

- **아이콘 데모**: https://material-ui.com/style/icons/

- **아이콘 API 문서**: https://material-ui.com/api/icon/

테마 아이콘

머티리얼 UI 아이콘에는 테마를 적용할 수 있다. 사용하는 모든 머티리얼 UI 구성 요소에 스타일을 적용하는 머티리얼 UI 테마와 혼동하지 말자. 아이콘 테마는 특별히 아이콘을 위해 제공되는 테마다. 테마 아이콘을 사용하려면 다른 버전의 아이콘을 가져와야 한다.

예제 구현

다양한 아이콘 테마를 검색하는 데 도움이 되도록 이 예제에서는 아이콘 테마를 변경할 수 있는 스토리북 컨트롤을 사용한다.

소스는 다음과 같다.

```
import React, { lazy, Suspense, Fragment } from 'react';

import { withStyles } from '@material-ui/core/styles';
import CircularProgress from '@material-ui/core/CircularProgress';

const themes = {
  Filled: [
    lazy(() => import('@material-ui/icons/Attachment')),
    lazy(() => import('@material-ui/icons/Cloud')),
    lazy(() => import('@material-ui/icons/CloudCircle')),
```

```
    lazy(() => import('@material-ui/icons/CloudDone')),
    lazy(() => import('@material-ui/icons/CloudDownload')),
    lazy(() => import('@material-ui/icons/CloudOff')),
    lazy(() => import('@material-ui/icons/CloudQueue')),
    lazy(() => import('@material-ui/icons/CloudUpload')),
    lazy(() => import('@material-ui/icons/CreateNewFolder')),
    lazy(() => import('@material-ui/icons/Folder')),
    lazy(() => import('@material-ui/icons/FolderOpen')),
    lazy(() => import('@material-ui/icons/FolderShared'))
  ],
  Outlined: [
    lazy(() => import('@material-ui/icons/AttachmentOutlined')),
    lazy(() => import('@material-ui/icons/CloudOutlined')),
    lazy(() => import('@material-ui/icons/CloudCircleOutlined')),
    lazy(() => import('@material-ui/icons/CloudDoneOutlined')),
    lazy(() => import('@material-ui/icons/CloudDownloadOutlined')),
    lazy(() => import('@material-ui/icons/CloudOffOutlined')),
    lazy(() => import('@material-ui/icons/CloudQueueOutlined')),
    lazy(() => import('@material-ui/icons/CloudUploadOutlined')),
    lazy(() => import('@material-ui/icons/CreateNewFolderOutlined')),
    lazy(() => import('@material-ui/icons/FolderOutlined')),
    lazy(() => import('@material-ui/icons/FolderOpenOutlined')),
    lazy(() => import('@material-ui/icons/FolderSharedOutlined'))
  ],
  Rounded: [
    lazy(() => import('@material-ui/icons/AttachmentRounded')),
    lazy(() => import('@material-ui/icons/CloudRounded')),
    lazy(() => import('@material-ui/icons/CloudCircleRounded')),
    lazy(() => import('@material-ui/icons/CloudDoneRounded')),
    lazy(() => import('@material-ui/icons/CloudDownloadRounded')),
    lazy(() => import('@material-ui/icons/CloudOffRounded')),
    lazy(() => import('@material-ui/icons/CloudQueueRounded')),
    lazy(() => import('@material-ui/icons/CloudUploadRounded')),
    lazy(() => import('@material-ui/icons/CreateNewFolderRounded')),
    lazy(() => import('@material-ui/icons/FolderRounded')),
    lazy(() => import('@material-ui/icons/FolderOpenRounded')),
    lazy(() => import('@material-ui/icons/FolderSharedRounded'))
  ],
  TwoTone: [
    lazy(() => import('@material-ui/icons/AttachmentTwoTone')),
```

```
    lazy(() => import('@material-ui/icons/CloudTwoTone')),
    lazy(() => import('@material-ui/icons/CloudCircleTwoTone')),
    lazy(() => import('@material-ui/icons/CloudDoneTwoTone')),
    lazy(() => import('@material-ui/icons/CloudDownloadTwoTone')),
    lazy(() => import('@material-ui/icons/CloudOffTwoTone')),
    lazy(() => import('@material-ui/icons/CloudQueueTwoTone')),
    lazy(() => import('@material-ui/icons/CloudUploadTwoTone')),
    lazy(() => import('@material-ui/icons/CreateNewFolderTwoTone')),
    lazy(() => import('@material-ui/icons/FolderTwoTone')),
    lazy(() => import('@material-ui/icons/FolderOpenTwoTone')),
    lazy(() => import('@material-ui/icons/FolderSharedTwoTone'))
  ],
  Sharp: [
    lazy(() => import('@material-ui/icons/AttachmentSharp')),
    lazy(() => import('@material-ui/icons/CloudSharp')),
    lazy(() => import('@material-ui/icons/CloudCircleSharp')),
    lazy(() => import('@material-ui/icons/CloudDoneSharp')),
    lazy(() => import('@material-ui/icons/CloudDownloadSharp')),
    lazy(() => import('@material-ui/icons/CloudOffSharp')),
    lazy(() => import('@material-ui/icons/CloudQueueSharp')),
    lazy(() => import('@material-ui/icons/CloudUploadSharp')),
    lazy(() => import('@material-ui/icons/CreateNewFolderSharp')),
    lazy(() => import('@material-ui/icons/FolderSharp')),
    lazy(() => import('@material-ui/icons/FolderOpenSharp')),
    lazy(() => import('@material-ui/icons/FolderSharedSharp'))
  ]
  };

  const styles = theme => ({
    icon: { margin: theme.spacing(3) }
  });

  const ThemedIcons = withStyles(styles)(({ theme, classes }) => (
    <Suspense fallback={<CircularProgress />}>
      {themes[theme].map((Icon, index) => (
        <Icon fontSize="large" key={index} className={classes.icon} />
      ))}
  </Suspense>
));

export default ThemedIcons;
```

themes 객체를 살펴보면, 각 테마의 아이콘은 같지만 import 경로가 조금씩 다른 것을 확인할 수 있다. 예를 들어 Attachment 아이콘은 다음과 같이 Filled 테마로 가져온다.

```
import('@material-ui/icons/Attachment')
```

Rounded 테마에서 동일한 아이콘을 가져오는 방법은 다음과 같다.

```
import('@material-ui/icons/AttachmentOutlined')
```

테마 이름을 아이콘 이름에 추가해 아이콘의 테마를 변경한다. 나머지 아이콘도 동일한 패턴을 따른다.

 테마가 변경된다고 해서 모든 아이콘이 변경되는 것은 아니다. 이는 아이콘 모양이 주어진 테마에 잘 어울리는지 여부에 달려 있다. import는 계속 동작하지만 반드시 시각적으로 변경되는 것은 아니다.

각각을 살펴보자.

Filled	Filled 테마가 디폴트다. 다음은 예제에 적용했을 때의 모습이다.	

(이어짐)

Outlined	앞에서 작성한 Filled 테마를 살펴보면 일부 아이콘은 디폴트로 윤곽선이 그려져 있는 것을 확인할 수 있다. 다음은 예제에 적용된 Outlined 테마를 보여준다.	
Rounded	다음은 예제에 적용할 때 Rounded 테마가 어떻게 표시되는지 보여준다.	
Two tone	다음은 예제에 적용할 때 TwoTone 테마가 어떻게 표시되는지 보여준다.	
Sharp	다음은 예제에 적용할 때 Sharp 테마가 어떻게 표시되는지 보여준다.	

- **아이콘 데모**: https://material-ui.com/style/icons/
- **아이콘 API 문서**: https://material-ui.com/api/icon/

더 많은 아이콘 설치하기

`mdi-material-ui` 패키지는 엄청난 수의 아이콘을 제공하고 있다. 이 패키지는 머티리얼 UI 애플리케이션에서 내장 아이콘을 사용하는 것과 동일한 방법으로 사용할 수 있다.

예제 구현

첫 번째 단계로, 프로젝트에서 사용할 수 있게 패키지를 설치한다.

```
npm install --save mdi-material-ui
```

이제 이 패키지의 아이콘을 import하고 사용할 준비가 됐다.

```
import React, { Fragment } from 'react';

import { withStyles } from '@material-ui/core/styles';

import Apple from 'mdi-material-ui/Apple';
import Facebook from 'mdi-material-ui/Facebook';
import Google from 'mdi-material-ui/Google';
import Hulu from 'mdi-material-ui/Hulu';
import Linkedin from 'mdi-material-ui/Linkedin';
import Lyft from 'mdi-material-ui/Lyft';
import Microsoft from 'mdi-material-ui/Microsoft';
import Netflix from 'mdi-material-ui/Netflix';
import Npm from 'mdi-material-ui/Npm';
import Reddit from 'mdi-material-ui/Reddit';
```

```
import Twitter from 'mdi-material-ui/Twitter';
import Uber from 'mdi-material-ui/Uber';

const styles = theme => ({
  icon: { margin: theme.spacing(3) }
});

const InstallingMoreIcons = withStyles(styles)(({ classes }) => (
  <Fragment>
    <Apple className={classes.icon} />
    <Facebook className={classes.icon} />
    <Google className={classes.icon} />
    <Hulu className={classes.icon} />
    <Linkedin className={classes.icon} />
    <Lyft className={classes.icon} />
    <Microsoft className={classes.icon} />
    <Netflix className={classes.icon} />
    <Npm className={classes.icon} />
    <Reddit className={classes.icon} />
    <Twitter className={classes.icon} />
    <Uber className={classes.icon} />
  </Fragment>
));

export default InstallingMoreIcons;
```

화면을 로드하면 아이콘은 다음과 같이 보인다.

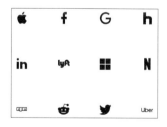

mdi-material-design의 아이콘은 @material-ui/icons의 아이콘과 같으며, 패키지의 아이콘을 가져오고 리액트 구성 요소로 렌더링된다. https://materialdesignicons.com/에서 필요한 아이콘의 이름을 찾을 수 있다. 버튼과 같은 공식적인 머티리얼 UI 아이콘을 사용할 수 있는 곳이면 어디든지 mdi-mdiaterial-ui의 아이콘을 사용할 수 있다.

- **머티리얼 디자인 아이콘 패키지**: https://materialdesignicons.com/
- **아이콘 데모**: https://material-ui.com/style/icons/
- **아이콘 API 문서**: https://material-ui.com/api/icon/

19

테마 - 앱의 룩앤필 중앙집중화하기

19장에서 다루는 내용은 다음과 같다.

- 팔레트 이해하기
- 밝은 테마와 어두운 테마 비교
- 타이포그래피 사용자 정의
- 테마 중첩
- 구성 요소 테마 설정 이해

소개

머티리얼 UI 애플리케이션은 어느 정도 공통적인 룩앤필을 공유한다. 하지만 이것이 동일한 라이브러리를 사용하기 때문에 은행 애플리케이션이 음악 라이브러리 애플리케이션과 동일한 룩앤필을 갖는다는 의미는 아니다. 이 두 앱이 모두 머티리얼 디자인 원칙을 따르고 있다는 것이 공통된 점이다. 여기서 머티리얼 디자인은 자세히 설명하지 않는다. 대신 머티리얼 디자인의 원칙을 희생하지 않고도 고도의 유연성으로 테마화될 수 있다는 사실에 초점을 맞춰 설명한다.

팔레트 이해하기

대부분의 사람들이 새로운 머티리얼 UI 테마를 만들 때 색상 팔레트부터 시작한다. 색상 팔레트는 유동적인 부분이 많기 때문에 매우 복잡할 수 있다. 머티리얼 UI 테마도 예외는 아니지만 머티리얼 UI가 이런 복잡성을 감소시켜준다. 머티리얼 UI가 색상 의도$^{color\ intension}$를 사용해 필요한 다른 색상을 계산하기 때문에 여러분은 테마의 색상 의도에만 집중하면 된다. 머티리얼 테마 문서에서 가져온 색상 의도는 다음과 같다.

- Primary: 기본 인터페이스 요소를 나타내는 데 사용
- Secondary: 보조 인터페이스 요소를 나타내는 데 사용
- Error: 사용자가 인지해야 하는 인터페이스 요소를 나타내는 데 사용

예제 구현

머티리얼 UI의 내장 색상 객체를 사용해 색상 의도를 설정하는 새로운 테마를 만들어보자. 테마를 조정할 수 있도록 이 예제에서는 색조(Hue)와 음영(Shade) 스토리북 컨트롤을 사용한다.

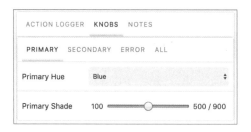

세 가지 색상 의도가 상단에 탭으로 표시됐다. 현재 **PRIMARY** 의도가 선택됐으며, Hue 선택기와 **Shade** 숫자 범위 선택기를 갖고 있다. 각 의도는 동일한 컨트롤을 갖는다. Hue 선택기는 머티리얼 UI에서 import할 수 있는 동일한 색상으로 채워진다.

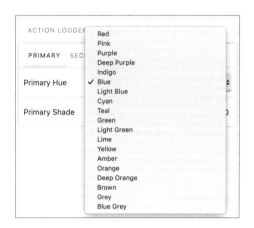

다음은 이 스토리북 컨트롤을 사용해 새로운 테마를 만들고 Button과 Typography 구성 요소를 렌더링하는 소스 코드를 보여준다.

```
import React, { Fragment } from 'react';

import {
  withStyles,
  createMuiTheme,
  MuiThemeProvider
} from '@material-ui/core/styles';
import Button from '@material-ui/core/Button';
import Typography from '@material-ui/core/Typography';

import red from '@material-ui/core/colors/red';
import pink from '@material-ui/core/colors/pink';
import purple from '@material-ui/core/colors/purple';
import deepPurple from '@material-ui/core/colors/deepPurple';
import indigo from '@material-ui/core/colors/indigo';
import blue from '@material-ui/core/colors/blue';
```

```
import lightBlue from '@material-ui/core/colors/lightBlue';
import cyan from '@material-ui/core/colors/cyan';
import teal from '@material-ui/core/colors/teal';
import green from '@material-ui/core/colors/green';
import lightGreen from '@material-ui/core/colors/lightGreen';

import lime from '@material-ui/core/colors/lime';
import yellow from '@material-ui/core/colors/yellow';
import amber from '@material-ui/core/colors/amber';
import orange from '@material-ui/core/colors/orange';
import deepOrange from '@material-ui/core/colors/deepOrange';
import brown from '@material-ui/core/colors/brown';
import grey from '@material-ui/core/colors/grey';
import blueGrey from '@material-ui/core/colors/blueGrey';

const styles = theme => ({
  button: { margin: theme.spacing(2) }
});

const hues = {
  red,
  pink,
  purple,
  deepPurple,
  indigo,
  blue,
  lightBlue,
  cyan,
  teal,
  green,
  lightGreen,
  lime,
  yellow,
  amber,
  orange,
  deepOrange,
  brown,
  grey,
  blueGrey
};
```

```
const UnderstandingThePallette = withStyles(styles)(
  ({
    primaryHue,
    primaryShade,
    secondaryHue,
    secondaryShade,
    errorHue,
    errorShade,
    classes
  }) => {
    const theme = createMuiTheme({
      palette: {
        primary: { main: hues[primaryHue][primaryShade] },
        secondary: { main: hues[secondaryHue][secondaryShade] },
        error: { main: hues[errorHue][errorShade] }
      }
    });

    return (
      <MuiThemeProvider theme={theme}>
        <Button className={classes.button} variant="contained">
          Default
        </Button>
        <Button
          className={classes.button}
          variant="contained"
          color="primary"
        >
          Primary
        </Button>
        <Button
          className={classes.button}
          variant="contained"
          color="secondary"
        >
          Secondary
        </Button>
        <Typography className={classes.button} color="error">
          Error
        </Typography>
```

```
      </MuiThemeProvider>
    );
  }
);

export default UnderstandingThePallette;
```

DEFAULT 테마 값을 선택하고 화면을 처음 로드하면 다음과 같이 보인다.

먼저 DEFAULT 테마 색상의 의도를 PRIMARY로 변경해보자.

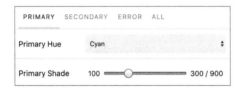

Primary Hue는 이제 음영^{shade} 값이 300인 Cyan이다. 이어서 SECONDARY 의도로 변경한다.

Secondary Hue는 이제 음영 값이 100인 Teal이다. 마지막으로 ERROR 의도로 변경한다.

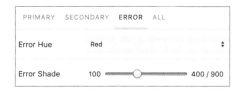

Error Hue는 이 테마에서 여전히 Red이지만 400의 음영 값으로 약간 밝아진다. 최종 결과는 다음과 같다.

예제 분석

머티리얼 UI에서 가져올 수 있는 핵심 hues는 테마를 작성하는 데 도움이 된다.

```
import red from '@material-ui/core/colors/red';
import pink from '@material-ui/core/colors/pink';
import purple from '@material-ui/core/colors/purple';
import deepPurple from '@material-ui/core/colors/deepPurple';
import indigo from '@material-ui/core/colors/indigo';
import blue from '@material-ui/core/colors/blue';
import lightBlue from '@material-ui/core/colors/lightBlue';
import cyan from '@material-ui/core/colors/cyan';
import teal from '@material-ui/core/colors/teal';
import green from '@material-ui/core/colors/green';
import lightGreen from '@material-ui/core/colors/lightGreen';
import lime from '@material-ui/core/colors/lime';
import yellow from '@material-ui/core/colors/yellow';
import amber from '@material-ui/core/colors/amber';
import orange from '@material-ui/core/colors/orange';
import deepOrange from '@material-ui/core/colors/deepOrange';
import brown from '@material-ui/core/colors/brown';
import grey from '@material-ui/core/colors/grey';
```

```
import blueGrey from '@material-ui/core/colors/blueGrey';
```

모든 색조^{hue}를 import할 필요는 없다. 이 작업은 색상 팔레트 값을 동적으로 변경하는 스토리북 컨트롤에 의해 수행된다. 가져온 각각의 색상 값은 예를 들어 500과 같이 음영 값에 의해 인덱스화된 객체다. 값은 예를 들어 #ffffff처럼 16진수로 표현된 색상이다. 16진수로 표현된 색상을 사용하는 경우에는 theme를 만들 때 main 속성으로 전달해야 한다.

```
const theme = createMuiTheme({
  palette: {
    primary: { main: hues[primaryHue][primaryShade] },
    secondary: { main: hues[secondaryHue][secondaryShade] },
    error: { main: hues[errorHue][errorShade] }
  }
});
```

primaryHue, primaryShade 등의 속성은 스토리북에 의해 설정된 값이다. MuiTheme Provider 구성 요소는 theme가 실제로 머티리얼 UI 구성 요소에 적용되는 방식이다. 앱의 루트 구성 요소일 필요는 없지만, 테마 스타일(Button, Typography 등)에 의존하는 모든 머티리얼 UI 구성 요소는 이 구성 요소의 자식 요소여야 한다.

 이 예제의 main 애플리케이션이 렌더링될 때마다 createMuiTheme() 함수가 호출된다. 실제로는 발생하지 않아야 하며, 그 대신에 테마가 한 번 만들어지고 MuiThemeProvider 구성 요소로 전달된다. 이는 스토리북 컨트롤을 사용해 색상 값을 변경할 때 테마가 업데이트되기 때문에 발생한다.

참고 사항

- **머티리얼 UI theme 문서**: https://material-ui.com/customization/themes/

- 머티리얼 UI color 문서: https://material-ui.com/style/color/

밝은 테마와 어두운 테마 비교

테마의 색상 팔레트는 type 속성 값으로 '밝은(light)' 또는 '어두운(dark)'을 받는다. 디폴트 테마 값은 light다. dark로 테마를 변경해도 테마의 다른 팔레트 값(primary, secondary, error)을 변경하지는 않는다.

예제 구현

어두운 테마와 밝은 테마를 만들어보자. 두 테마 모두 동일한 색상 값을 의도(primary, secondary, error)로 사용한다. 예제에서는 스토리북 컨트롤을 사용해 테마를 변경한다.

다음은 이 값을 사용해 light와 dark 테마 중 하나를 선택하고 이를 머티리얼 구성 요소에 적용하는 소스 코드다.

```
import React, { Fragment } from 'react';

import {
  withStyles,
  createMuiTheme,
  MuiThemeProvider
} from '@material-ui/core/styles';
import Button from '@material-ui/core/Button';
import Dialog from '@material-ui/core/Dialog';
import DialogActions from '@material-ui/core/DialogActions';
import DialogContent from '@material-ui/core/DialogContent';
```

```
import DialogContentText from '@material-ui/core/DialogContentText';
import DialogTitle from '@material-ui/core/DialogTitle';

import red from '@material-ui/core/colors/red';
import pink from '@material-ui/core/colors/pink';
import blue from '@material-ui/core/colors/blue';

const styles = theme => ({
  button: { margin: theme.spacing(2) }
});

const light = createMuiTheme({
  palette: {
    type: 'light',
    primary: blue,
    secondary: pink,
    error: { main: red[600] }
  }
});

const dark = createMuiTheme({
  palette: {
    type: 'dark',
    primary: blue,
    secondary: pink,
  error: { main: red[600] }
  }
});

const LightVersusDarkThemes = withStyles(styles)(
  ({ themeType, classes }) => {
    return (
      <MuiThemeProvider theme={{ dark, light }[themeType]}>
        <Dialog open={true}>
          <DialogTitle>Use Google's location service?</DialogTitle>
          <DialogContent>
            <DialogContentText id="alert-dialog-description">
              Let Google help apps determine location. This means
              sending anonymous location data to Google, even when no
              apps are running.
```

```
          </DialogContentText>
        </DialogContent>
        <DialogActions>
          <Button color="secondary">Disagree</Button>
          <Button variant="contained" color="primary" autoFocus>
            Agree
          </Button>
        </DialogActions>
      </Dialog>
    </MuiThemeProvider>
  );
  }
);

export default LightVersusDarkThemes;
```

화면이 처음 로드되면 다음 대화상자가 보인다.

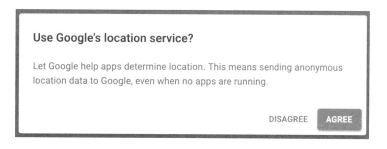

테마 유형을 dark로 변경하면 동일한 대화상자가 다음과 같이 보인다.

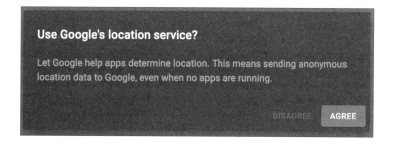

palette.type 테마 값을 light에서 dark로 변경하면 다음 팔레트 값이 변경된다.

- palette.text
- palette.divider
- palette.background
- palette.action

이 예제에서 사용된 두 테마를 살펴보자.

```
const light = createMuiTheme({
  palette: {
    type: 'light',
    primary: blue,
    secondary: pink,
    error: { main: red[600] }
  }
});

const dark = createMuiTheme({
  palette: {
    type: 'dark',
    primary: blue,
    secondary: pink,
    error: { main: red[600] }
  }
});
```

이 두 테마는 palette.type 값만 제외하고 동일하다. 이 값을 변경할 때마다 테마의 새로운 색상 값이 계산된다. 예를 들어 대화상자의 새로운 텍스트 색상은 고정돼 있지 않다. 텍스트 색상과 배경 색상 간 최적의 대비를 제공할 수 있도록 머티리얼 UI에서 계산된다.

타이포그래피 사용자 정의

머티리얼 UI 테마에서 선호하는 typeface는 Roboto다. 하지만 이것이 유일한 선택 사항은 아니므로, 새로운 글꼴을 설치한 후 사용자 정의 머티리얼 UI 테마에서 사용할 수 있다.

예제 구현

애플리케이션에서 사용할 수 있도록 몇 가지 새로운 typeface 패키지를 설치한다.

```
npm install --save typeface-exo typeface-ubuntu
```

이어서 테마를 전환할 수 있는 예제용 스토리북 컨트롤을 추가하면 글꼴을 바꿀 수 있다.

화면을 처음 로드하면 Dialog 대화상자는 다음과 같이 보인다.

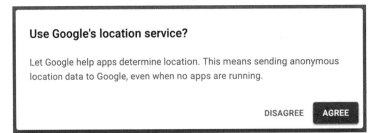

폰트 타입을 Exo로 변경하면 Dialog 대화상자는 다음과 같이 보인다.

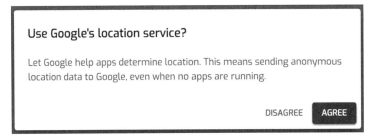

마지막으로 폰트 타입을 Ubuntu로 변경하면 Dialog 대화상자는 다음과 같이 보인다.

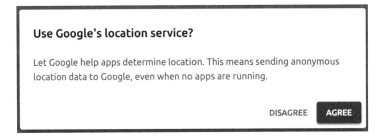

예제 분석

이 예제에서 사용한 두 글꼴을 가져온다.

```
import 'typeface-exo';
import 'typeface-ubuntu';
```

실무에서는 빌드 크기를 줄이고자 활성화된 테마에서 사용하는 폰트만 import한다.
roboto 폰트가 이 책의 모든 예제에서 디폴트 테마로 사용됐기 때문에 import됐다.

이제 글꼴을 가져왔으므로 테마에 글꼴 패밀리 이름을 사용할 수 있게 됐다.

```
const roboto = createMuiTheme({
  typography: {
    fontFamily: '"Roboto", "Helvetica", "Arial", sans-serif'
  }
});

const exo = createMuiTheme({
  typography: {
    fontFamily: '"Exo", "Roboto", "Helvetica", "Arial", sans-serif'
  }
});

const ubuntu = createMuiTheme({
  typography: {
    fontFamily: '"Ubuntu", "Roboto", "Helvetica", "Arial", sans-serif'
  }
});
```

exo와 ubuntu 테마에서 roboto가 여전히 머티리얼 UI의 기본 폰트이므로 글꼴 패밀리
의 일부로 사용된다. 이것은 폴백fallback에 유용하다.

참고 사항

- **머티리얼 UI theme 문서**: https://material-ui.com/customization/themes/

테마 중첩

MuiThemeProvider 구성 요소를 중첩해 다른 측면을 처리하는 여러 테마를 하나의 테마로 구성함으로써 애플리케이션에서 사용하기에 적합하게 만들 수 있다.

예제 구현

색상 팔레트를 설정하는 테마와 경계선 반경을 변경하는 테마가 있다고 가정해보자. MuiThemeProvider 구성 요소를 중첩해 두 테마를 병합할 수 있다. 예제는 다음과 같다.

```
import React from 'react';

import {
  createMuiTheme,
  MuiThemeProvider
} from '@material-ui/core/styles';
import Button from '@material-ui/core/Button';
import Dialog from '@material-ui/core/Dialog';
import DialogActions from '@material-ui/core/DialogActions';
import DialogContent from '@material-ui/core/DialogContent';
import DialogContentText from '@material-ui/core/DialogContentText';
import DialogTitle from '@material-ui/core/DialogTitle';

import red from '@material-ui/core/colors/red';
import pink from '@material-ui/core/colors/pink';
import blue from '@material-ui/core/colors/blue';

const Blue = createMuiTheme({
  palette: {
    type: 'light',
    primary: blue,
    secondary: pink,
    error: { main: red[600] }
  }
});
```

```
const Rounded = theme =>
  createMuiTheme({
    ...theme,
  shape: {
    borderRadius: 8
  }
});

const NestingThemes = () => (
  <MuiThemeProvider theme={Blue}>
    <MuiThemeProvider theme={Rounded}>
      <Dialog open={true}>
        <DialogTitle>Use Google's location service?</DialogTitle>
        <DialogContent>
          <DialogContentText>
            Let Google help apps determine location. This means
            sending anonymous location data to Google, even when no
            apps are running.
          </DialogContentText>
        </DialogContent>
        <DialogActions>
          <Button color="secondary">Disagree</Button>
          <Button variant="contained" color="primary" autoFocus>
            Agree
          </Button>
        </DialogActions>
      </Dialog>
    </MuiThemeProvider>
  </MuiThemeProvider>
);

export default NestingThemes;
```

화면이 로드되면 다음을 볼 수 있다.

Use Google's location service?

Let Google help apps determine location. This means sending anonymous
location data to Google, even when no apps are running.

DISAGREE AGREE

예제 분석

Blue 테마는 색상 팔레트의 theme 설정을 적용하는 반면, Rounded 테마는 borderRadius
설정을 변경한다. 두 테마 모두 Dialog 구성 요소에 적용된다. 기본 버튼이 파란색으로
표시되고, 둥근 모서리는 더 둥그레진다. Rounded 테마를 자세히 살펴보자.

```
const Rounded = theme =>
  createMuiTheme({
    ...theme,
    shape: {
      borderRadius: 8
  }
});
```

Rounded는 theme 객체를 반환하는 함수다. MuiThemeProvider의 theme 속성에 함수를 전
달하면 theme 인수가 전달된다. 이것은 외부 theme이거나, 이 예제의 경우 Blue 테마다.
theme는 spread 연산자를 theme 인수에 적용한 다음 createMuiTheme()에 추가 theme 값
을 전달해 확장된다.

참고 사항

- 머티리얼 UI theme 문서: https://material-ui.com/customization/themes/

구성 요소 테마 설정 이해

테마는 버튼 또는 드로어 같은 구성 요소 유형에 특정한 스타일을 재정의할 수 있다. 이것은 앱에서 구성 요소의 모든 인스턴스에 스타일 변경을 적용해야 할 때 유용하다. 즉 스타일은 전반적인 테마의 일부이지만, 예를 들어 거의 모든 머티리얼 UI 구성 요소에 적용되는 색상 팔레트 대신 하나의 구성 요소 유형에만 적용된다.

예제 구현

Dialog 구성 요소의 제목과 동작을 가운데로 맞춘다고 가정해보자. 앱의 모든 Dialog 구성 요소에 동일한 스타일이 적용되길 원하므로 theme가 이 설정을 재정의하기에 가장 좋은 장소다. 이를 위한 코드는 다음과 같다.

```
import React from 'react';

import {
  createMuiTheme,
  MuiThemeProvider
} from '@material-ui/core/styles';
import Button from '@material-ui/core/Button';
import Dialog from '@material-ui/core/Dialog';
import DialogActions from '@material-ui/core/DialogActions';
import DialogContent from '@material-ui/core/DialogContent';
import DialogContentText from '@material-ui/core/DialogContentText';
import DialogTitle from '@material-ui/core/DialogTitle';

const theme = createMuiTheme({
  overrides: {
    MuiDialogTitle: { root: { textAlign: 'center' } },
    MuiDialogActions: { root: { justifyContent: 'center' } }
  }
});

const ComponentThemeSettings = () => (
```

```
<MuiThemeProvider theme={theme}>
  <Dialog open={true}>
    <DialogTitle>Use Google's location service?</DialogTitle>
    <DialogContent>
      <DialogContentText>
        Let Google help apps determine location. This means sending
        anonymous location data to Google, even when no apps are
        running.
      </DialogContentText>
    </DialogContent>
    <DialogActions>
      <Button color="secondary">Disagree</Button>
      <Button color="primary" autoFocus>
        Agree
      </Button>
    </DialogActions>
  </Dialog>
</MuiThemeProvider>
);

export default ComponentThemeSettings;
```

사용자 정의 대화상자는 다음과 같이 보인다.

예제 분석

테마의 overrides 섹션을 자세히 살펴보자.

```
overrides: {
  MuiDialogTitle: { root: { textAlign: 'center' } },
  MuiDialogActions: { root: { justifyContent: 'center' } }
},
```

MuiDialogTitle 키는 DialogTitle 구성 요소에 대응하고, MuiDialogActions 키는
DialogActions 구성 요소에 대응한다. 두 구성 요소 모두에서 사용되는 root 키는 규칙
의 이름이다. 좀 더 복잡한 구성 요소에서 이 키들을 사용해 구성 요소의 특정 부분을
대상으로 지정할 수 있다. 각 구성 요소에 대한 API 문서는 대상으로 지정할 이런 스
타일 규칙 이름을 자세히 설명한다. 그런 다음 새로운 스타일을 재정의하거나 제공해
야 한다. textAlign 속성은 기본적으로 DialogTitle 구성 요소에 설정돼 있지 않으므로
추가해야 한다. justifyContent는 구성 요소의 DialogActions 오른쪽에 설정된다. 즉,
기존 값을 재정의한다.

참고 사항

- **테마 재정의 문서:** https://material-ui.com/customization/overrides/

20

스타일 - 구성 요소에 스타일 적용하기

20장에서 다루는 주제는 다음과 같다.

- 기본 구성 요소 스타일
- 범위 구성 요소 스타일
- 스타일을 테마로 옮기기
- 그 밖의 스타일 옵션

소개

머티리얼 UI 구성 요소에 적용되는 대부분의 스타일은 테마 스타일의 일부다. 그러나 어떤 경우에는 테마를 변경하지 않고도 개별 구성 요소의 스타일을 변경할 필요가 있다. 예를 들어, 어떤 기능의 버튼에는 앱의 다른 모든 버튼을 변경하면 안 되는 특정 스타일이 적용될 수 있다. 머티리얼 UI는 구성 요소 전체 또는 구성 요소의 특정 부분에 사용자 정의 스타일을 적용할 수 있는 몇 가지 방법을 제공한다.

기본 구성 요소 스타일

머티리얼은 구성 요소의 스타일을 지정하는 데 자바스크립트 스타일시트(JSS)를 사용한다. 머티리얼 UI가 제공하는 유틸리티를 사용해 사용자 정의 JSS를 적용할 수 있다.

예제 구현

withStyles() 함수는 스타일 객체를 인수로 받는 고차원 함수다. 반환하는 함수는 인수로 구성 요소 스타일을 받는다. 예제는 다음과 같다.

```
import React, { useState } from 'react';

import { withStyles } from '@material-ui/core/styles';
import Card from '@material-ui/core/Card';
import CardActions from '@material-ui/core/CardActions';
import CardContent from '@material-ui/core/CardContent';
import Button from '@material-ui/core/Button';
import Typography from '@material-ui/core/Typography';

const styles = theme => ({
  card: {
    width: 135,
    height: 135,
    textAlign: 'center'
  },
  cardActions: {
    justifyContent: 'center'
  }
});
```

```
const BasicComponentStyles = withStyles(styles)(({ classes }) => {
  const [count, setCount] = useState(0);

  const onIncrement = () => {
    setCount(count + 1);
  };

  return (
    <Card className={classes.card}>
      <CardContent>
        <Typography variant="h2">{count}</Typography>
      </CardContent>
      <CardActions className={classes.cardActions}>
        <Button size="small" onClick={onIncrement}>
          Increment
        </Button>
      </CardActions>
    </Card>
  );
});

export default BasicComponentStyles;
```

이 구성 요소는 다음과 같이 보인다.

예제 분석

이 예제에서 정의한 styles를 자세히 살펴보자.

```
const styles = theme => ({
  card: {
    width: 135,
    height: 135,
    textAlign: 'center'
  },
  cardActions: {
    justifyContent: 'center'
  }
});
```

withStyles()에 전달하는 styles는 일반 객체이거나 이 예와 같이 일반 객체를 반환하는 함수가 될 수 있다. 함수를 사용하면 styles가 theme 값에 접근해야 하는 경우 theme 값이 인수로 함수에 전달된다는 이점이 있다. 이 예제에서는 card와 cardActions라는 두 스타일이 정의돼 있으며, CSS^{Cascading Style Sheets} 클래스라고 생각할 수 있다. 다음은 이 두 스타일을 CSS로 표시한 것이다.

```
.card {
  width: 135
  height: 135
  text-align: center
}

.cardActions {
  justify-content: center
}
```

withStyles(styles)(MyComponent)를 호출하면 classes 속성을 가진 새로운 구성 요소를 반환한다. 이 객체에는 현재 구성 요소에 적용할 수 있는 모든 클래스가 있다. 다음과 같이 할 수는 없다.

```
<Card className="card" />
```

styles를 정의하면, 고유한 빌드 프로세스가 생기고 모든 클래스가 고유하게 생성된 이름을 갖게 된다. 이 생성된 이름은 클래스 객체에서 찾을 수 있는 이름이다. 이것이 이 이름을 사용하는 이유다.

부연 설명

새로운 구성 요소를 반환하는 고차원 함수 대신 머티리얼 UI 후크[hook]를 활용할 수 있다. 이 예제는 이미 리액트의 useState() 후크를 사용하고 있으므로 구성 요소에서 다른 후크를 사용해도 동일한 패턴의 자연스러운 확장으로 느껴질 것이다. makeStyles() 함수를 이용하고자 리팩토링한 예제는 다음과 같다.

```
import React, { useState } from 'react';

import { makeStyles } from '@material-ui/styles';
import Card from '@material-ui/core/Card';
import CardActions from '@material-ui/core/CardActions';
import CardContent from '@material-ui/core/CardContent';
import Button from '@material-ui/core/Button';
import Typography from '@material-ui/core/Typography';

const useStyles = makeStyles(theme => ({
  card: {
    width: 135,
    height: 135,
    textAlign: 'center'
  },
  cardActions: {
    justifyContent: 'center'
  }
}));

export default function BasicComponentStyles() {
  const classes = useStyles();
  const [count, setCount] = useState(0);
```

```
const onIncrement = () => {
  setCount(count + 1);
};

return (
  <Card className={classes.card}>
    <CardContent>
      <Typography variant="h2">{count}</Typography>
    </CardContent>
    <CardActions className={classes.cardActions}>
      <Button size="small" onClick={onIncrement}>
        Increment
      </Button>
    </CardActions>
  </Card>
);
}
```

useStyles() 후크는 withStyles()와 완전히 동일한 styles 인자를 받는 makeStyles() 함수를 사용해 구축됐다. 이 구성 요소 안에서 useStyles()를 호출하면 클래스 객체가 생긴다. 또 다른 중요한 점은 makeStyles는 @material-ui/core/styles가 아닌 @material-ui/styles에서 가져온다는 것이다.

참고 사항

- JS 문서에서의 머티리얼 UI CSS: https://material-ui.com/css-in-js/basics/

범위 구성 요소 스타일

대부분의 머티리얼 UI 구성 요소는 구성 요소에 특정한 CSS API를 갖는다. 즉, 사용자 정의해야 하는 모든 구성 요소의 className 속성에 클래스 이름을 지정하는 대신에 변경할 구성 요소의 특정 측면을 대상으로 지정할 수 있다. 머티리얼 UI는 구성 요소 스타일 범위 지정을 위한 토대를 마련했다. 따라서 여러분은 API를 활용하기만 하면 된다.

애플리케이션 전체에서 사용되는 Button 구성 요소에 다음과 같은 사용자 지정 스타일을 적용한다고 가정해보자.

- 모든 버튼은 디폴트로 마진을 필요로 한다.
- contained 변형을 사용하는 모든 버튼은 위와 아래에 추가 여백이 있어야 한다.
- contained 변형과 primary 색상을 사용하는 모든 버튼은 위, 아래에 추가 여백이 있어야 할 뿐 아니라 좌우에도 추가 여백이 있어야 한다.

다음은 Button CSS API를 사용해 세 가지 다른 Button 유형을 대상으로 styles를 지정하는 방법을 보여주는 예제다.

```
import React, { Fragment } from 'react';

import { withStyles } from '@material-ui/core/styles';
import Button from '@material-ui/core/Button';

const styles = theme => ({
  root: {
    margin: theme.spacing(2)
  },
  contained: {
    paddingTop: theme.spacing(2),
    paddingBottom: theme.spacing(2)
  },
  containedPrimary: {
    paddingLeft: theme.spacing(4),
    paddingRight: theme.spacing(4)
  }
});
```

```
const ScopedComponentStyles = withStyles(styles)(
  ({ classes: { root, contained, containedPrimary } }) => (
    <Fragment>
      <Button classes={{ root }}>My Default Button</Button>
      <Button classes={{ root, contained }} variant="contained">
        My Contained Button
      </Button>
      <Button
        classes={{ root, contained, containedPrimary }}
        variant="contained"
        color="primary"
      >
        My Contained Primary Button
      </Button>
    </Fragment>
  )
);

export default ScopedComponentStyles;
```

세 가지 버튼이 렌더링된 모양은 다음과 같다.

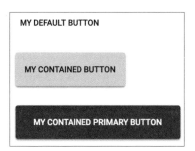

Button CSS API는 명명된 스타일을 받아 구성 요소에 이를 적용한다. 동일한 이름이 이 코드의 스타일에 사용됐다. 예를 들어 root는 모든 Button 구성 요소에 적용되지만

contained는 contained 변형을 사용하는 Button 구성 요소에만 적용되고, contained Primary 스타일은 contained 변형과 primary 색상을 사용하는 Button 구성 요소에만 적용된다.

부연 설명

각 스타일은 클래스 속성에서 파괴된 다음 해당 Button 구성 요소에 적용된다. 그러나 실제로 이 작업을 모두 수행할 필요는 없다. 머티리얼 CSS API는 실제로 대상으로 하는 것과 일치하는 방식으로 구성 요소에 styles를 적용하므로 클래스에 직접 전달해 동일한 결과를 얻을 수 있다. 다음은 이 예제의 단순화된 버전이다.

```
import React, { Fragment } from 'react';

import { withStyles } from '@material-ui/core/styles';
import Button from '@material-ui/core/Button';

const styles = theme => ({
  root: {
    margin: theme.spacing(2)
  },
  contained: {
    paddingTop: theme.spacing(2),
    paddingBottom: theme.spacing(2)
  },
  containedPrimary: {
    paddingLeft: theme.spacing(4),
    paddingRight: theme.spacing(4)
  }
});

const ScopedComponentStyles = withStyles(styles)(({ classes }) => (
  <Fragment>
    <Button classes={classes}>My Default Button</Button>
    <Button classes={classes} variant="contained">
      My Contained Button
```

```
    </Button>
    <Button classes={classes} variant="contained" color="primary">
      My Contained Primary Button
    </Button>
  </Fragment>
));
```

```
export default ScopedComponentStyles;
```

CSS API의 제약 조건과 일치하는 버튼에만 스타일이 적용되므로 출력이 동일하게 보인다. 예를 들어 첫 번째 Button은 classes 속성에 전달된 root, contained, ontained Primary 스타일을 갖지만, primary 색상의 contained 변형을 사용하지 않기 때문에 root만 적용된다. 두 번째 Button은 세 가지 스타일이 모두 전달되지만 root와 contained만 적용된다. 세 번째 Button은 각 스타일의 기준을 충족하기 때문에 세 가지 스타일을 모두 적용한다.

참고 사항

- **머티리얼 UI 스타일 재정의 문서:** https://material-ui.com/customization/overrides/

구성 요소 스타일 확장

한 구성 요소에 적용된 styles를 다른 구성 요소에 적용하도록 styles를 확장할 수 있다. 스타일이 자바스크립트 객체이기 때문에 한 가지 옵션은 하나의 스타일 객체를 다른 스타일 객체로 확장하는 것이다. 이 방법의 유일한 문제점은 CSS 출력에 중복되는 styles 속성이 많다는 것이며, 더 나은 대안은 jss 확장 플러그인을 사용하는 것이다.

세 개의 버튼을 렌더링하고 버튼들 사이에서 일부 styles를 공유한다고 가정해보자.
한 가지 방법은 jss 확장 플러그인을 사용해 일반 styles를 좀 더 구체적인 styles로
확장하는 것이다. 방법은 다음과 같다.

```
import React, { Fragment } from 'react';
import { JssProvider, jss } from 'react-jss';

import {
  withStyles,
  createGenerateClassName
} from '@material-ui/styles';
import {
  createMuiTheme,
  MuiThemeProvider
} from '@material-ui/core/styles';
import Button from '@material-ui/core/Button';

const styles = theme => ({
  root: {
    margin: theme.spacing(2)
  },
  contained: {
    extend: 'root',
    paddingTop: theme.spacing(2),
    paddingBottom: theme.spacing(2)
  },
  containedPrimary: {
    extend: 'contained',
    paddingLeft: theme.spacing(4),
    paddingRight: theme.spacing(4)
  }
});

const App = ({ children }) => (
  <JssProvider
```

```
    jss={jss}
    generateClassName={createGenerateClassName()}
  >
    <MuiThemeProvider theme={createMuiTheme()}>
      {children}
    </MuiThemeProvider>
  </JssProvider>
);

const Buttons = withStyles(styles)(({ classes }) => (
  <Fragment>
    <Button className={classes.root}>My Default Button</Button>
    <Button className={classes.contained} variant="contained">
      My Contained Button
    </Button>
    <Button
      className={classes.containedPrimary}
      variant="contained"
      color="primary"
    >
      My Contained Primary Button
    </Button>
  </Fragment>
));

const ExtendingComponentStyles = () => (
  <App>
    <Buttons />
  </App>
);

export default ExtendingComponentStyles;
```

렌더링된 버튼은 다음과 같이 보인다.

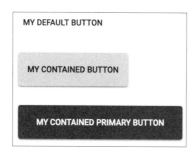

예제 분석

머티리얼 애플리케이션에서 jss 확장 플러그인을 사용하는 가장 쉬운 방법은 jss 확장이 포함된 디폴트 JSS 플러그인 프리셋^{preset}을 사용하는 것이다. 머티리얼 UI에는 디폴트로 몇 가지 JSS 플러그인이 설치돼 있지만 jss 확장은 그렇지 않다. 이 예제의 App 구성 요소를 살펴보면서 이 JSS 플러그인을 어떻게 사용할 수 있는지 알아보자.

```
const App = ({ children }) => (
  <JssProvider
    jss={jss}
    generateClassName={createGenerateClassName()}
  >
    <MuiThemeProvider theme={createMuiTheme()}>
      {children}
    </MuiThemeProvider>
  </JssProvider>
);
```

JssProvider 구성 요소는 머티리얼 UI 애플리케이션에서 JSS가 활성화되는 방법이다. 일반적으로 직접 인터페이스할 필요는 없지만 새 JSS 플러그인을 추가할 때는 필요하다. jss 속성은 jss 확장 플러그인을 포함하는 JSS 프리셋 객체를 사용한다. generate ClassName 속성은 머티리얼 UI의 특정 클래스 이름을 생성하는 데 도움이 되는 머티리얼 UI의 함수를 사용한다.

다음으로 몇 가지 styles를 자세히 살펴본다.

```
const styles = theme => ({
  root: {
    margin: theme.spacing(2)
  },
  contained: {
    extend: 'root',
    paddingTop: theme.spacing(2),
    paddingBottom: theme.spacing(2)
  },
  containedPrimary: {
    extend: 'contained',
    paddingLeft: theme.spacing(4),
    paddingRight: theme.spacing(4)
  }
});
```

extend 속성은 확장하려는 스타일의 이름을 사용한다. 예제의 경우 contained 스타일은 root를 확장한다. containedPrimary는 contained와 root를 확장한다. 이제 이것을 CSS로 변환하는 방법을 살펴보자. root 스타일은 다음과 같다.

```
.Component-root-1 {
  margin: 16px;
}
```

다음으로 contained 스타일이다.

```
.Component-contained-2 {
  margin: 16px;
  padding-top: 16px;
  padding-bottom: 16px;
}
```

마지막으로 containedPrimary 스타일이다.

```css
.Component-containedPrimary-3 {
  margin: 16px;
  padding-top: 16px;
  padding-left: 32px;
  padding-right: 32px;
  padding-bottom: 16px;
}
```

좀 더 일반적인 속성은 좀 더 구체적인 스타일에 포함된다. 일부 속성이 중복되지만 자바스크립트 객체 속성 대신 CSS에 있다. 또한 이러한 확장 styles를 코드 기반의 중앙에 배치해 여러 구성 요소에서 사용할 수 있다.

참고 사항

- **머티리얼 JSS 문서**: https://material-ui.com/customization/css-in-js/

스타일을 테마로 이동하기

머티리얼 UI 애플리케이션을 개발할수록 반복되는 스타일 패턴에 주목하게 될 것이다. 특히 버튼과 같이 한 유형의 구성 요소에 적용되는 스타일은 테마로 발전된다.

예제 구현

'범위 구성 요소 스타일' 절의 예제를 다시 살펴보자.

```javascript
import React, { Fragment } from 'react';

import { withStyles } from '@material-ui/core/styles';
```

```
import Button from '@material-ui/core/Button';

const styles = theme => ({
  root: {
    margin: theme.spacing(2)
  },
  contained: {
    paddingTop: theme.spacing(2),
    paddingBottom: theme.spacing(2)
  },
  containedPrimary: {
    paddingLeft: theme.spacing(4),
    paddingRight: theme.spacing(4)
  }
});

const ScopedComponentStyles = withStyles(styles)(({ classes }) => (
  <Fragment>
    <Button classes={classes}>My Default Button</Button>
    <Button classes={classes} variant="contained">
      My Contained Button
    </Button>
    <Button classes={classes} variant="contained" color="primary">
      My Contained Primary Button
    </Button>
  </Fragment>
));

export default ScopedComponentStyles;
```

다음은 이들 스타일이 적용된 버튼의 모양이다.

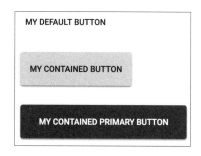

이제 여러분이 원하는 모양의 버튼을 찾았으니 동일한 스타일을 앱 전체에서 구현한 다고 가정해보자. 이 시점에서 간단한 구성 요소 사용자 정의를 테마로 발전시켰다. 이렇게 되면 동일한 스타일을 반복해서 구현할 필요가 없다. 대신 올바른 구성 요소와 올바른 속성 값을 사용해 스타일을 자동으로 적용해야 한다. 이들 스타일을 테마로 옮 겨보자.

```
import React from 'react';

import {
  createMuiTheme,
  MuiThemeProvider
} from '@material-ui/core/styles';
import Button from '@material-ui/core/Button';

const defaultTheme = createMuiTheme();

const theme = createMuiTheme({
  overrides: {
    MuiButton: {
      root: {
        margin: 16
      },
      contained: {
        paddingTop: defaultTheme.spacing(2),
        paddingBottom: defaultTheme.spacing(2)
      },
      containedPrimary: {
```

```
        paddingLeft: defaultTheme.spacing(4),
        paddingRight: defaultTheme.spacing(4)
      }
    }
  }
});

const MovingStylesToThemes = ({ classes }) => (
  <MuiThemeProvider theme={theme}>
    <Button>My Default Button</Button>
    <Button variant="contained">My Contained Button</Button>
    <Button variant="contained" color="primary">
      My Contained Primary Button
    </Button>
  </MuiThemeProvider>
);

export default MovingStylesToThemes;
```

이제 매번 동일한 스타일을 적용하지 않고도 Button 구성 요소를 사용할 수 있다.

예제 분석

여러분의 스타일이 머티리얼 UI 테마에 어떻게 맞는지 자세히 살펴보자.

```
overrides: {
  MuiButton: {
    root: {
      margin: 16
    },
    contained: {
      paddingTop: defaultTheme.spacing(2),
      paddingBottom: defaultTheme.spacing(2)
    },
    containedPrimary: {
      paddingLeft: defaultTheme.spacing(4),
      paddingRight: defaultTheme.spacing(4)
```

```
      }
    }
  }
}
```

overrides 속성은 테마의 구성 요소에 특화된 속성을 재정의할 수 있는 객체다. 예제의 경우에는 재정의하려는 MuiButton 구성 요소 스타일이다. MuiButton에는 구성 요소의 특정 측면을 대상으로 하는 데 사용하는 동일한 CSS API가 있다. 이렇게 하면 변경할 스타일이 별로 없기 때문에 styles를 직접 테마로 옮길 수 있다.

이 예제에서 변경이 필요한 한 가지 사항은 간격이 동작하는 방식이다. withStyles()를 통해 적용된 일반 styles에서는 현재 테마가 인수로 전달됐기 때문에 현재 테마에 접근할 수 있다. 여전히 간격 데이터에 대한 접근이 필요하지만 함수에 없기 때문에 theme 인수가 없다. 디폴트 테마를 확장하고 있으므로 이 예제에서와 같이 인수 없이 createMuiTheme()를 호출해 접근할 수 있다.

참고 사항

- **머티리얼 UI 스타일 재정의 문서**: https://material-ui.com/customization/overrides/

그 외 스타일링 옵션

머티리얼 UI 앱에서는 withStyles() 외에 다른 스타일 옵션도 사용할 수 있으며, 스타일이 지정된 구성 요소를 에뮬레이트emulate하는 styled() 고차원 구성 요소 함수가 있다. 또한 머티리얼 스타일 시스템을 벗어나 인라인 CSS 스타일을 사용하거나 CSS 모듈을 가져와서 스타일을 적용할 수도 있다.

머티리얼 UI 애플리케이션에서 사용할 수 있는 몇 가지 대체 스타일 메커니즘을 보여주는 '범위 구성 요소 스타일' 절 예제의 수정된 버전은 다음과 같다.

```jsx
import React, { Fragment } from 'react';

import { styled } from '@material-ui/styles';
import Button from '@material-ui/core/Button';

import styles from './OtherStylingOptions.module.css';

const MyStyledButton = styled(Button)({
  margin: 16,
  paddingTop: 16,
  paddingBottom: 16
});

const OtherStylingOptions = () => (
  <Fragment>
    <Button style={{ margin: 16 }}>My Default Button</Button>
    <MyStyledButton variant="contained">
      My Contained Button
    </MyStyledButton>
    <Button
      className={styles.primaryContained}
      variant="contained"
      color="primary"
    >
      My Contained Primary Button
    </Button>
  </Fragment>
);

export default OtherStylingOptions;
```

첫 번째 Button 구성 요소는 인라인 CSS 속성을 사용하며 일반 자바스크립트 객체로 표현되고 Button 구성 요소의 style 속성에 전달된다. 두 번째 Button 구성 요소는 styled() 함수를 사용해 MyStyledButton 구성 요소를 작성한다. 이 함수는 withStyles 와 거의 같은 방식으로 동작한다. 중요한 차이점은 구성 요소에 스타일을 지정할 때 스타일드 컴포넌트styled-component 접근 방식에 익숙한 사람들을 대상으로 한다는 것이다.

세 번째 Button 구성 요소는 가져온 CSS 모듈의 스타일을 사용한다. 다음은 모듈의 모양을 보여준다.

```
button.primaryContained {
  margin: 16px;
  padding: 16px 32px;
}
```

CSS 모듈과 인라인 스타일에 주의한다. 이런 접근 방식은 잘 동작하지만, 머티리얼 스타일링 및 테마 메커니즘과 밀접하게 통합돼 있지 않으므로 스타일이 나머지 머티리얼 UI 구성 요소와 잘 맞는지 확인하려면 더 많은 작업이 필요하다.

참고 사항

- **머티리얼 UI 스타일 재정의 문서**: https://material-ui.com/customization/overrides/
- **머티리얼 UI JSS 문서**: https://material-ui.com/css-in-js/api/

찾아보기

리액트 머티리얼 UI 쿡북

머티리얼 UI를 사용한 룩앤필 개선

발　행 ｜ 2020년 9월 28일

지은이 ｜ 아담 보두치
옮긴이 ｜ 류 영 선

펴낸이 ｜ 권 성 준
편집장 ｜ 황 영 주
편　집 ｜ 조 유 나
디자인 ｜ 박 주 란

에이콘출판주식회사
서울특별시 양천구 국회대로 287 (목동)
전화 02-2653-7600, 팩스 02-2653-0433
www.acornpub.co.kr / editor@acornpub.co.kr

한국어판 ⓒ 에이콘출판주식회사, 2020, Printed in Korea.
ISBN 979-11-6175-455-0
http://www.acornpub.co.kr/book/material-ui

이 도서의 국립중앙도서관 출판시도서목록(CIP)은 서지정보유통지원시스템 홈페이지(http://seoji.nl.go.kr)와
국가자료공동목록시스템(http://www.nl.go.kr/kolisnet)에서 이용하실 수 있습니다.(CIP제어번호: CIP2020040035)

책값은 뒤표지에 있습니다.